de Gruyter Studienbuch

Klaus Welke
Einführung in die Satzanalyse

Klaus Welke

Einführung in die Satzanalyse

Die Bestimmung der Satzglieder im Deutschen

Walter de Gruyter · Berlin · New York

∞ Gedruckt auf säurefreiem Papier,
das die US-ANSI-Norm über Haltbarkeit erfüllt.

ISBN 978-3-11-018937-7

Bibliografische Information der Deutschen Nationalbibliothek

Die Deutsche Nationalbibliothek verzeichnet diese Publikation in der Deutschen Nationalbibliografie; detaillierte bibliografische Daten sind im Internet über http://dnb.d-nb.de abrufbar.

© Copyright 2007 by Walter de Gruyter GmbH & Co. KG, 10785 Berlin.

Dieses Werk einschließlich aller seiner Teile ist urheberrechtlich geschützt. Jede Verwertung außerhalb der engen Grenzen des Urheberrechtsgesetzes ist ohne Zustimmung des Verlages unzulässig und strafbar. Das gilt insbesondere für Vervielfältigungen, Übersetzungen, Mikroverfilmungen und die Einspeicherung und Verarbeitung in elektronischen Systemen.

Printed in Germany

Einbandgestaltung: deblik, Berlin
Druck und buchbinderische Verarbeitung:
Druckhaus »Thomas Müntzer«, Bad Langensalza

Für Dunja

Vorwort

Jeder ist irgendwann in der Schule mit der Satzgliedanalyse bekannt gemacht worden. Sie ist ein elementares Instrument der syntaktischen Analyse. Im Unterricht ist sie unverzichtbar. Denn sie ist in ihrer Einfachheit unübertroffen. Ziel dieses Buches ist es, dazu zu befähigen, die formalsyntaktische Struktur beliebiger Sätze in Satzglied-Termini beschreiben zu können.

Die Frage nach dem wissenschaftlichen Stellenwert erübrigt sich, wenn man bedenkt, wie tief verwoben Satzgliedgesichtspunkte in alle modernen syntaktischen Theorien sind. Alle Syntaxmodelle, auch die avanciertesten, bauen auf der Satzgliedanalyse auf. Es gibt kaum ein syntaktisches Problem, das man in ihrem Rahmen nicht wenigstens ansatzweise diskutieren kann. Man kann die Satzgliedanalyse daher so betreiben, dass sie den Zugang zu entwickelteren und theoretisch reicheren Beschreibungen erleichtert. Satzgliedanalyse ist also auch Propädeutikum. Sowohl praktische als auch theoretische Gründe sprechen für die Satzgliedanalyse.

Es ist müßig, zu beklagen, dass die Schulgrammatik und mit ihr die Satzgliedanalyse aus der Schule bekannt sein müssten. Die Studentinnen und Studenten, die an die Universitäten kommen, beherrschen sie in aller Regel nicht. Fragen nach Sinn und Zweck können nur Fragen nach Sinn und Zweck von Grammatik überhaupt sein. Da wir meinen, dass man als Lehrer und als Lernender ein elementares syntaktisches Beschreibungsverfahren braucht, plädieren wir für die Satzgliedanalyse.

Es gibt in jeder allgemein-beschreibenden Grammatik Kapitel zu den Satzgliedern, vgl. etwa Helbig/Buscha (2001), Duden (2005), Hentschel/Weydt (1994), Eisenberg (1999). Es gibt auch meist ein Satzgliedkapitel in Einführungen, z. B. bei Wöllstein-Leisten u. a. (1997), Dürscheid (2000), Pittner/Berman (2004). Stets werden Kenntnisse vermittelt, aber nur sehr bedingt Befähigungen zu eigenem Tun. Die Grammatik-Grundkurse an den Universitäten haben nicht genügend Raum und Zeit, die Fähigkeiten zur praktischen Satzgliedanalyse herauszubilden. Diese Einführung stellt sich das Ziel, die Lücke zu schließen. Die kommentierten Beispielanalysen und gelegentliches Zurückblättern in die Grundlagenkapitel können dazu verhelfen, die Technik der Satzgliedanalyse durch *learning by doing* zu erwerben.

Darüber hinaus sollte man das Buch auch als eine Einführung in syntaktische Theoriebildung lesen. Denn es gibt in der Satzgliedanalyse viele Möglichkeiten zu zeigen, wie Theoriebildung in der Syntax funktioniert. Wir wählen den Terminus *Satzgliedanalyse*, um den praktischen Aspekt zu betonen.

Der Plan, eine Einführung in die Satzanalyse auf der Grundlage der Satzgliedanalyse zu schreiben, ist in Grammatik-Grundkursen und Grammatik-Übungen an der Humboldt-Universität Berlin und an der Universität Wien entstanden. Die Ergebnisse der gemeinsamen Bemühungen enthält dieses Buch. Klaus Selchow danke ich für Kommentare zu Beispielanalysen.

Inhalt

Vorwort VII

Einleitung 1

1 Satzgliedanalyse als Instrument der formalsyntaktischen Analyse 7

1.1 Ein Vergleich: Syntaktische Ambiguität 7

1.1.1 Satzgliedanalyse 8

1.1.2 Dependenz- und Konstituentenstrukturgrammatik 14

1.1.2.1 Dependenzstruktur 15

1.1.2.2 Konstituentenstruktur (Phrasenstruktur) 16

1.1.3. Fazit 19

1.2 Satzglieder als syntaktische Relationen 20

1.3 Satzglieder und Wortarten 26

1.4	Sätze und satzwertige Konstruktionen	36
1.4.1	Hauptsatz – Nebensatz, übergeordneter Satz – untergeordneter Satz	36
1.4.2	Satzverbindung und Koordination	40
1.4.3	Infinitiv- und Partizipialkonstruktionen	42
1.5	Wörter ohne Satzgliedstatus	49
1.6	Formen von Satzgliedern	52
1.7	Formen von Nebensätzen	56
1.7.1	Konjunktionalsätze	58
1.7.2	Relativsätze	63
1.7.3	Indirekte Fragesätze	64
1.7.4	Weiterführende Nebensätze	66
1.7.5	Uneingeleitete Nebensätze	70
2	**Eine exemplarische Analyse**	73
3	**Attribut**	80
3.1	Dependenz	80
3.1.1	Gliedkern und Attribut	81
3.1.2	Platzhalter (Korrelate)	86
3.1.3	Vergleichsstrukturen	89
3.1.4	Zusammenfassung	94

3.2	Adjazenz	95
3.3	Erstpositionsregel und Umstellprobe	97
3.3.1	Erstposition	97
3.3.2	Umstellprobe	99
3.4	Substitution und Frageprobe	101
3.4.1	Substitution	101
3.4.2	Frageprobe	102
3.5	Abweichungen von der Erstpositionsregel	103
3.5.1	Voranstellung von Prädikatteilen und Verbgruppen	103
3.5.2	Nachstellung von Attributen	105
3.5.2.1	Ausklammerung von Attributsätzen	105
3.5.2.2	Andere Rechts-Herausrückungen	107
3.5.3	Linksherausrückungen von Attributen?	108
3.5.4	Attribute in Kopula-Konstruktionen	113
3.5.5	Mehrfache Vorfeldbesetzungen	114
3.5.5.1	Exkurs: Apposition	115
3.5.5.2	Mehrfache Vorfeldbesetzungen	117
3.5.5.3	Eine analoge Situation: Platzhalter	121
3.5.5.4	Exkurs: Wortgruppe als Satzgliedkern	123
3.6	Attributhierarchie und Satzgliedhierarchie	125
3.7	Zusammenfassung	135

4	**Subjekt**	136
4.1	Fehlendes Subjekt	137
4.2	Subjekt und Objekt	139
4.3	Subjekt und Subjektsprädikativ	141
5	**Objekt**	144
5.1	Adverbialbestimmung und Direktivum	144
5.2	Weitere Abgrenzungsprobleme	151
5.3	Zusammenfassung	156
6	**Adverbialbestimmung**	157
7	**Prädikativum**	162
7.1	Subjektsprädikativ	169
7.1.1	Verben mit Subjektsprädikativ	169
7.1.2	Polysemie von *sein*	170
7.2	Objektsprädikativ	172
7.2.1	Abgrenzung zu freien Prädikativa	175
7.2.2	Abgrenzung zu Direktiva und Objekten	177
7.2.3	Präpositionalphrasen mit *als*	179
7.3	Satzglied versus Attribut bei Prädikativa	180
7.4	Objektsprädikativ: *AcI*-Konstruktionen	184

7.5	Objektsprädikativ: *AcI*-ähnliche Konstruktionen	186
7.6	Freies Prädikativ	187
7.7	Zusammenfassung	193
8	**Komplexe Prädikate**	**194**
8.1	Verben mit Infinitiv + *zu:* Modalitätsverben	203
8.2	Verben mit einfachem Infinitiv und *AcI*-Verben	207
8.3	Perfekt und Passiv	211
8.3.1	Perfekt	212
8.3.2	Rezipientenpassiv	213
8.3.3	Zustandspassiv	214
8.4	Funktionsverbgefüge	215
8.4.1	Attributkriterium (Umstellprobe)	219
8.4.2	Präpositionales Funktionsverbgefüge	220
8.4.3	Akkusativisches Funktionsverbgefüge	224
8.4.4	Zusammenfassung	229
8.5	Partikelverben	230
8.6	Inkorporation konkreter Substantive	233
8.7	Reflexivpronomina – reflexive Verben	234
8.8	Idiomatisierungen	238
8.9	Zusammenfassung	241

9	**Syntax und Semantik**	244
9.1	Karl Ferdinand Becker und die Folgen	244
9.2	Satzglieder in semantischer Hinsicht	259
9.2.1	Satzglieder	259
9.2.2	Attribute	263
10	**Beispielanalysen**	276
11	**Schlussbemerkung**	342
	Literaturverzeichnis	345
	Personenregister	353
	Sachregister	355
	Satzregister	363

Einleitung

Wir unterscheiden zwischen einer *elementaren* und einer *erweiterten* Version der Satzgliedanalyse.

Auf der *elementaren* Stufe setzen wir folgende Satzglieder an:

Prädikat	P
Subjekt	S
Objekt	O
Adverbiale Bestimmung	AB
Attribut	dargestellt durch Pfeile

In der *erweiterten* Version, mit der wir arbeiten werden, kommt das Prädikativum hinzu, und zwar als:

Subjektsprädikativ	SP
Objektsprädikativ	OP
freies Prädikativ	FP

Ein weiteres Satzglied, das wir in den Kanon aufnehmen, ist das Direktivum.

Direktivum	Dir

Die Satzglieder der erweiterten Version kommen nicht einfach additiv hinzu. Die Extension (der Umfang) der anderen Satzglieder verkleinert sich.

Auf eine Untergliederung der Adverbialbestimmung verzichten wir. Denn die traditionelle Unterscheidung in Temporal-, Lokal-, Kausalbestimmungen usw. ist eine rein semantische.

Adverbialbestimmungen unterscheiden sich voneinander auch formalsyntaktisch. Die formalsyntaktischen Abgrenzungen von Untergruppen ist kompliziert und umstritten. Die allgemeinere Kategorie ‚Adverbialbestimmung' reicht als strukturelle Bestimmung für unsere Zwecke aus.

Als *Direktivum* bezeichnen wir aus formalsyntaktischen Gründen eine bestimmte Art von traditionellen Adverbialbestimmungen. Das ist ein Terminus, der in der traditionellen Satzgliedanalyse nicht vorkommt.

Wir verwenden die Satzgliedanalyse als Instrument der *formal*syntaktischen Analyse. Im Wesentlichen sind Grammatiken seit jeher so verfahren. Das heißt, wir gehen auf semantische und pragmatische Fundierungen der syntaktischen Struktur (Fundierungen aus Denken, Kommunikation und Sprachverarbeitung) zunächst nur am Rande ein, und nur wenn das notwendig wird. Erst im Kapitel 9 werden wir zum Verhältnis von Syntax, Semantik und Pragmatik exemplarisch Stellung nehmen.

Gerade beim Thema ‚Satzgliedanalyse' müssen wir diese Warntafel aufstellen. Das hängt mit der Geschichte der Satzgliedtheorie seit Aristoteles zusammen. Denn dieses syntaktische Modell betont den semantischen Aspekt. So versucht die traditionelle Satzgliedtheorie, den Satz ziemlich unvermittelt als Ausdruck des Gedankens zu begreifen. Ganz massiv hat das der Begründer der Satzgliedanalyse im deutschsprachigen Raum, Karl-Ferdinand Becker, getan, vgl. Kap. 9.

Es geht um die formalsyntaktische Struktur von Sätzen und nicht vordergründig um ihre semantische Struktur. Es geht aber um *Struktur*. Das bedeutet, dass es mit der puren Identifizierung von Satzgliedern nicht getan sein kann. Es geht um die Satzstruktur, ausgedrückt in Satzglied-Termini.

Auch für die Satzgliedanalyse sind die beiden Strukturierungen grundlegend, die in modernen Grammatiktheorien herausgearbeitet werden: Abhängigkeit (Dependenz) und Konstituenz (Phrasenstruktur). Wir werden Ergebnisse der Dependenz- und Konstituentenstrukturgrammatik, z.B. der Valenztheorie und der X'-Theorie, für die Satzgliedanalyse nutzen. Außerdem werden wir einen konstruktionsgrammatischen Ansatz einbeziehen.

Die Satzgliedanalyse ist etwas sehr Traditionelles und Elementares. Es ist verführerisch, Erweiterungen und vor allem auch Korrekturen vorzunehmen, die über die Einbeziehung der Prädikativa und des Direktivums hinausgehen. Wir würden aber sehr schnell den Vorzug der Satzgliedanalyse, nämlich ihre relative Einfachheit, beseitigen. Bereits die Prädikativa sind komplizierter als die anderen Satzglieder.

Wenn einem die Grenzen der Satzgliedtheorie zu eng erscheinen, kann man eine andere syntaktische Theorie an die Stelle setzen. Das ist in großer Zahl und erfolgreich geschehen. Korrekturen in sich sind schwierig.

Eine Illusion wäre es allerdings auch, dass das Neue etwas ganz anderes sein wird. Zwei Beispiele: Glinz hat seinerzeit (1965, ¹1952) im Sinne des Positivismus völlig neu ansetzen wollen, von Grund auf, als sei zuvor nichts da gewesen – tabula rasa. Unter anderem hat er eine völlig neue Terminologie geschaffen. Im Grundsätzlichen hat er aber das vorher Vorhandene nur neu formuliert, allerdings durch empirische Verfahren (Umstellprobe, Ersatzprobe, Verschiebeprobe usw.) abgesichert. Ein zweites Beispiel: In den syntaktischen Relationen *Kopf, Komplement, Spezifikator* und

Adjunkt der X'-Theorie[1] sind unschwer die Satzglieder *Prädikat, Objekt, Subjekt* und *Adverbialbestimmung* wiederzuerkennen. Es handelt sich nicht um dasselbe. Es handelt sich aber auch nicht um etwas völlig und grundsätzlich anderes.

Wir wollen eine weitere Warntafel aufstellen. Grammatik und Regel werden oft assoziiert mit Gesetz, Naturgesetz. Dazu trägt auch die Art bei, wie Grammatik oft betrieben wird. Der Hinweis auf die berühmt-berüchtigten „Ausnahmen" muss dann nachgerade wie das Eingeständnis eines Versagens wirken. Wir verkennen leicht den Charakter von Sprache, wenn wir meinen, dass es in der Sprache scharfe Grenzen gibt. Wir alle sind an einem ständigen *sozialen* Prozess des Aufbauens, Befolgens und damit Zementierens von Regeln beteiligt, aber auch stets an einem Prozess des Veränderns und damit Verletzens. Jedes Sprechen oder Schreiben, nicht nur das der Dichter und Schriftsteller, ist auch ein Anrennen gegen die Regeln, die wir, die Sprecher und Sprecherinnen, in unserem Sprechen zuvor aufgebaut haben. Wir bauen auch Regeln auf, die miteinander in Konflikt geraten können.

Das hat Folgen für jede Grammatik und natürlich auch für die Satzgliedanalyse. Wir werden des Öfteren auf Probleme der Abgrenzung stoßen und dabei registrieren, dass es keine scharfen Grenzen gibt, dass wir es vielmehr mit *prototypischen* Übergängen zu tun haben. Diese haben stets eine historische (diachrone) Dimension. Wir werden also sehr oft Signale wie *prototypisch, typischerweise, normalerweise, per default, in der Regel* einstreuen. Denn keine der Abgrenzungen, die wir beschreiben, ist absolut. Logiker konstruieren daher ideale Sprachen. Andererseits werden wir versuchen, so genau wie möglich zu sein und nicht Fehler, logische Widersprüche

---

[1] Die X'-Theorie ist eine Teiltheorie des *Government-and-Binding-Modells* der generativen Grammatik.

und Ungereimtheiten der Theorie mit Hinweisen auf Prototypik entschuldigen.

Ein Problem in diesem Zusammenhang ist die Abgrenzung von Standardsprache und Umgangssprache, auch von Schriftlichkeit und Mündlichkeit, da Standardsprache vor allem an geschriebener Sprache festgemacht wird und Umgangssprache an gesprochener Sprache. Das ist ebenfalls ein prototypisches und diachrones Phänomen. Standardsprache ist, wie bereits der Name zeigt, ein Ideal. Wir beziehen uns mit unseren Regeln auf dieses Ideal. Wir müssen aber mitreflektieren, dass es zahlreiche Übergänge zur Umgangssprache bzw. Mündlichkeit gibt.

Wir beginnen (Kapitel 1) mit einer exemplarischen Analyse des mehrdeutigen (ambigen) Satzes [*Emil steht neben der Frau im Sessel*]. An diesem Beispiel stellen wir Satzgliedanalyse, Dependenzanalyse (Abhängigkeitsanalyse) und Konstituentenstrukturanalyse vor, die alle dasselbe leisten: die Beschreibung und Erklärung dieser Mehrdeutigkeit, der *Ambiguität*. Das Einleitungskapitel enthält ferner einige Ausgangsbestimmungen.

Das Kapitel 3 zum Attribut steht am Anfang. Dieser Beginn mag überraschen. Er rechtfertigt sich daraus, dass die Unterscheidung Satzglied – Attribut das für die Beherrschung der Satzgliedanalyse zentrale Problem ist.

Dann besprechen wir – jeweils wieder bezogen auf die Abgrenzungsfragen – das Subjekt (Kapitel 4), das Objekt (Kapitel 5), die Adverbialbestimmung (Kapitel 6) und das Prädikativum (Kapitel 7). Jeweils müssen wir, um Unterscheidungen vornehmen zu können, auch gewisse Vorgriffe machen. Erst am Schluss dieser Systematik kommt das Prädikat (Kapitel 8) an die Reihe, weil das Hauptproblem die Unterscheidung von einfachen und komplexen Prädikaten ist und weil eine Erklärung dieser Unterscheidung die anderen Satzglieder voraussetzt.

Kapitel 9 thematisiert den funktionalen (semantisch-pragmatischen) Aspekt der Satzgliedtheorie und in diesem Zusammenhang auch die Wissenschaftsgeschichte und Karl Ferdinand Becker. Wir verweisen außerdem kurz auf den Satzgliedbegriff in der modernen funktionalen oder universellen Grammatik.

Das abschließende Kapitel 10 stellt Beispielanalysen vor und kommentiert sie.

Das Satzregister macht das Buch zu einem Übungsbuch. Man suche sich einen Satz heraus, analysiere ihn und vergleiche die eigene Analyse mit der im Kapitel 10. Wir empfehlen, die Kommas wegzulassen und sich durch Verzicht auf dieses sekundäre Hilfsmittel, das ja praktisch der Beginn der Satzanalyse ist, die eigene Arbeit etwas zu erschweren.

1 Satzgliedanalyse als Instrument der formalsyntaktischen Analyse

1.1 Ein Vergleich: Syntaktische Ambiguität

Eine der Aufgaben einer Syntax besteht darin, syntaktische *Ambiguitäten* (Mehrdeutigkeiten, Polysemien) zu beschreiben und zu erklären. Ein Satz oder eine syntaktische Struktur ist *ambig*, wenn es mehr als eine Strukturierungsmöglichkeit gibt. *Strukturelle Ambiguität* kann, muss aber nicht, mit einer semantischen Ambiguität einhergehen. Sie kann also rein formal bleiben, ohne semantische Konsequenzen.[1]

Wir wollen Satz (1) hinsichtlich seiner Satzglied-, seiner Dependenz- und seiner Konstituentenstruktur analysieren und dabei zeigen, dass und wie Ambiguitäten dargestellt werden können und dass die Satzgliedanalyse Vergleichbares leistet.

(1)　Emil steht neben der Frau im Sessel.

1　Wir sprechen der Einfachheit halber bei einer Ambiguität ohne semantische Konsequenz von *struktureller* Ambiguität. Zu beachten ist aber, dass semantische Ambiguität ebenfalls strukturell ist.

1.1.1 Satzgliedanalyse

	I	II
Emil	S	S
steht	P	P
neben der Frau	AB	AB
im Sessel.	AB	AB

Studentinnen und Studenten, denen dieser Satz am Anfang ihrer Bemühungen vorgelegt wurde, analysierten ihn fast immer nach dem Schema II, also mit einem Prädikat, einem Subjekt und zwei Adverbialbestimmungen (Lokalbestimmungen). Die in ihrem Kopf für sie arbeitende Grammatik analysiert den Satz jedoch anders, nämlich als I. Denn wenn man sie fragt, wie sie diesen Satz verstehen, dann stellen sie sich die Situation I und nicht die Situation II vor.

I II

Normalerweise stehen wir nicht in Sesseln. Genau das sagt jedoch die Analyse II. Emil steht nach dieser Analyse im Sessel, und er steht neben der Frau – zwei Ortsbestimmungen für Emils Stehen. Wir stellen uns aber bei diesem Satz, wenn es nicht Hinweise im Kontext gibt, die dem widersprechen, normalerweise ein Szenarium vor, in dem Emil neben der Frau steht und die Frau sich im Sessel befindet. Die Ortsbestimmung für Emils Stehen ist nur neben dem Sessel und nicht im Sessel. Das ist die Analyse I.

Auch Situation II ist vorstellbar. Unser Sprachverarbeitungsmechanismus entscheidet aber in einer Weise, die uns in den meisten Fällen gar nicht bewusst wird. Wir analysieren in Wirklichkeit nach Schema I, auch wenn unvollkommene Kenntnisse der Satzgliedanalyse uns weismachen wollen, dass die Analyse wie II aussieht. Liegt eine Ambiguität vor, so entscheiden wir uns also intuitiv und unbewusst für die syntaktische Analyse, die nach sprachlichem Kontext, Situationskontext und unserem Wissensstand, dem so genannten *Weltwissen*, die wahrscheinlichere ist.[2]

Es gibt folglich für (1) zwei syntaktische Strukturierungsmöglichkeiten, denen im vorliegenden Satz zwei unterschiedliche semantische Strukturierungen entsprechen. Wir entscheiden uns pragmatisch, d. h. auf Grund von pragmatischen Folgerungen, so genannten *Implikaturen*, für die eine oder die andere Möglichkeit.

Grundlage dieser *pragmatischen Lizensierungen* sind zunächst die Syntax und die Semantik, die uns überhaupt erst einmal unterschiedliche Möglichkeiten der Strukturierung zur Verfügung stellen. Dann entscheiden wir uns zwischen den Strukturierungsmöglichkeiten auf der Grundlage von pragmatischen Faktoren: von *Kommunikationsmaximen,* von

---

2 Es handelt sich um kognitive Operationen. Diese bleiben dennoch unterhalb der Schwelle unseres „vollen" Bewusstseins.

Informationen aus dem *sprachlichen Kontext* (Inferenzen aus den Wortbedeutungen) und dem *situationellen Kontext* und auf Grund unseres *Weltwissens* und der *Sachlogik*. Wir bauen nur eine der beiden syntaktischen Strukturierungsmöglichkeiten auf, nämlich die, die durch die semantischen und pragmatischen Faktoren *lizensiert* wird. Die andere Möglichkeit wird uns, wie gesagt, meist gar nicht bewusst.

Um Ambiguitäten zu erkennen, ist es daher notwendig, sich auf einen Standpunkt zu stellen, der auch unwahrscheinlichere Möglichkeiten bis hin zu absurden einkalkuliert. Die Spiegel-Redakteure, die wöchentlich die Kolumne „Hohlspiegel" zusammenstellen, tun das. Der Eindruck von Stilblüten entsteht dadurch, dass sozusagen böswillig eine komische oder absurde und gegen das Weltwissen sprechende syntaktische Beziehung unterstellt wird, wie z. B. in (2).

(2) Aus der „Westdeutschen Allgemeinen": „Um Erben, die unmittelbar nach dem Tod ein Konto ‚räumen', ein Schnippchen zu schlagen, ist vorgesehen, dass Bank oder Sparkasse den Kontostand am Tag vor dem Tod mitzuteilen hat." Der Spiegel 40/1999, S. 326

Die makabre Auslegung ergibt sich, wenn man [*einen Tag vor dem Tod*] nicht als Attribut auf *Kontostand* bezieht, sondern als Adverbialbestimmung auf [*mitzuteilen hat*].

Jede Grammatik, auch die Satzgliedanalyse, kann man als eine Hypothese (ein Modell, eine Theorie) über die in unserem Gehirn vorhandene mentale Grammatik ansehen. Grammatiken müssen sich nach der Plausibilität ihrer Aussagen über diese *black box* bewerten und vergleichen lassen. Wenn wir eine plausible strukturelle Beschreibung möglicher syntaktischer Ambiguitäten als ein Kriterium der Adäquatheit einer Grammatik nehmen, so erfüllt die Satzgliedlehre (bezogen auf unser Beispiel) dieses Kriterium. Sie gibt eine adäquate Erklärung. Denn sie erklärt uns, dass Mehrdeutigkeiten von Sätzen darauf beruhen können, dass es für einen gegebenen Satz mehr als eine Satzgliedanalyse gibt.

Oft gibt es auch syntaktische Ambiguitäten ohne semantische Ambiguität, einfach mehre Möglichkeiten des Satzaufbaus bei nicht oder kaum festzustellenden semantischen Unterschieden wie in (3) .

(3) Er fand einen Draht zu J. F. Kennedy.

Es ergibt keinen greifbaren semantischen Unterschied, ob ein Sprecher oder Hörer [*zu J. F. Kennedy*] als Adverbialbestimmung auf *fand* oder als Attribut auf [*einen Draht*] bezieht, vgl. auch (4).

(4) Ich sitze in einem Restaurant in der Berggasse.

Ob ein Sprecher oder Hörer beide Präpositionalphrasen als Adverbialbestimmungen getrennt auf *sitze* beziehen oder zunächst [*in der Berggasse*] als Attribut auf *Restaurant*, ergibt keinen wesentlichen Unterschied in der Gesamtbedeutung des Satzes. Denn wenn man in einem Restaurant sitzt, das sich in der Berggasse befindet, dann sitzt man auch in der Berggasse. Etwas anders ist es bei (5).

(5) a. Ich brate die Wurst in der Pfanne.
    b. Ich brate die Wurst in der Küche.

Hier liegt eine strukturell-semantische Ambiguität vor. Wenn ich die Wurst in der Pfanne brate, befinde ich mich nicht ebenfalls in der Pfanne. Aber wenn ich die Wurst in der Küche brate, befinde ich mich zusammen mit der Wurst in der Küche. Diese Ambiguität können wir in unserem Satzgliedformat nicht darstellen, weil wir bei Adverbialbestimmungen nicht weiter differenzieren, vgl. zu Fällen dieser Art Maienborn (1996).

Mehrdeutigkeiten können aber auch rein lexikalischer Art sein, vgl. (6) mit *Vogel* als ‚Tier' und in übertragener Bedeutung als ‚Mensch'.

(6) Da sitzt der hässliche Vogel.

Ambiguitäten können auch *ausschließlich* auf pragmatischen Folgerungen (Implikaturen) beruhen. Zum Beispiel ist bei Lesart II von Satz (1) immer noch nicht gesagt, ob die Frau sich ebenfalls im Sessel befindet und wenn ja, ob sie dann z. B. sitzt oder steht. Bei Lesart I ist ebenfalls nur gesagt, dass die Frau sich im Sessel befindet, aber wiederum nicht, ob sie dort steht, sitzt oder vielleicht liegt. Normalerweise sitzt man in Sesseln, aber nur normalerweise. Die Default-Semantik von *Sessel* macht ein Sitzen wahrscheinlich, aber eben nur wahrscheinlich. Die Präpositionalphrasen [*im Sessel*] und [*neben dem Sessel*] sagen für sich genommen, dass sich etwas/jemand im/neben dem Sessel befindet, aber nicht, ob es/er/sie dort steht, sitzt, liegt, herumhängt.

Ein nicht ganz zuverlässiges Strukturierungssignal, sind Sprechpausen, denen in der geschriebenen Sprache Kommata entsprechen können. Denn die Sprechpause kann fehlen oder schwer zu erkennen sein und die Schreiber können ein Komma vergessen oder – verunsichert durch die Rechtschreibreform – weglassen oder falsch setzen. Bezieht man diesen zuletzt genannten Umstand ein, vergrößert sich der Kreis potentieller Ambiguitäten.

Es folgen vier Beispiele aus einer Seite der Frankfurter Allgemeinen Zeitung (18. 3. 06, S. 5). Sie demonstrieren die Häufigkeit von Ambiguitäten und gehen über Kuriosa wie die Interpretation von *Emil steht neben der Frau im Sessel* hinaus.

(7) Die Zeitung „Le Monde" meldete, in dem Weißbuch werde auch ein möglicher nuklearer Militärschlag gegen ein terroristisches Regime als Antwort *im Rahmen des Selbstverteidigungsrechts Frankreichs* erwähnt.
(8) Der Stuttgarter Verdi-Bezirksvorsitzende Bernd Riexinger gehört zu den Organisatoren des Streiks gegen die Arbeitszeitverlängerung *im öffentlichen Dienst.*
(9) Lehmann wandte sich vor allem gegen die Absicht der Bundesregierung, das Nachzugsalter *für Ehegatten* auf 21 Jahre hinaufzusetzen […] .
(10) Am Dienstag trafen sich die Gewerkschaft Verdi und der Kommunale Arbeitgeberverband Baden-Württemberg (KAV) in kleiner Runde *an einem nicht bekanntgegebenen Ort.*

In den Sätzen (7) – (10) kann man die hervorgehobenen Wortgruppen entweder als Satzglieder oder als Attribute in Satzgliedern auffassen. Bei (7) und (8) ist das mit einer semantischen Ambiguität verbunden. Bei (9) und (10) ergibt sich keine semantische Ambiguität und keine damit verbundene Änderung des Wahrheitswertes der Aussage.

In (7) ist die PP [*im Rahmen* …] entweder Adverbialbestimmung zu *erwähnt* oder Attribut zu *Militärschlag* oder zu *Antwort*. Der attributive Bezug auf *Antwort* ist die durch den Kontext und das Weltwissen favorisierte Option. In (8) ist die PP [*im öffentlichen Dienst*] entweder Adverbialbestimmung zu *gewährte* oder Attribut zu *Arbeitszeitverlängerung*. Wiederum ist der attributive Bezug durch den Kontext und das Weltwissen favorisiert.

Auch in (9) und (10) handelt es sich entweder um einen adverbialen oder um einen attributiven Bezug der betreffenden PP, in (9) entweder adverbial auf *hinaufzusetzen* oder attributiv auf *Nachzugsalter*, in (10) entweder adverbial auf *trafen* oder attributiv auf *Runde*. Semantisch ergibt sich jedoch kein wesentlicher Unterschied. Warum das so ist, könnte man mit einigem Aufwand beschreiben.

Im Einzelnen kann sehr viel Hintergrundwissen, z. B. über die aktuelle Weltpolitik, dazu gehören, einen Satz trotz seiner Ambiguitäten richtig interpretieren zu können. In Boulevardzeitungen kommen deshalb nur sehr kurze und einfache Sätze vor.

1.1.2 Dependenz- und Konstituentenstrukturgrammatik

Nach der Art der Strukturierung, die man zu Grunde legt, lassen sich ausgebautere Grammatiken in *Dependenzgrammatiken* und *Konstituentenstrukturgrammatiken* (Phrasenstrukturgrammatiken) unterteilen. Beide Grammatiktypen verwenden neben anderen Möglichkeiten der Darstellung so genannte Stammbäume. Das sind nach unten oder oben offene Graphen, die wie Bäume oder Wurzeln von Bäumen aussehen, abhängig davon, wie man die Bäume zeichnet. Meist zeichnet man die Spitze oben, was einer Wurzel ähnlicher ist. Die Verbindungslinien heißen Kanten oder Zweige, die Eckpunkte Knoten. Ein Knoten kann sich in 1 bis n Kanten (Zweige) verzweigen. Der Regelfall der Konstituentenstrukturdarstellung sind ein oder zwei Zweige wie in (11).

(11)

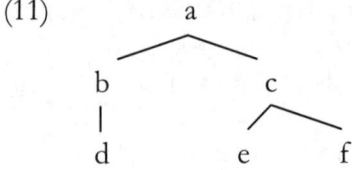

Dependenzstrukturen und Konstituentenstrukturen unterscheiden sich dadurch, dass die Knoten unterschiedlich belegt (etikettiert) und die Zweige unterschiedlich interpretiert werden.

1.1.2.1 Dependenzstruktur

An den Knoten stehen in Dependenzstrukturen in der Regel einzelne Wörter. Sie werden dort unmittelbar eingetragen oder mit ihren Wortartsymbolen etikettiert. Nur manchmal werden die Knoten (oder die Symbole für die Knoten) als komplex interpretiert (insbesondere komplexe Prädikate, z. B. analytische Verbformen). An der Spitze des Stammbaums steht meist das finite Verb, aber auch Konjunktionen werden dort platziert. Bei Eroms (2000) befinden sich Satzzeichen als Symbole für Illokutionen (wie Behauptung, Befehl, Frage) an der Spitze. Durch die Platzierung der Knoten und die Verzweigung wird die Dependenz (Abhängigkeit) zwischen den Wörtern im Satz dargestellt. Die Grundannahme besteht darin, dass in einem Satz (Hauptsatz) das finite Verb an der Spitze steht, dann aber jedes weitere Wort genau von einem anderen Wort abhängt, wobei von einem Wort wiederum 0 bis n Wörter abhängen können. Das abhängige Wort wird nach Tesnière (1980, ^{1}1959) *Dependens* genannt und das übergeordnete *Regens*. Man sagt bezogen auf (11), dass b und c (und dadurch auch d, e, f) von a *abhängen* bzw. dass der Knoten a die Knoten b und c und d, e, f *regiert*. Das ist ein verallgemeinerter Begriff von *Rektion* über den traditionellen Begriff der Kasusrektion hinaus. *Rektion* ist hier nur der zu *Abhängigkeit* konverse Ausdruck. Eine allgemeine Fassung von Abhängigkeit ist: „a ist von b abhängig, wenn a nur über b in den Satz hineinkommt.", vgl. Welke (2002: 18ff.).

Die Ambiguität unseres Beispielsatzes lässt sich auf einfache Weise als Dependenz darstellen:

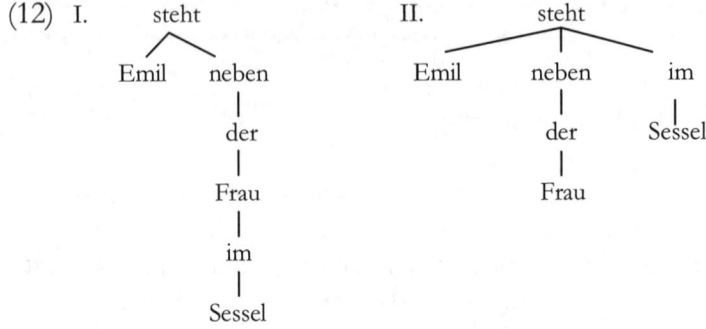

Man sieht an diesen Abhängigkeitsbäumen sehr gut, worum es geht. Einmal (I) ist [*im Sessel*] von *Frau* abhängig, das andere Mal (II) ist [*im Sessel*] von *steht* abhängig.

Wir übergehen die Problematik des Artikels. In der Literatur werden unterschiedliche Möglichkeiten erwogen. Wenn wir es so halten wie in (12), dann sind wir konform mit einer kanonischen Analyse des Artikels in der X'-Syntax, zum Begriff vgl. unten 1.1.2.2. Der Artikel (Determinator) bildet den Kopf einer Determinatorphrase (DP). Dem Begriff *Kopf* in der X'-Theorie entspricht in der Dependenzgrammatik der Begriff *Regens*. Die Entsprechung erreichen wir in Bezug auf den Artikel, indem wir ihn als Regens auffassen.

1.1.2.2 Konstituentenstruktur (Phrasenstruktur)

Hier stehen an den Knoten nur auf der untersten Ebene Endsymbole wie N (für Substantiv) oder V (für Verb). An den übergeordneten, den dominierenden Knoten stehen komplexe Symbole. Das sind Symbole nicht für Wörter, sondern für Wortgruppen, also z. B. DP (für Determinatorphrase), NP (für Nominalphrase) und VP (für Verbalphrase). Auch die Kanten (Zweige) werden anders interpretiert als in Dependenzdarstellungen. Die Zweige bedeuten von oben gelesen „besteht aus" bzw. „wird zerlegt in" und von unten gelesen „wird zusammengefasst zu". Die Konstituentenstruktur stellt dar, dass und wie Sätze und komplexere Wortgruppen schrittweise hierarchisch in elementarere Wortgruppen und schließlich in Wörter zerlegt werden bzw. wie Wörter schrittweise hierarchisch zu umfangreicheren Wortgruppen zusammengefasst werden bis zur obersten Ebene (Wortgruppe), dem Satz. Der syntaktische Konstituentenbaum stellt also die relative Enge der Zusammengehörigkeit der Wörter im Satz dar, der Abhängigkeitsbaum ihre Abhängigkeit voneinander. Die Darstellung der Konstituentenstruktur ist um einiges komplizierter als die der Dependenz. Am einfachsten ist die Darstellung in Satzgliedern. Wir geben eine für unseren Zweck stark vereinfachte Darstellung einer Konstituentenstruktur (13).

(13) I.
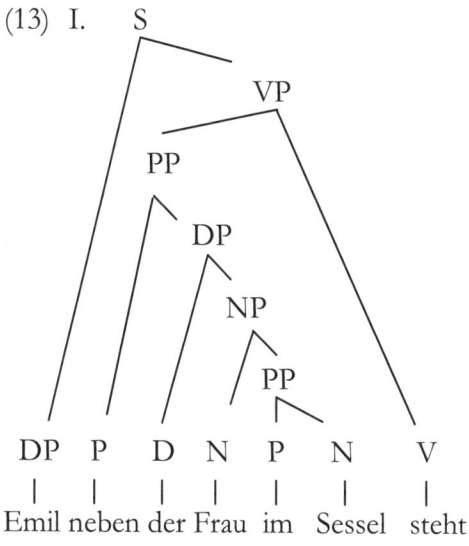

II.

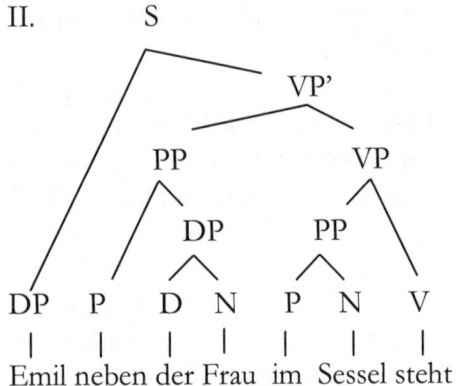

Wir wählen die Nebensatzwortstellung, obwohl sie für dieses Beispiel nicht notwendig ist, und folgen der in der generativen Grammatik üblichen Auffassung in Bezug auf das Deutsche. Man wählt die Nebensatzwortstellung, da in einer Konstituentenstrukturgrammatik die Enge der Zusammengehörigkeit von Wörtern am besten auf dieser Grundlage dargestellt werden kann. Denn der Nebensatz hat eine Wortfolge, in der die Wörter, die zusammengehören, meist auch zusammen stehen.

Andere Wortfolgen, z.B. die des Aussagesatzes mit Verbzweitstellung, stellt man dann dadurch dar, dass man sie als Bewegungstransformationen aus der Grundreihenfolge der Verbletztstellung beschreibt. Im Falle unseres Beispiels müssten das Verb, um die Verbzweitstellung zu erreichen, nach vorn in die Positionen des Kopfes der so genannten Complementiererphrase (CP) bewegt werden und das Subjekt in die Position des Spezifikators dieser CP.

Die Konstituentenstrukturgrammatik ist das bevorzugte Darstellungsformat, weil generative Grammatiken in diesem Format abgefasst sind und die generative Grammatik seit Beginn der 60er Jahre das beherrschende Paradigma ist. Seit den 80er Jahren ist die X'-Analyse (X'-Theorie) die Standardform einer Konstituentenstrukturdarstellung innerhalb der generativen Grammatik. Sie wird so genannt, weil man hier Wortgruppen mit gleichem Kopf, aber unterschiedlicher Komplexität dadurch unterscheidet, dass man sie als X^0 für Kopf kennzeichnet und zunehmend komplexere Wortgruppen, die aber den gleichen Kopf besitzen, als XP, XP', XP" wiedergibt, kanonisch mit XP" als oberster Stufe (meist als X^0, X', XP bezeichnet).

1.1.3 Fazit

Als Ergebnis unseres Vergleichs halten wir fest, dass die syntaktische Ambiguität unseres Beispielsatzes in allen drei vorgeführten Analysearten dargestellt werden kann. Folglich ist die Satzanalyse als Satzgliedanalyse, ist also auch die „Schulgrammatik" ein aussagefähiges Analyseinstrument.

Das ist kein Plädoyer für Einfachheit an sich. In der X'-Theorie stecken tief gehende Erkenntnisse der Linguistik. Das ist aber ein Plädoyer für Satzgliedanalyse in der Hinsicht, dass man zunächst von dem einfacheren, aus der Schule bereits bekannten Analyseinstrumentarium ausgehen sollte.

Die Konstituentenstrukturgrammatik und die X'-Theorie sind andererseits nicht so weit von der Tradition entfernt, dass es keine Verbindungen mehr gibt. Man kann sogar sehr gut auf Kenntnissen und Fertigkeiten der Satzgliedanalyse aufbauen. Man kann natürlich umgekehrt auch Ergebnisse anderer Grammatiktheorien für die Satzgliedanalyse nutzen, was wir tun werden. Manchmal setzen Grundkurse an der Universität sofort bei der X'-Theorie an. Die Studentinnen und Studenten können dann in einem begrenzten Bereich von nicht allzu umfangreichen Retortensätzen adäquate Analysen geben. Die Analyse beliebiger real vorkommender

Sätze ist nicht möglich – ein Ziel, dass man sich aber im Rahmen der Satzgliedanalyse stellen kann. Gelegentlich beherrschen die Studenten die X'-Analyse handwerklich, überblicken aber die gegebene Satzstruktur nur ungenügend. Heraus kommen Verwechslungen von Haupt- und Nebensatz und falsche Zuordnungen von Konstituenten, in Satzgliedtermini ausgedrückt: von Satzgliedern. Die Satzgliedanalyse kann, weil sie wesentlich einfacher ist, einen solchen Überblick leichter ermöglichen. Sie ist also eine gute Vorbereitung für weiter gehende Beschreibungsformate.

1.2 Satzglieder als syntaktische Relationen

Eine Frage wie (14a) kann man als sinnvoll akzeptieren, eine Frage wie (14b) aber wird man als sinnlos zurückweisen.

(14) a. Zu welcher Wortart gehört *Emil*?
     b. Was für ein Satzglied ist *Emil*?

Man weiß, dass *Emil* ein Name ist und dass Namen Substantive sind. Man weiß aber nur abhängig von einem Satz, in dem das Wort *Emil* vorkommt, was für ein Satzglied *Emil* ist. *Emil* kann alles Mögliche sein: Subjekt (15a), Objekt (15b), Prädikativum (16c), Attribut bzw. Apposition (15d) und zusammen mit Hilfswörtern Attribut (15e) oder Adverbialbestimmung (15f).

(15) a. Emil steht neben der Frau im Sessel.
     b. Der Student fragt Emil nach etwas.
     c. Das ist Emil.
     d. der Student Emil

1.2 Satzglieder als syntaktische Relationen

(15) e. Das ist ein Student von Emil.
　　 f. Die Frau steht neben Emil.

Wortarten sind – soweit sie morphologisch unterschieden werden – kategoriale Begriffe, und Satzglieder sind relationale Begriffe. Denn Wortarten sind als kategoriale Begriffe Benennungen von Wörtern auf Grund gewisser möglicher morphologischer Abwandlungen (im Deutschen: der Flexion). Satzglieder sind Benennungen von Wörtern und Wortgruppen nach ihren Relationen im Satz. Man spricht von *syntaktischen Relationen, Funktionen oder Positionen.* Satzglieder *sind* syntaktische Relationen. Wenn ein Wort zu einem anderen in einer bestimmten Relation steht, dann steht es in einer Funktion in Bezug auf das andere, und es hat in der syntaktischen Struktur eine bestimmte strukturelle Position in Bezug auf das andere.

(16) Emil kommt.

In (16) hat *Emil* in Bezug auf *kommt* die Funktion (strukturelle Position) des Subjekts, und *kommt* hat in Bezug auf *Emil* die Funktion (Position) des Prädikats.

Die *Dependenzgrammatik* scheint, oberflächlich gesehen, nur mit Wortartbegriffen zu arbeiten und die *Konstituentenstrukturgrammatik* außerdem mit Begriffen für Wortgruppen, die nach den Wortarten benannt sind, die den Kopf der Wortgruppe bilden (V – VP, D – DP, N – NP, P – PP). Es scheint also zunächst so zu sein, dass nur die traditionelle Satzgliedanalyse relationale Begriffe verwendet. Gelegentlich wird sogar behauptet, dass syntaktische Relationen für die syntaktische Analyse überflüssig seien.

Dennoch finden wir auch in modernen Grammatiktheorien Termini für syntaktische Relationen. In der *Valenztheorie*, die sich als Teil der Dependenztheorie in den sechziger Jahren entwickelt hat, spricht man von *Valenzträgern, Ergänzungen* und *Angaben*. Eine gegebene syntaktische Einheit ist Ergänzung oder Angabe immer in Bezug auf einen bestimmten Valenzträger, also abhängig von dieser Relation. Zum Beispiel betrachtet man [*in Berlin*] in (17a) als Angabe und in (17b) als Ergänzung.

(17) a. Er arbeitet in Berlin.
     b. Er wohnt in Berlin.

In der oben erwähnten X'-Theorie finden wir als syntaktische Relationen: *Kopf, Komplement, Adjunkt, Spezifikator*. In der neueren linguistischen Semantik schließlich begegnen uns die syntaktischen Relationen *Prädikat, Argument* und *Modifikator*.[3]

Mit den drei grundlegenden semantisch-syntaktischen Relationen *Prädikat, Argument, Modifikator* werden wir im Folgenden des Öfteren arbeiten.

Alle diese Begriffsysteme haben etwas miteinander zu tun, alle haben auch Grundlegendes mit der Satzgliedanalyse gemeinsam, und alle halten fundamentale Grundunterscheidungen fest. Die Unterscheidung zwischen Ergänzungen und Angaben, Argumenten und Modifikatoren ist für jede Grammatik fundamental.

Wenn wir diese syntaktischen Relationen den traditionellen syntaktischen Relationen, also den Satzgliedern, gegenüberstellen, so werden Gemeinsamkeiten und Unterschiede sichtbar.

---

3 Die Differenz Syntax – Semantik, z. B. als linguistische Disziplinen, entspricht der Differenz Form – Bedeutung. Aber natürlich hat auch die Semantik (Satzsemantik) eine Struktur, d. h. eine Syntax.

(18) *Syntaktische Relationen:*

Satzgliedanalyse:	Prädikat	Subjekt	Objekt	AB
X'-Theorie:	Kopf	Spezifikator	Komplement	Adjunkt
Semantik:	Prädikat		Argument	Modifikator
Valenztheorie:	Valenzträger		Ergänzung	Angabe

Die genauesten Entsprechungen hat die Satzgliedanalyse pikanterweise zur X'-Theorie. Bezogen auf den Satz, oder genauer: bezogen auf eine VP, für die man eine Subjektposition ansetzt[4], entspricht das Prädikat dem Kopf, das Subjekt dem Spezifikator, das Objekt dem Komplement und die Adverbialbestimmung dem Adjunkt.

In der Standardaufteilung der Semantik/Logik und der Valenztheorie taucht die Unterscheidung zwischen Subjekt und Objekt bzw. zwischen Spezifikator und Komplement erst etwas vermittelter auf als Unterscheidung eines 1. gegenüber einem 2. und gegebenenfalls 3. Argument bzw. einer 1. Ergänzung gegenüber einer 2. und gegebenenfalls 3. Ergänzung.

Zentral für alle Theorien ist die Differenz von *Objekt und Adverbialbestimmung*, von Komplement und Adjunkt, von Ergänzung und Angabe, von Argument und Modifikator. Es geht also in der Satzgliedanalyse u. a. um die Abgrenzung zwischen Objekt und Adverbialbestimmung, und es geht in X'-Theorie, in der Valenztheorie und in der Semantik um die gleiche Abgrenzung.

Eine Besonderheit gegenüber den anderen oben erwähnten syntaktischen Theorien stellt in die Satzgliedanalyse das *Attribut* dar. Die Unterscheidung von Prädikat, Subjekt, Objekt und Adverbialbestimmung gilt nur für die Satzebene, d. h. für alles, was in der Satzgliedtheorie als Satz gilt. Unter-

---

4 Das ist heute relativ üblich. Vor einiger Zeit nahm man diese Spezifikatorposition erst für die Inflektionsphrase (IP) an.

halb der Satzebene, auf der Wortgruppenebene im Engeren, unterscheidet die Satzgliedanalyse nur noch nach Attribut und Gliedkern.

In anderen syntaktischen Theorien und in der Semantik gelten alle syntaktischen Relationen auch für die Wortgruppen unterhalb der Satzebene. Das kann man als Manko der Verallgemeinerungsmöglichkeit der Satzgliedanalyse ansehen. Andererseits hebt die Satzgliedtheorie mit dem Attributbegriff eine zentrale strukturelle Differenz hervor.

Die kanonische Form eines X'-Schemas sieht folgendermaßen aus (19).

(19)

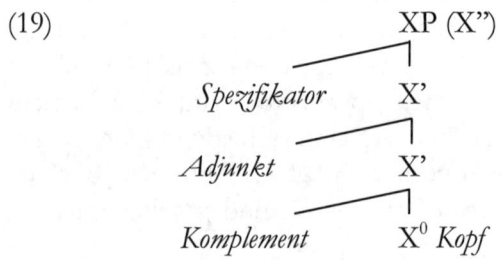

Gegebenenfalls gibt es nicht nur ein Komplement, sondern zwei Komplemente. Man kann sich dann für das Deutsche durch die Notationen X^1, X^2 behelfen.

(20)

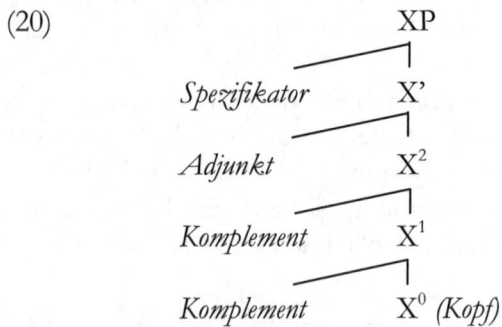

Die syntaktischen Relationen erscheinen an den Knoten des Stammbaumes nicht als Termini. Dort stehen nur Wort- und Wortgruppensymbole. Aber die Knoten stehen in unterschiedlichen Positionen im Stammbaum, und dadurch sind sie als unterschiedliche syntaktische Relationen (Funktionen, Positionen) bestimmt, vgl. (21).

(21)

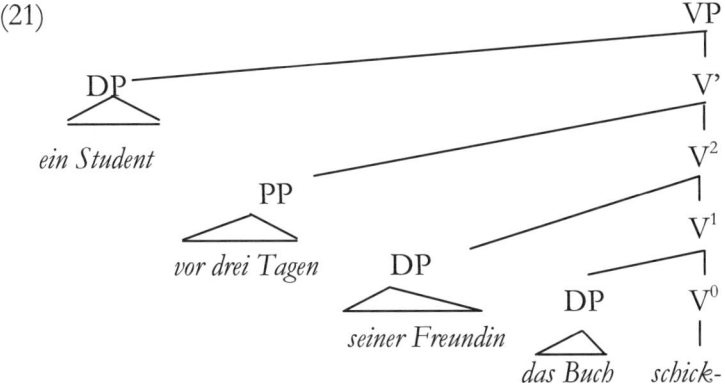

Die beiden DP, die von den beiden unteren Projektionsstufen von V^0, also V^1 und V^2, dominiert werden, sind durch ihre Positionen im Stammbaum als Komplemente (als Objekte) ausgewiesen. Die PP [*vor drei Tagen*] ist Adjunkt (Adverbialbestimmung), da sie von einem V' dominiert wird, das sich über dem unteren V' (bzw. über V^2) befindet. Die DP [*ein Student*] schließlich, die von VP dominiert wird, ist der Spezifikator (das Subjekt).

Adjunkte können in beliebiger Wiederholung unter einem erneuten V' hinzugefügt werden. Das entspricht der Aussage der Valenztheorie, dass Angaben (relativ) beliebig bzw. frei hinzugefügt werden können. Man kann bekanntlich beliebig Adverbialbestimmungen zu einem Verb hinzufügen, aber immer nur maximal ein Subjekt und im typischen Fall nur ein bis zwei Objekte.

Fazit

In der Satzgliedanalyse wird unmittelbar mit Termini für syntaktische Relationen gearbeitet. Die Unterscheidung zwischen syntaktischen Relationen ist aber für alle Theorien wesentlich.

Da es in allen syntaktischen Analysen um Strukturanalysen geht, d. h. um die Ermittlung von Relationen (Funktionen, Positionen) im Satz, ist die Satzgliedanalyse ein geeignetes Instrument der Analyse auch dann, wenn man schließlich auf kompliziertere Konzepte wie das X'-Schema hinauswill. Denn sie ist eine *einfache* Möglichkeit der Satzstrukturdarstellung mit direktem Zugriff auf diese Relationen.

1.3 Satzglieder und Wortarten

Satzglieder (syntaktische Relationen) sind, wie wir eingangs festgehalten haben, relationale Begriffe. Wortarten und Wortgruppenarten sind *in morphologischer Hinsicht* kategoriale Begriffe.

Eine Determinatorphrase im Akkusativ z. B. ist zwar typischerweise Objekt. Sie kann aber auch ausnahmsweise Adverbialbestimmung sein, z. B. in (22).

(22) Emil wartet schon *den ganzen Tag*.

Eine Präpositionalphrase kann auch Komplement bzw. Objekt sein, ein so genanntes präpositionales Objekt (23).

(23) Emil wartet *auf seinen Freund*.

Die Präpositionalphrase in (24) muss man als Subjekt ansehen.

1.3 Satzglieder und Wortarten

(24) An die dreitausend waren gekommen.

Wie diese Beispiele zeigen, gibt es jedoch auch bestimmte Affinitäten. Reine Kasus-Phrasen sind typischerweise Subjekte und Objekte. Als adverbiale Bestimmungen wie in (24) sind sie sehr untypisch. Präpositionalphrasen sind auf der Satzebene typischerweise Adverbialbestimmungen. Aber sehr häufig kommen sie auch als präpositionale Objekte vor. Auf Ebenen unterhalb der Satzebene sind sie Attribute.

Wortarten sind jedoch nur dann kategorial definiert, wenn sie rein morphologisch bestimmt werden. Die Einteilung in die zehn traditionellen Wortklassen ist eine Mischklassifikation aus morphologischen, syntaktischen und semantischen Gesichtspunkten. So weit wie möglich werden morphologische Kriterien herangezogen, dann aber auch syntaktische und mit den Numeralia auch semantische.

Eine bekannte Klassifikation, vgl. Heidolph/Flämig/Motsch (1981: 491), bezieht syntaktische Kriterien ein.

(25)

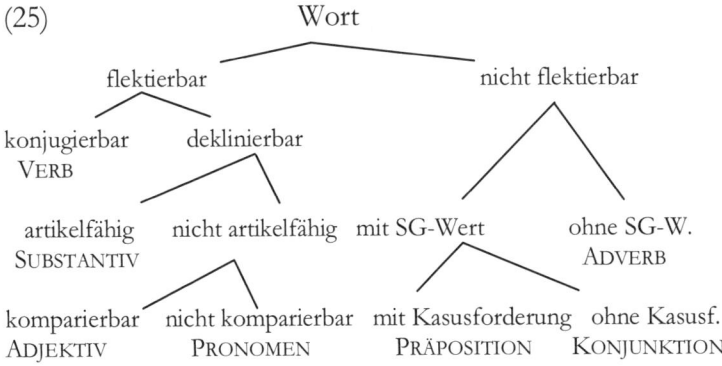

Das ist eine Klassifikation für didaktische Zwecke. Sie versucht, ein Ermittlungsverfahren zu formulieren, das möglichst schnell und einfach anwendbar ist. Die Möglichkeit, morphologisch zu definieren, hört dort auf, wo es keine

Morphologie (Flexionsmorphologie) mehr gibt, also bei den nicht deklinierbaren Wörtern. Will man weiterkommen, *muss* man syntaktisch, also relational, klassifizieren: z.B. ‚mit Satzgliedwert/ohne Satzgliedwert', ‚mit Kasusforderung/ohne Kasusforderung'. Ob man die Alternative ‚artikelfähig/nicht artikelfähig' als syntaktisch oder morphologisch betrachtet, hängt davon ab, wie man den Artikel einordnet, als relativ selbständige syntaktische Einheit (Pronomen) oder als Hilfswort und Quasi-Flexionsmorphem (Artikel + Substantiv als analytische Flexion).

Statt der traditionellen zehn Wortarten bleiben nur sieben erhalten. Der Artikel verschwindet und muss als Pronomen oder/und Flexionsbestandteil analysiert werden. Das Numerale als semantisch bestimmte Wortart wird in die Wortarten Adjektiv, Pronomen (Indefinitpronomen), Substantiv und Adverb einsortiert. Auf die Interjektion wird verzichtet, weil sie aus dem eigentlichen System der Wortarten herausfällt.

Glinz (1965, [1]1952) war der erste deutschsprachige Grammatiker, der eine strukturalistische Grammatikkonzeption vertrat. Er versuchte streng empirisch und sozusagen vorbehaltlos zu klassifizieren. Ideal einer solchen Klassifikation ist es, nur einem einzigen Gesichtspunkt zu folgen. Er klassifiziert streng morphologisch und erhält fünf Wortarten. Denn Adverbien, Konjunktionen und Präpositionen können morphologisch nicht unterschieden werden. Sie versammeln sich bei ihm unter der Rubrik *Partikel*, vgl.:

(26)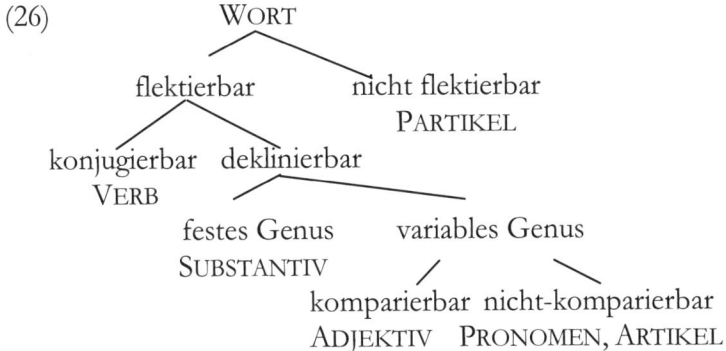

Offen bleibt, was man in dem Glinz'schen System mit Wörtern wie *drei, rosa, lila, pleite* macht. Das sind traditionell *nicht-deklinierbare* Adjektive. Nach Glinz sollten sie eigentlich Partikeln sein. Das wäre ein Sprachgebrauch, an den man sich gewöhnen könnte. Aber was geschieht mit *nicht komparierbaren* Adjektiven wie *tot, hiesig, geboren* usw.? Niemand nimmt an, dass diese durch den Umstand der Nichtkomparierbarkeit zu Pronomina werden. Was ist mit *der Alte, die Alte, das Alte*? Haben diese ein festes Genus oder kein festes Genus? Sind sie Substantive oder Adjektive?

Glinz versucht, allein mit dem morphologischen Kriterium auszukommen. Es gibt auch den Gegenentwurf der Beschränkung auf eine ausschließlich syntaktisch begründete Wortarteinteilung. Der spätere Strukturalismus war streng syntaktisch ausgerichtet. Die Distribution, d.h. die Verteilung nicht nur der Wörter, sondern der Morpheme relativ zueinander war das bevorzugte Kriterium.

In dieser Tradition steht die Grammatik von Helbig/Buscha (2001; ¹1972). Ursprünglich, vgl. z.B. noch (1987: 19) kündigten Helbig/Buscha an, die Wortarten syntaktisch zu unterscheiden. Das ließ sich ohne Einbuße an intuitiver Plausibilität nicht durchhalten. Sie formulieren jetzt (2001: 21) ihr Ziel durch den Zusatz „vor allem" zurückhaltender. Dennoch ist beispielsweise die Aussage zu Beginn des Adverb-Kapitels (2001: 305) immer noch problematisch): „Adverbien sind nicht flektierbar [...]". Denn zuvor (2001: 20) wurde erklärt, dass z. B. *schnell* im Kontext [*Der Vater kam schnell zurück*] Adverb sei. Es ist zwar in diesem Zusammenhang nicht flektierbar. Die Aussage, dass Adverbien nicht flektierbar sind, zielt aber auf den morphologischen Umstand der Flektierbarkeit an und für sich.

Ein Standardbeispiel für unterschiedliche Folgerungen, die aus dem Anlegen des morphologischen oder syntaktischen Kriteriums der Wortarteinteilung entstehen, ist die Abgrenzung zwischen Adjektiven und Adverbien. Unabhängig davon, ob die Grammatiken von dem einen oder anderen der beiden Kriterien ausgehen, machen sie Kompromisse. Das morphologische Kriterium geht von der Flektierbarkeit an sich aus, d. h. davon, ob es irgendwelche Kontexte gibt, in denen das betreffende Wort flektiert wird. Ein flektierbares (deklinierbares und komparierbares) Wort ist ein Adjektiv, ein nicht flektierbares ist ein Adverb. Also müssten *drei, lila, pleite* in (27) Adverbien sein. Denn es gibt keinen Kontext, in dem sie flektiert werden können, vgl.:

(27) a. Emil hat drei Hemden.
b. Emil trägt gern das lila Hemd.
c. Emil ist pleite.

Das sagt jedoch m. E. keine Grammatik. Alle Grammatiken ziehen *zusätzlich* das syntaktische, also ein relationales Kriterium hinzu. Das tun sie, weil *drei, lila, pleite* in syntaktischen Positionen stehen, die für Adjektive und nicht für Adverbien *typisch* sind. Sie stehen attributiv und prädikativ. Diese Wörter werden also als Adjektive eingestuft.

Umgekehrt soll man nach Helbig/Buscha (2001) die Wörter *dort, morgen* in (28) wegen ihrer Unflektierbarkeit als Adverbien betrachten, auch wenn diese attributiv stehen.

(28) a. Reich mir mal das Buch dort.
  b. Die Versammlung morgen fällt aus.

Das Dilemma, in das man gerät, wenn man nur die Invariantenmethode für angemessen hält, wird durch die Bemerkung eines Logikers verdeutlicht, vgl. Bocheński (1959: 78).

> Die obenerwähnten Beispiele zeigen, daß die grammatische Einteilung der Wörter in Substantive, Verben, Adjektive usw. eine Einteilung in SK (syntaktische Kategorien, K.W.) darstellt; sie ist jedoch sehr schlecht durchgeführt, ohne einem einheitlichen Grundsatz zu folgen, aber mit dem ständigen Bemühen, die Einteilung der Verschiedenheit der natürlichen Wortformen anzupassen – ein Versuch, der ebensowenig gelingen kann, wie wenn man eine Ordnung der geometrischen Figuren aufstellen wollte, indem man von den vielen verschiedenen, in einem Urwald anzutreffenden Formen ausgehen wollte.

Aus dem Umstand, den Bocheński beschreibt, folgt, dass eine Wortklassenunterscheidung, die zu invarianten Festlegungen kommen will, in einer natürlichen Sprache unmöglich ist. Eine Konsequenz des Logikers ist eine *Philosophie der idealen Sprache*. Eine andere Konsequenz, die der Logiker und Philosoph Wittgenstein (1958) zu Gunsten einer *Philosophie der natürlichen Sprache (ordinary language philosophy)* zieht, ist der Verzicht auf die Invariantenmethode.

Eine Unterscheidung zwischen *Wortart* und *Satzglied* als kategoriale versus relationale Begriffe reicht also nicht aus. Wir können sogar noch weiter gehen und sagen, dass Wortarten in einer Sprache wie der deutschen zwar zunächst auf Grund des morphologischen Verhaltens von Wörtern unterschieden werden, dass dieses Verhalten aber mit syntaktischen und auch mit semantischen Besonderheiten korrespondiert. Adjektive sind typischerweise flektierbar. Sie werden aber auch typischerweise attributiv und vorangestellt verwendet, und sie denotieren Eigenschaften, die dem vom Bezugssubstantiv Denotierten zukommen. Denn sie bedeuten typischerweise Eigenschaften von Dingen:

(29) die rote Rose

Folglich stehen Adjektive typischerweise attributiv bei Substantiven und typischerweise *adjazent* (unmittelbar benachbart). Und ihr Bezug auf ein Substantiv wird durch die mit dem Substantiv kongruente Flexion gesichert.

Substantive sind typischerweise deklinierbar (und besitzen ein festes Genus). Sie stehen folglich typischerweise in der Position von Subjekten und Objekten, und sie referieren typischerweise auf Dinge (und Lebewesen). Wenn man ein Ding *als Ding* benennen will, muss man sogar invariant ein Substantiv wählen und Adjektive, Verben usw. substantivieren.

Oft wird gefordert, dass Termini wie *Dingwort, Eigenschaftswort, Tätigkeitswort, Umstandswort* für *Substantiv, Adjektiv Verb* und *Adverb* vermieden werden sollten, weil sie falsche Zuordnungen implizieren. Diese Termini sind jedoch nur dann abwegig, wenn man Invarianz und nicht Typik unterstellt. Auch *Adverbien* stehen nicht nur „zu Verben", wie der Terminus in seiner wörtlichen Bedeutung sagt.

Wozu also Satzglieder, wenn auch Wortarten syntaktisch, d. h. auf Grund syntaktischer Relationen, abgegrenzt werden können? Eine Antwort lässt sich wie folgt formulieren:

Wir gehen davon aus, dass Wortarten typische syntaktische (und semantische) Funktionen haben. Die typischen Funktionen sind wahrscheinlich auch die diachron originären Funktionen. Verben *prädizieren*, Adjektive *attribuieren*, Adverbien *modifizieren*, Substantive *referieren*.

Eine Sprache nun, die Klassifikation und Funktion streng geregelt halten wollte, wäre höchst unflexibel. Zum Beispiel dürfte man nur mit Hilfe von Adjektiven attribuieren. So gesehen kann man Flexionsabwandlungen, Abwandlungen durch Wortbildung, aber auch Abwandlungen durch Hilfswörter und im Engeren syntaktische Abwandlungen wie Nebensatzbildung als Operationen ansehen, die dazu dienen, Wörter und Wortgruppen von einer originären in eine abgeleitete syntaktische Funktion zu überführen, vgl. z. B. (30).

(30) a. Vaterhaus
 b. das väterliche Haus
 c. das Haus des Vaters
 d. das Haus, das dem Vater gehört

Das Wort *Vater* ist ein Substantiv. Es dient originär zum Referieren auf Personen, die die betreffende Eigenschaft besitzen. In dieser Funktion stellt es den Gegenstand (das Argument, das Subjekt, Objekt oder Prädikativum) bereit, auf den sich eine Prädikation bezieht. Will ein Sprecher das Substantiv *Vater* attributiv zur Kennzeichnung eines Hauses verwenden, so muss er eine Anpassung an diese Aufgabe vornehmen. Eine einfache Möglichkeit ist (30a). Ein Kompositum wird gebildet. Zunehmend komplexere Operationen der Anpassung sind (30b,c,d). Sie alle dienen dazu, das Substantivs *Vater* als Attribut zu verwenden. In einem Relativsatz wie (30d) erscheint es als Teil eines Attributs.

Präpositionen überführen typischerweise Substantive und substantivische Wortgruppen in eine adverbiale Funktion.

(31) das Buch – wegen des Buches

Die Wortform Partizip überführt ein Verb von der prädikativen in eine attributive Funktion.

(32) Emil schläft. – der schlafende Emil

Die Kopula kann man (in der Elementarversion der Satzgliedanalyse) als einen Operator ansehen, der Adjektive aus ihrer originär attributiven Funktion in eine prädikative überführt und Substantive von ihrer referierenden Funktion ebenfalls in eine prädikative.

(33) a. der fleißige Emil – Emil ist fleißig.
      b. der Student – Emil ist Student.

Tesnière (1959), der Klassiker der Dependenz- und Valenzgrammatik arbeitet in seiner Syntaxtheorie nur mit Wortartbegriffen und dem Begriff der Translation. Es gibt Translationen 1. Grades (30a-c) und 2. Grades (30d). (Ferner gibt es Translationen ohne und mit Translativ, d.h. ohne und mit Operatoren, die die Operation der Translation anzeigen. Man hat also z.B. das Substantiv im Genitiv *Emils* in *Emils Buch* als ein *Adjektiv* zu analysieren, das durch das Translativ *-s* (den Genitiv) aus einem Substantiv zu einem Adjektiv wird. Und [*ist fleißig*] in [*Emil ist fleißig*] ist ein Verb, das durch das Translativ *ist* aus einem Adjektiv gewonnen wurde.

Das heißt, Tesnière ordnet den Wortarten (originäre) syntaktische Funktionen zu und beschreibt Änderungen der Funktion als Wortartänderungen.

Translationen zweiten Grades sind nach Tesnière nicht Überführungen von Wörtern (und Wortgruppen unterhalb der Satzebene) aus einer originären syntaktischen Funktion *Substantiv, Adjektiv, Verb, Adverb* in eine abgeleitete Funktion

Substantiv, Adjektiv, Verb, Adverb, sondern aus der originären Funktion *Satz* in eine abgeleitete Funktion *Substantiv, Adjektiv* oder *Adverb*. Ein Nebensatz als Subjekt oder Objekt (ein Subjekt- oder Objektsatz) hat für Tesnière nicht nur die gleiche Funktion wie ein Substantiv in der gleichen syntaktischen Position, sondern der Nebensatz wird durch den Operator (das Translativ) *dass* zu einem Substantiv. Ein attributiver Relativsatz ist entsprechend ein Adjektiv und ein adverbialer Nebensatz ist ein Adverb.

Tesnières Terminologie war zu eigenwillig, um Nachfolger gefunden zu haben. Dennoch ist der Begriff der Translation von theoretischem Interesse. Er stellt die Entsprechung zum Transformationsbegriff der generativen Grammatik dar.

Fazit
Wir haben gesehen, dass eine Unterscheidung in Wortarten und Satzglieder als kategoriale und als relationale Begriffe zu vereinfachend ist.

Man kann die Aufgabe von Satzgliedtermini darin sehen, syntaktische Einheiten unabhängig von der Wortartzugehörigkeit zu benennen. Wenn eine syntaktische Einheit als Wortgruppe realisiert wird, ist die Benennung unabhängig davon, in welche Wortart der Kopf/das Regens/der Gliedkern der betreffenden Einheit gehört. Alle kursiv hervorgehobenen syntaktischen Einheiten in (34a-h) sind auf Grund ihrer syntaktischen Position als Objekt zu analysieren.

(34) a. Emil beabsichtigt *etwas*.
 b. Emil beabsichtigt *einen Besuch*.
 c. Emil beabsichtigt, *dass Egon ihn besucht*.
 d. Emil beabsichtigt, *Egon zu besuchen*.

(34) e. Emil freut sich *darauf*.
   f. Emil freut sich *auf Egons Besuch*.
   g. Emil freut sich, *dass Egon ihn besucht*.
   h. Emil freut sich, *Egon besuchen zu dürfen*.

1.4 Sätze und satzwertige Konstruktionen

Es gibt zahlreiche Probleme der Unterscheidung. Ein erstes resultiert aus dem Umstand, dass Sätze Satzglieder in anderen Sätzen sein können. Das führt zum Problem der Unterscheidung von Hauptsatz und Nebensatz (Gliedsatz).

1.4.1 Hauptsatz – Nebensatz, übergeordneter Satz – untergeordneter Satz

Der Hauptsatz enthält das prädikatbildende Verb, von dem in der Dependenzstruktur (typischerweise) alle anderen Wörter und damit auch alle anderen Prädikate direkt oder indirekt abhängen. Von diesem Prädikat hängen die anderen Satzglieder ab. Da diese Satzglieder als Glied- oder Nebensätze auftreten können, also ebenfalls in der Form von Sätzen, ergibt sich bereits hier ein Problem der Unterscheidung. Nicht bei allen Beispielsätzen, die wir im Kapitel 10 analysieren, ist von vornherein klar, welches der Hauptsatz ist, von welchem Verb (Prädikat) wir also ausgehen sollen. Wir müssen unterschiedliche Kriterien einbeziehen.

Das wichtigste Kriterium ist die Endstellung des Verbs im Nebensatz und die Zweitstellung im Hauptsatz (Aussagesatz). Zum Beispiel kann man nur aus der Endstellung des Verbs entnehmen, dass in (35) der erste Teilsatz Nebensatz ist und der zweite Teilsatz Hauptsatz.

1.4 Sätze und satzwertige Konstruktionen

(35) Je mehr sie sich *freut*, desto mehr *ärgert* er sich.

Ebenfalls rein formal ergibt sich die Differenzierung bei Sätzen wie:

(36) a. Er will nicht kommen, *weil* er keine Lust auf Partys hat.
 b. Er will nicht kommen, *denn* er hat keine Lust auf Partys.
 c. Er will nicht kommen, *weil* er hat keine Lust auf Partys.
 d. Er hat keine Lust auf Partys, *deshalb* will er nicht kommen.

In (36a) ist der *weil*-Satz ein Nebensatz. Denn das Verb steht am Ende. In (36b,c,d) sind die zweiten Teilsätze jeweils Hauptsätze. Denn das Verb steht hier an zweiter Stelle.

Festzuhaltende Termini in diesem Zusammenhang sind *Satzgefüge* für das Verhältnis von Hauptsatz und Nebensatz und *Satzverbindung* für das Verhältnis von zwei Hauptsätzen zueinander.

Was die Wortart der jeweiligen Verbindungswörter betrifft, so handelt es sich bei *weil* in (36a) um eine *subordinierende Konjunktion* und in (36b) um eine *koordinierende Konjunktion*.[5] Das Wort *denn* in (36c) ist ebenfalls eine *koordinierende Konjunktion*. *Deshalb* in (36d) ist ein *Adverb*. Letzteres ergibt sich wieder aus der Wortstellung. *Deshalb* steht allein vor dem finiten Verb. *Denn* steht als koordinierende Konjunktion vor einem Satzglied, gefolgt vom Verb in Zweitposition. Konjunktionen sind im Unterschied zu Adverbien nicht satzgliedfähig.

---

5 Engel (1988) bezeichnet subordinierende Konjunktionen als *Subjunktionen* und als *Konjunktionen* nur koordinierende Konjunktionen.

Weil ein Adverb wie *deshalb* auf Grund seiner Semantik einer Konjunktion ähnlich ist, wird es häufig „unechte Konjunktion" genannt. Diese Benennung reflektiert zwar gut den prototypischen Übergang. Der Unterschied in der Wortfolge ist jedoch so gravierend, dass man die Differenz nicht terminologisch verwischen sollte.

Ein weiteres Begriffspaar steht uns mit den Termini *Hypotaxe* und *Parataxe (hypotaktisch* und *parataktisch)* zur Verfügung. Es deckt das Verhältnis von übergeordnetem und untergeordnetem Satz im Allgemeinen ab. Denn so wie Nebensätze Satzglieder in Hauptsätzen sein können, so können sie auch Satzglieder wiederum in Nebensätzen sein. Es entstehen *Satzperioden*.

Gelegentlich muss man entscheiden, in welchen übergeordneten Satz ein Nebensatz oder eine Infinitiv- oder Partizipialkonstruktion als Satzglied gehört.

Man kann das Über- und Unterordnungsverhältnis zwischen Sätzen und satzwertigen Gebilden gesondert darstellen, z. B. die Satzbeispiele 12 und 16 im Kapitel 10:

(37) a. H
         uneingel. NS
              Obj.   Konj.
                                      Subj.   Konj.
                                                    Attr.

      b.   H
         Konj.   Interr.
         AB   Interr.   Attr.
                     Attr.

H = Hauptsatz, Konj. = Konjunktionalsatz, Interr. = Interrogativsatz (indirekter Fragesatz)

1.4 Sätze und satzwertige Konstruktionen

Die unterschiedlichen Zeilen zeigen die Unterordnungen und lassen den Grad der Verschachtelung erkennen.

Der Nachteil dieser Darstellungen ist die additive Sicht. Zu unserem Verständnis von Satzgliedanalyse und syntaktischer Struktur gehört, dass nicht Addition, sondern *Inkorporation* Grundprinzip ist. Sätze *enthalten* Satzglieder, und wenn diese Sätze sind, enthalten sie als Satzglieder andere Sätze. Satzglieder unterhalb der Satzebene enthalten als ihre Satzgliedteile Attribute.

Betrachten wir einen Satz wie (38), wo die Diskrepanz augenfällig wird.

(38) Dass du morgen kommst, gefällt.

Wenn wir das Verhältnis von Haupt- und Nebensatz additiv auffassen, stehen sich ein Nebensatz [*dass du morgen kommst*] und ein Hauptsatz *gefällt* gegenüber. Darin wird deutlich, dass eine solche Sicht nicht aufgeht. Der Hauptsatz *enthält* den Nebensatz. Der Nebensatz ist Satzglied (Subjekt) *im* Hauptsatz. „Hauptsatz" ist also eigentlich das ganze Satzgefüge aus „Haupt-" und Nebensatz. Wir sehen an diesem Beispiel, dass es ratsam ist, mit Terminologien nicht zu starr umzugehen. Die Redeweise *Hauptsatz – Nebensatz* und Darstellungen wie (38) sind nützlich für bestimmte Zwecke. Sie können nicht alles abdecken und können sogar zu Widersprüchen führen, wenn man sie „zu genau nimmt".

Aus der modernen strukturellen Grammatik kommt mit Begriffen wie *Matrixsatz* und *Einbettung* (*embedding*) ein Sprachgebrauch, der das Verhältnis von Haupt- und Nebensatz sowie übergeordnetem und untergeordnetem Satz besser ausdrückt. Der übergeordnete Satz ist der Matrixsatz. In diesen wird der untergeordnete Satz eingebettet.

1.4.2 Satzverbindung und Koordination

Im Zusammenhang mit der Satzverbindung wollen wir kurz auf Probleme der Koordination eingehen. Nicht die Bestimmung, aber die formale Darstellung und die theoretische Einordnung der Koordination gehören zu den schwierigsten Kapiteln jeder Syntax.

Koordination nimmt ihren Anfang dann, wenn zwei Sätze aufeinander folgen. Wieder können wir prototypische Abwandlungen und Übergänge feststellen.

(39) Paul kam um 12 Uhr. Anna ging sofort.

Beim Hörer löst die Aufeinanderfolge der Sätze eine Implikatur aus. Er sucht nach dem Grund, warum gerade diese Sätze in dieser Reihenfolge nebeneinander stehen. Er unterstellt also nicht nur jedem einzelnen Satz für sich Relevanz, sondern auch ihrer Kombination.

Der Hörer kann folgern, dass der Sprecher das sagt, um anzudeuten, dass Pauls Kommen der Grund von Annas Verschwinden ist. (Auch wenn der Sprecher gar nichts damit beabsichtigt oder sich nur unabsichtlich verrät, kann der Hörer das natürlich aus der Aufeinanderfolge der Sätze folgern.) Man nennt diese Art der äußerlich nicht gekennzeichneten Verbindung *asyndetisch*.

Syndetisch ist dagegen der zusammenfassende Ausdruck für Verbindungen von Sätzen durch koordinierende oder subordinierende Konjunktionen.

Statt (40a) sind unterschiedliche Arten der formalen Verbindung und damit auch unterschiedlich genaue semantische Interpretationen der Verbindung möglich.

1.4 Sätze und satzwertige Konstruktionen

(40) a. Paul kam um 12 Uhr. Daher ging Anna sofort.
  b. Anna kam, *und/oder/aber* Alfons ging sofort.
  c. Paul kam um 12 Uhr, als Anna ging.
  d. Anna ging, weil Paul um 12 Uhr kam.

Die Sätze sind in (40a) zwar explizit (semantisch) durch das Adverb verbunden, jedoch nicht durch eine Konjunktion. In (40b) sind die beiden Sätze koordinativ verbunden. Es handelt sich um eine Satzverbindung. In (40c,d) sind sie subordinativ verbunden. Es handelt sich um ein Satzgefüge, und der Nebensatz ist Satzglied des übergeordneten Satzes. Bei 40a,b) handelt es sich also um Parataxe, bei (40c,d) um Hypotaxe.

Aufeinanderfolgende Sätze können gleiches Wortmaterial enthalten. Es bietet sich eine Verkürzung durch *Auslassung (gapping)* identischer syntaktischer Einheiten an, vgl. die Verkürzung in (41b):

(41) a. Anna kam *um 12 Uhr,* und Paul ging *um 12 Uhr.*
  b. Anna kam, und Paul ging *um 12 Uhr.*[6]

Hier liegt nach wie vor eine Satzverbindung vor, eine Verbindung zweier „selbständiger" Hauptsätze.

Es gibt aber auch vielfältige weitere Verkürzungen, die dazu führen, dass einer der beiden Sätze seine Selbständigkeit verliert. Syntaktische Einheiten, die zu einem grammatisch vollständigen Satz gehören, werden nicht realisiert. Es entstehen so genannte *zusammengezogene* Sätze, vgl. (42b) und (43b). Bei den Sätzen (44b) und (45b) wird man jedoch nicht

---

6 Der Satz (41b) ist strukturell (und semantisch) ambig. Satzverbindung (41b) kann Satzverbindung (41a) entsprechen. Sie kann aber auch so gelesen werden, dass keine Auslassung vorliegt, dass zu Annas Kommen also keine genauere Zeitangabe gemacht wird.

von zusammengezogenen Sätzen sprechen, obwohl das möglich wäre, sondern von koordinierten Substantiven.

(42) a. Anna *kam* um 12 Uhr, Paul *kam* um 13 Uhr.
b. Anna *kam* um 12 Uhr und Paul um 13 Uhr.
(43) a. Anna beschimpft *Paul*, Alfons entschuldigt *Paul*.
b. Anna beschimpft (und) Alfons entschuldigt *Paul*.
(44) a. Anna *beschimpft Paul*, Alfons *beschimpft Paul*.
b. Anna und Alfons *beschimpfen Paul*.
(45) a. *Egon sammelt* Knöpfe und *Egon sammelt* Nägel.
b. *Egon sammelt* Knöpfe und Nägel.

Koordination in der Satzgliedanalyse
In der Satzgliedanalyse bestimmen wir koordinierte Strukturen parallel und identisch. In (42b) analysieren wir also *Paul* und [*um 13 Uhr*] ein zweites Mal als Subjekt und Adverbialbestimmung. Bei der Koordination einzelner Satzglieder können wir diese auch als ein Satzglied werten. Wir können also beispielsweise [*Knöpfe und Nägel*] entweder nur als ein Satzglied (Objekt) werten oder als zwei Objekte nebeneinander zum gleichen Verb, vgl. auch Kapitel 10: Bemerkungen zur Notation.

1.4.3 Infinitiv- und Partizipialkonstruktionen

Infinitivkonstruktionen und Partizipialkonstruktionen werden, was ihre innere syntaktische Struktur betrifft, nicht nur in der Satzgliedanalyse, sondern in Grammatiken überhaupt wie Sätze behandelt. In der Satzgliedanalyse heißt das, dass man sie wiederum nach Satzgliedern 1. Grades analysiert und nicht nach Gliedkern und Attributen.

Diese Konstruktionen nennt man daher auch „nebensatzähnlich". Das wird gelegentlich zu stark betont, und dem

1.4 Sätze und satzwertige Konstruktionen 43

Infinitiv der Infinitivkonstruktion und dem Partizip der Partizipialkonstruktion wird nur verbrämt der Status eines Prädikats zuerkannt. Man spricht von „prädikatähnlich". Dann ist aber auch ein Objekt oder eine Adverbialbestimmung in einer solchen Konstruktion streng genommen nur „objektähnlich" oder „adverbialbestimmungsähnlich". Das führt zu nichts. Wenn man Infinitivkonstruktionen und Partizipialkonstruktionen den Status von Sätzen zuerkennt, wofür es gute Gründe gibt, dann muss man sie auch so analysieren. Davon wird nicht berührt, dass alles in der Sprache fließend in dem Sinne ist, als es keine scharfen Grenzen gibt. Auch ein Nebensatz ist, wie der Name schon sagt, weniger ein Satz. Dem Nebensatz fehlt mit der relativen Selbständigkeit ein sehr wichtiges Kriterium, und diese Unselbständigkeit geht bei Infinitivkonstruktionen weiter.

Ein typischer Satz ist relativ selbstständig. Er besitzt relativ selbständig ein illokutives Potential. Er ist eine Behauptung, ein Befehl, eine Aufforderung. Damit im Zusammenhang ist er auch eine intonatorische Einheit. Er hat des Weiteren eine bestimmte syntaktisch-semantische Prädikationsstruktur mit einem Verb im Zentrum, was wiederum mit seinem illokutiven Potential im Zusammenhang steht.

Ein typischer Satz ist also ein *Hauptsatz*. Man kann noch weiter gehen und sagen: Er ist ein Aussagesatz, ein Satz im Präsens Indikativ, ein Aktivsatz und ein affirmativer (nicht verneinter) Satz. Von diesem Ideal gibt es stufenweise Abweichungen in unterschiedliche Richtungen. Nicht alles, was ein selbständiges illokutives Potential hat, besitzt auch eine syntaktische Struktur, etwa der Ausruf *Feuer!*. Dennoch bezeichnen wir *Feuer!* auf Grund seiner illokutiven Kraft als Satz.

Nebensätze haben oft kein eigenes illokutives Potential. Sie besitzen aber die gleiche Prädikationsstruktur wie ein Hauptsatz, und sie besitzen eine relativ selbständige Intonationsstruktur und damit verbunden eine bestimmte syntaktische Abgesondertheit (Eigenständigkeit) gegenüber dem übergeordneten Satz.

Die Prädikationsstruktur von Infinitivkonstruktionen und Partizipialkonstruktionen ist reduziert. Sie enthalten kein Subjekt. Ihr Prädikat wird nicht durch ein finites Verb gebildet, sondern durch einen infinite Verbform: einen Infinitiv oder ein Partizip. Sie haben folglich auch kein Tempus und Modus.[7] Infinitiv- und Partizipialkonstruktionen besitzen jedoch eine intonatorische und syntaktische Abgesondertheit. In Grammatiken werden Infinitiv- und Partizipialkonstruktionen daher auch gelegentlich verkürzte Nebensätze genannt.

Nicht jeder Infinitiv und nicht jedes Partizip bildet eine Infinitivkonstruktion oder eine Partizipialkonstruktion. Es müssen Kriterien der Satzwertigkeit erfüllt sein. Das lässt sich auf eine relativ einfache und intuitiv verständliche Weise zunächst am Beispiel der Partizipialkonstruktion demonstrieren, vgl.:

(46) a. Gerade geheilt aus dem Krankenhaus entlassen spielt Karlchen schon wieder Fußball.
b. Karlchen, gerade geheilt aus dem Krankenhaus entlassen, spielt schon wieder Fußball.
c. Das gerade geheilt aus dem Krankenhaus entlassene Karlchen spielt schon wieder Fußball.

Das Partizip *geheilt* realisiert jedes Mal die gleiche Prädikationsstruktur. Aber nur in (46a,b) liegt eine relativ eigenständige Partizipialkonstruktion vor. In dieser müssen wir nach Satzgliedern 1. Grades analysieren. In (46a) ist diese Partizi-

---

7   Die Differenzierung in Infinitiv bzw. Partizip Präsens oder Perfekt ist eine aspektuale, aber keine temporale Unterscheidung.

1.4 Sätze und satzwertige Konstruktionen 45

pialkonstruktion ein freies Prädikativ, in (46b) ein Attribut. In (46c) ist das Partizip mit seiner Prädikationsstruktur in die Determinatorphrase [*das gerade geheilt aus dem Krankenhaus entlassene Karlchen*] integriert. Das Partizip wird kongruent flektiert und ist ein vorangestelltes adjektivisches Attribut. Die Satzgliedanalysen fallen folglich unterschiedlich aus:

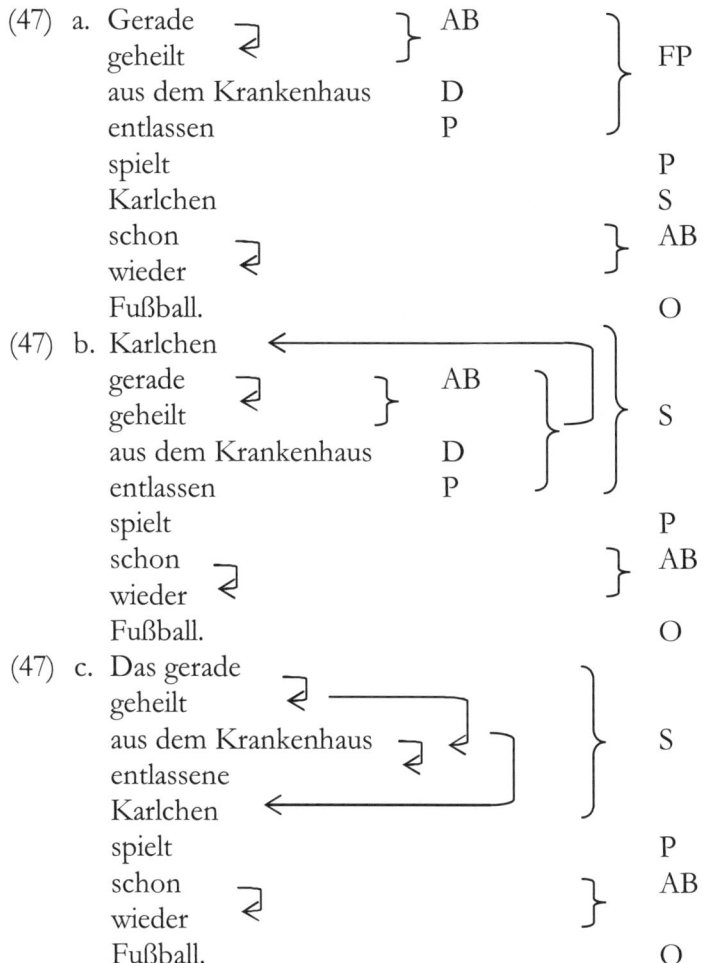

Bei *Infinitivkonstruktionen* handelt es sich um die Abgrenzung zu komplexen Prädikaten aus Verb + Infinitiv, vgl. Kapitel 8. Das lässt sich an folgendem Beispiel illustrieren.

(48) a. Emil droht, Anita zu verlassen.
 b. Die Brücke droht einzustürzen.

Es gibt eine ganze Reihe von Unterschieden zwischen (48a) und (48b). Wir setzen z. B. einmal ein Komma, das andere Mal nicht. Das Komma reflektiert den Unterschied zwischen Infinitivkonstruktionen und komplexen Prädikaten mit Infinitiv.

Den Satz (48a) kann man so verstehen, dass Emil in irgendeinem Zusammenhang die Drohung äußert, Anita zu verlassen. Wenn wir *drohen* + *zu* + Infinitiv in (48a) als komplexes Prädikat auffassen und ohne Komma schreiben, dann verstehen wir *drohen* in einem übertragenen Sinne als „es besteht die Gefahr". Der Satz (48b) enthält mit großer Wahrscheinlichkeit ein komplexes Prädikat. Denn eine Brücke kann keinen Brückenpfeiler schwingen und rufen: „Ich stürze ein!".

Der Satz (48a) sollte also als Default-Analyse die Analyse (49a) mit einer Infinitivkonstruktion erhalten, der Satz (48b) die Analyse (49b) mit einem komplexen Prädikat.

(49) a. Emil   S
     droht,   P
     Anita   O ⎫ O
     zu verlassen.   P ⎭

(49) b. Emil   S
     droht P_1
     Anita   O
     zu verlassen. P_2

1.4 Sätze und satzwertige Konstruktionen

Die Entscheidung über die Existenz einer Infinitivkonstruktion hängt nicht davon ab, ob es sich um einen „erweiterten" Infinitiv handelt. Der Terminus ist nur wichtig für die Interpunktion. Vergleichen wir die Analysen der Sätze (50).

(50) a. Es ist wichtig zu protestieren.
  b. Es ist wichtig, zu betonen, dass wir protestieren.[8]

In (50a) ist die Infinitivkonstruktion [*zu protestieren*] Subjekt. Eine Bestimmung als Prädikat erübrigt sich, weil dieses Prädikat allein steht. In (50b) hängt vom Infinitiv der Nebensatz als Objekt ab. Der Infinitiv ist das Prädikat zu diesem Objekt. Das Ganze ist Subjekt, vgl. (51).

(51) Es   Pl_S
    ist   P
    wichtig   SP
    zu protestieren. S
(52) Es   Pl_S
    ist   P
    wichtig   SP

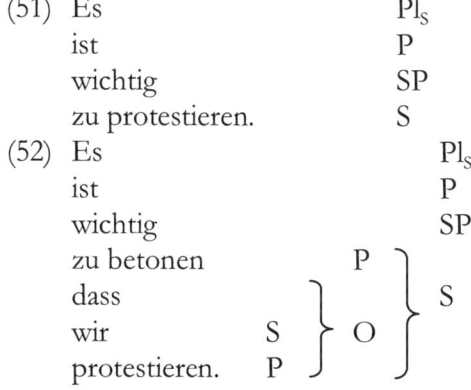

Infinitiv- und Partizipialkonstruktionen haben kein Subjekt. Vergleichen wir die Sätze (53).

---

8 Nach traditioneller Interpunktion kann man hier ein Komma setzen. Man beachte die Tendenz zu einer Sprechpause, wenn ein Nebensatz oder eine weitere Infinitivkonstruktion als Satzglied der Infinitivkonstruktion folgen.

(53) a. Emil verspricht Egon, die Vorlesung zu besuchen.
   b. Emil empfiehlt Egon, die Vorlesung zu besuchen.
   c. Es ist wichtig, die Vorlesung zu besuchen.

Das Verb *besuchen* behält auch als Infinitiv seine Valenz. Es verlangt eine weitere Ergänzung. Der Hörer muss wissen, wer die Vorlesung besuchen soll. Aber in Infinitiv- und Partizipialkonstruktionen kann man kein Subjekt realisieren. Sie gelten daher als gewissermaßen verkürzte Nebensätze, vgl. (54) und (55).

(54) a. Emil verspricht Erna, die Vorlesung zu besuchen.
   b. Emil empfiehlt Erna, die Vorlesung zu besuchen.
(55) a. Emil verspricht Erna, dass *er* die Vorlesung besucht.
   b. Emil empfiehlt Erna, dass *sie* die Vorlesung besucht.

Traditionell spricht man in diesem Zusammenhang von *grammatischem* und *logischem* Subjekt. Man sagt, dass in dem Satz (53a) das Subjekt des übergeordneten Satzes das *logische* Subjekt zum Infinitiv ist und in (53b) das Objekt des übergeordneten Satzes. In (53c) ist weder ein grammatisches noch ein logisches Subjekt vorhanden. Für *logisches Subjekt* können wir auch sagen „Subjekt nicht im grammatischen, sondern im semantischen Sinne", vgl. auch Kapitel 7.

In der generativen Grammatik spricht man von *Kontrolle* und Kontrollbeziehungen. Bei (53a) liegt Subjektkontrolle vor, bei (53b) Objektkontrolle. Bei (53c) liegt arbiträre Kontrolle vor. Denn hier enthält der Satz selbst keine Kontrollbeziehung. Der Hörer muss aus dem weiteren Kontext per Implikatur entnehmen, für wen das Protestieren oder die Betonung des Protestierens wichtig ist.

1.5 Wörter ohne Satzgliedstatus

Wir gehen von einem allgemeinen Satzgliedbegriff aus, der sowohl die Satzglieder 1. Grades (Prädikat, Subjekt usw.) umfasst als auch das Attribut als Satzgliedteil.

Bestimmte Wörter (Wortarten) rechnen in der Satzgliedanalyse traditionell *nicht* als Satzglieder 1. Grades oder Attribute, obwohl sie in einem allgemeineren Sinne, beispielsweise in der generativen Grammatik, ebenfalls Köpfe von Phrasen sind. Das sind Artikel, Präpositionen, koordinierende und subordinierende Konjunktionen und Hilfsverben. Diese sind zwar Bestandteile von Satzgliedern, erhalten jedoch nicht selbst Satzgliedstatus als Satzglieder in Satzgliedern wie die Attribute oder als Gliedkerne.

Was herausfällt, sind also im Wesentlichen die sogenannten Hilfswörter der traditionellen Grammatik.

Vollwörter	*Hilfswörter*
Verb (Vollverb)	Hilfsverb
Substantiv	Präposition
Adjektiv	Konjunktion
Adverb	Artikel
	Pronomen

Von den traditionellen Wortarten fehlen hier nur die Numeralia und die Interjektion. Einen Sonderstatus in Bezug auf den Satzgliedwert haben die Pronomina. Sie zählen im Allgemeinen als Satzglieder (oder Attribute), vgl.:

(56) *Ich* werde *es* von *meiner* Schwester bekommen.
 Subjekt Objekt Attribut

Präpositionen, Konjunktionen und Artikel erhalten in der Satzgliedanalyse keinen Satzgliedstatus. Sie zählen weder als Attribut noch als Gliedkern eines Satzgliedes 1. Grades.

Artikel und Pronomina gehen ineinander über, weil ihre Funktionen teilweise zusammenfallen. Pronomina, z. B. Demonstrativ- und Possessivpronomina, haben auch Artikelfunktion. Wir stellen es frei, Demonstrativ- und Possessivpronomina als Attribute zu bestimmen oder als Artikel unbestimmt zu lassen. Man kann aber auch differenzieren, je nach dem, ob man z. B. *den* in (57) als Artikel oder als (akzentuiertes) Demonstrativpronomen auffasst.

(57) *Den* Mann habe ich noch nicht gesehen.

Je breiter man die Kategorie des Artikels fasst, umso mehr Pronomina verlieren ihren Satzgliedstatus. Bei Helbig/Buscha (2001) verteilen sich die ursprünglichen Pronomina in unterschiedliche Wortarten, u. a. Artikelwörter und Substantivwörter. Die breitere Gruppe der Artikelwörter müsste man dann insgesamt aus dem Satzgliedstatus herausnehmen.

Einen Sonderstatus nehmen Pronomina und Adverbien dann ein, wenn sie als *Platzhalter (Korrelate)* fungieren, vgl. 3.1.2. Als Platzhalter sind sie keine selbständigen Satzglieder, sondern wie der Name sagt, nur Platzhalter für Satzglieder.

In Grammatiken werden oft neue Wortarten kreiert. Eine von ihnen, deren Aufnahme in den Kanon der beschreibenden Grammatik insbesondere auf Helbig/Buscha (2001) zurückgeht, ist die sogenannte *Partikel*. Diese wird aus den Adverbien nach dem Kriterium des Satzgliedstatus ausgegliedert. Das ist ein anderer Gebrauch des Terminus *Partikel* als bei Glinz (1965), der ihn als Sammelbegriff für alle undeklinierbaren Wörter benutzt. Um eine Partikel im Sinne Helbig/Buschas handelt es sich in (58a). Die Umstellprobe

1.5 Wörter ohne Satzgliedstatus

(58b) zeigt, dass das Wort *halt* in diesem Sinnzusammenhang nicht allein in die Spitzenposition gebracht werden kann, dass es also nicht satzgliedfähig ist. Zur Umstellprobe vgl. 3.3.2.

(58) a. Ich habe *halt* nicht aufgepasst.
 b. *Halt habe ich nicht aufgepasst.

Anmerkung
Über diese Art von Partikeln als „Würzwörter" oder „Abtönungspartikeln" wurde in den 70er Jahren im Zusammenhang mit der so genannten pragmatischen Wende der Linguistik viel geschrieben. Helbig/Buscha (2001) nahmen sie in ihre syntaktisch orientierte Wortartklassifikation auf. Das bot sich mit der Umstellprobe an. Die Abtönungspartikeln wurden durch dieses Kriterium aus der Gruppe der Adverbien ausgeschieden, vgl.(58). Pragmatisch interessant sind jedoch auch die so genannten Gradpartikeln, z. B. (59).

(59) a. Es ist ziemlich/recht kalt hier.
 b. *Ziemlich/recht ist es kalt hier.

Auch hier scheint die Umstellprobe zu greifen, wie (59b) zeigt. Dennoch ist die Umstellprobe für einen Nachweis als Partikel nicht geeignet. Denn sie zeigt in diesem Fall nur, dass *ziemlich/recht* in (59a) Attribute zu *kalt* sind. Über einen speziellen Partikelstatus geben sie nicht Auskunft. Das ist im Falle der Abtönungspartikel anders. Denn für *halt* in (58a) gibt es keinen möglichen attributiven Bezug. Als Satzglied 1. Grades müsste *halt* aber vorfeldfähig sein.

1.6 Formen von Satzgliedern

Wir können syntaktische Einheiten „funktional" oder „formal" bestimmen, nach „Inhalt" oder „Form" („Inhalt" = „Satzgliedinhalt" bzw. „Satzgliedwert"). Unser primäres Interesse gilt dem „Inhalt" oder „Wert", also der Bestimmung von syntaktischen Einheiten nach *syntaktischen Relationen/Funktionen/Positionen* (Prädikat, Subjekt usw.).

Auf der „formalen" Ebene haben wir es mit Begriffen wie *Wort, Wortgruppe, Nebensatz, Infinitivkonstruktion, Partizipialkonstruktion* zu tun.

Im Default-Fall meint dann der Terminus *Wortgruppe,* Gruppen von Wörtern ohne Satzstatus. Aber auch Sätze sind natürlich in einem allgemeineren Sinne Wortgruppen. Allgemeinere Begriffe sind *Syntagma* oder *Phrase*. Wir unterscheiden in diesem allgemeineren Sinne *Wörter* und *Wortgruppen* (Phrasen). Bei Wortgruppen differenzieren wir nach *satzwertigen* und nicht *satzwertigen*. Die satzwertigen zerfallen in *Nebensätze* und *nebensatzähnliche Wortgruppen*. Nebensatzähnliche Wortgruppen sind *Infinitivkonstruktionen* und *Partizipialkonstruktionen*.

Bei Einzelwörtern differenzieren wir nach Wortarten und bei Wortgruppen unterhalb der Satzebene nach der Wortartzugehörigkeit des Gliedkerns (des Kopfes bzw. des Regens) der Wortgruppe, sprechen also z. B. von substantivischen, verbalen, adjektivischen Wortgruppen. Wir entlehnen aber auch Wortgruppentermini aus der generativen Grammatik: Nominalphrase (NP), Adjektivphrase (AP), Präpositionalphrase (PP) usw. Nebensätze unterscheiden wir formal u. a. als Relativsätze, Konjunktionalsätze, uneingeleitete Nebensätze usw. Zur formalen Unterscheidung von Nebensätzen vgl. 1.7.

Satzglieder sind auch *Stellungsglieder*. Wenn man Regularitäten der Wortfolge im Satz beschreiben will, darf man sich nicht nur auf einzelne Wörter beziehen, sondern muss die Regularitäten oft auf Wortgruppen beziehen. Hier wiederum kann es günstig sein, mit Satzgliedtermini zu arbeiten. So stehen etwa Subjekte und Objekte (Ergänzungen, Argumente) zueinander in bestimmten typischen Abfolgen. Zum Beispiel steht typischerweise das Subjekt vor dem Objekt und auch vor dem Subjektsprädikativ und das Dativobjekt vor dem Akkusativobjekt.

Oft werden in Grammatiken Satzglieder überhaupt als *Stellungsglieder* beschrieben, so zunächst bei Glinz (1965), ihm folgend dann aber auch u. a. bei Brinker (1972).

Wir halten es für besser, hier zu trennen. Bestimmte Stellungseigentümlichkeiten sind *Indizien* für eine syntaktische Funktion, d.h. einen Satzgliedstatus, z.B. für die Abgrenzung von Satzglied und Satzgliedteil (Attribut). Sie definieren also nicht unmittelbar selbst, was Satzglied und was nur Satzgliedteil ist.

Man kann die formalen Realisierungsmöglichkeiten von Satzgliedern mehr oder minder weit differenzieren. Es würde schnell recht ermüdend wirken, wenn wir, wie es in Satzgliedanalysen oft geschieht, für ein Satzglied stets die Form angeben würden, in der es im aktuellen Fall vorkommt. Im Prinzip gilt: Alle Satzglieder können in mehr oder minder vielfältigen Formen auftreten. Einige sind für ein gegebenes Satzglied typisch, andere weniger typisch.

So wird gewöhnlich zwischen *Akkusativobjekten, Dativobjekten, Genitivobjekten* und *Präpositionalobjekten* unterschieden, einfach danach, ob die betreffende Wortgruppe im Akkusativ, Dativ oder Genitiv steht oder ob sie als Präpositionalphrase auftritt. Man kann in diesem Fall auch von einem *Präpositionalkasus* sprechen (Präposition + Akkusativ, Präposition + Dativ usw.). Diese Unterscheidungen verstehen sich von selbst. Sie ergeben sich aus dem jeweiligen Kasus. Wer sie machen will, muss nur aufpassen, dass er nichts verwechselt. Ein Substantiv oder eine Substantivgruppe im Genitiv ist höchst selten ein Objekt wie in (60), meist handelt es sich um ein Attribut. Es gibt nur noch ganz wenige Genitivobjekte im Deutschen, und es besteht die Tendenz, sie durch Präpositionalobjekte zu ersetzen und die Verben, die einen Genitiv regieren, zu vermeiden. Eine Verwechslung allein auf Grund des Vorkommens eines Genitivs ist misslich und muss als Fehler geahndet werden.

(60) a. Er erinnert sich seiner.
 b. Er gedenkt seiner.
 c. Es bedarf deiner nicht.

Fatal ist auch, wenn man einen Akkusativ sieht, das ganze Akkusativobjekt nennt, aber übersieht, dass noch eine Präposition dazu gehört, man also von einem Präpositionalobjekt sprechen muss.

(61) Er freut sich auf den Sommer.

Im Falle eines Nebensatzes als Objekt kann man von einem *Objektsatz* sprechen und entsprechend von *Subjektsätzen, Adverbialsätzen, Prädikativsätzen, Attributivsätzen*.

Was wir jedoch aus prinzipiellen Gründen *vermeiden,* ist die obligatorische Unterscheidung in *Objekt* und *Objektsatz, Subjekt* und *Subjektsatz* usw. Objektsätze sind *Objekte.* Es handelt sich nur um eine besondere Form eines Objekts. Satzglieder sind, wie wir eingangs festgestellt haben, syntaktische Relationen unabhängig von ihrer jeweiligen spezifischen formalen Ausgestaltungen. Die Ausgestaltung als Nebensatz ist eine Ausgestaltung neben anderen. Nebensätze sind Satzglieder (Attribute eingeschlossen). Zum Problem so genannter weiterführender Nebensätze, vgl. 1.7.5.

Nebensätze sind kompliziertere Satzglieder als Einzelwörter und einfache Wortgruppen unterhalb der Satzebene. Auch diachron stellen sie eine komplexere Entwicklungsstufe von syntaktischen Relationen dar. Parataxe geht der Hypotaxe historisch voraus. Insofern sind Wörter und nichtsatzwertige Wortgruppen elementarere Satzglieder. Wir wollen aber diesen Gesichtspunkt nicht in die Terminologie hineinbringen. In unseren Analysen werden wir also z.B. stets nur von *Objekt* sprechen. Wir wollen terminologisch nicht betonen, dass einfache Objekte in diesem Sinne die originären Objekte sind.

Analog werden wir nicht von *Akkusativobjektsätzen* usw. sprechen, wie z.B. Breindl (1989) oder Pittner/Berman (2004). Der entsprechende Nebensatz wird nicht durch einen Akkusativ gekennzeichnet. Gemeint kann mit dem Terminus nur sein, dass „eigentlich", d.h. originär in diese Position, ein Akkusativobjekt, also ein Substantiv oder eine Substantivgruppe im Akkusativ stehen müsste. Auch muss eine solche Behauptung im Einzelfall nicht zutreffen. Es gibt viele Verben mit Ergänzungen (Argumenten), die in semantischer Hinsicht auf Sachverhalte und nicht auf Dinge referieren und folglich primär Nebensätze subkategorisieren (regieren) und erst sekundär Substantive. Für Verben wie *sagen, behaupten* oder *fragen* z.B. findet sich kaum ein Substantiv und kein Konkretum als Objekt:

(62) a. Er sagt, dass er kommt.
     b. Er sagt die Wahrheit.
     b. *Er sagt den Lehrer.

Der Nebensatz ist also hier im Einzelfall auch die originäre formale Realisierung des Objekts. Bei anderen Verben ist der Nebensatz eine abgeleitete Realisierung, vgl.:

(63) a. Er spricht über Paul.
 b. Er spricht darüber, dass er sich geärgert hat.

Hier eröffnet der obligatorische Platzhalter erst die Möglichkeit für die Einbettung eines Nebensatzes.

1.7 Formen von Nebensätzen

Wir heben folgende Formen von Nebensätzen heraus:

 Konjunktionalsatz
 Relativsatz
 indirekter Fragesatz
 weiterführender Nebensatz
 uneingeleiteter (verkappter) Nebensatz

Konjunktionalsätze, Relativsätze, indirekte Fragesätze und weiterführende Nebensätze haben als *Einleitungswörter* Konjunktionen (64a), Relativpronomina (64b) und Relativadverbien (64c), Interrogativpronomina (64d) und Interrogativadverbien (64e). Ihnen ist neben einem spezifischen Einleitungswort die Endstellung des Verbs gemeinsam.

1.7 Formen von Nebensätzen

(64) a. Er sagt, dass er kommt.
  b. Er liest das Buch, das du empfohlen hast.
  c. Kennst du das Land, wo die Zitronen blühen?
  d. Er weiß nicht, wer das ist.
  e. Er weiß nicht, wohin das führt.

Weiterführende Nebensätze (65) haben einen Sonderstatus.

(65) a. Emil kommt nicht, was Paul ärgert.
  b. Emil kommt nicht, worüber sich Paul ärgert.

Uneingeleitete Nebensätze (66) besitzen, wie der Name sagt, kein Einleitungswort. Damit im Zusammenhang steht, dass sie nicht die für Nebensätze typische Verbendstellung besitzen, sondern die Verbstellung eines Hauptsatzes (Zweit- oder Erststellung).

(66) a. Emil sagt, er komme morgen.
  b. Käme Emil morgen, würde ich mich freuen.

Anmerkung
Gelegentlich wird zwischen *Nebensatz* und *Gliedsatz* unterschieden. Das geschieht, um auszudrücken, dass es Nebensätze gibt, die nicht als Satzglieder angesehen werden sollten, nämlich die so genannten weiterführenden Nebensätze und, wenn man ganz genau sein will, auch die Attributsätze als „Gliedteilsätze". Denn Attribute sind Satzgliedteile und nicht Satzglieder. Ein Gliedsatz ist dann also ein Nebensatz als Satzglied. Wenn man von einem prototypentheoretischen Standpunkt ausgeht, ist eine terminologische Verschärfung *Nebensatz – Gliedsatz* nicht notwendig. Nebensätze sind typischerweise Gliedsätze, also Satzglieder. Auch Satzgliedteile (Attribute) sind in einem weiteren Sinne Satzglieder, nämlich Glieder des Satzes. Es bleibt die Besonderheit der weiterführenden Nebensätze.

Wir gehen im Folgenden auf Besonderheiten der einzelnen Nebensatzformen ein, so weit sie für die Satzgliedanalyse von Belang sind.

1.7.1 Konjunktionalsätze

Konjunktionalsätze sind, wie der Name sagt, durch eine (subordinierende) Konjunktion eingeleitet. Sie können in allen Satzgliedfunktionen vorkommen. Es gibt jedoch gewisse typische Verteilungen zwischen Konjunktionen, die Argumente einleiten (Subjekte, Objekte, Subjektsprädikative und Objektsprädikative) und Konjunktionen, die Modifikatoren (Adverbialbestimmungen) einleiten. Argumentsätze werden traditionell auch *Inhaltssätze* genannt, vgl. Duden (2005). Konjunktionen wie *weil, obwohl, indem* leiten typischerweise Modifikatorsätze ein, im Duden (2005) Verhältnissätze genannt. Die Konjunktion *dass* leitet typischerweise Argumentsätze ein, aber nicht invariant, vgl. (67). In (67a) handelt es sich um ein Objekt, in (67b) um eine Adverbialbestimmung mit dem Platzhalter *so*. In (67c) liegt eine Restrukturierung vor. Der ehemalige Platzhalter bildet mit der ursprünglichen Konjunktion *dass* eine neue Konjunktion [*so dass*].

(67) a. Ich hoffe, dass du kommst.
    b. Er hat sich so aufgeregt, dass er puterrot wurde.
    c. Er hat sich aufgeregt, so dass er puterrot wurde.

Die wichtigsten und m. E. einzigen Konjunktionen, die Argumentsätze einleiten, sind die Konjunktionen *dass* und *ob*.

Gelegentlich tauchen adverbiale Konjunktionen (Modifikator-Konjunktionen) in Positionen auf, an denen Argumente stehen könnten. Hier muss man im Einzelnen abwägen.

1.7 Formen von Nebensätzen

Wir gehen im Folgenden auf einige der wenigen Zweifelsfälle ein, vgl. auch 5.2.

(68) a. Emil freut sich, dass Rita kommt.
b. Emil freut sich, weil Rita kommt.

Warum kann hier *dass* durch *weil* substituiert werden? Bausewein (1990: 137) spricht in Bezug solche Fälle von „Zwittererscheinung". Auch wir halten einen gewissen vagen Übergang zwischen Argumenten und Modifaktoren für möglich. Der Sachverhalt, über den man sich freut, ist auch der Grund bzw. die Ursache des Freuens.

Wir plädieren andererseits aber dafür, der Semantik der Konjunktion zu folgen, sofern es strukturelle Möglichkeiten der Differenzierung gibt. Wir folgen damit der Maxime der Relevanz. Warum steht in (68b) *weil* und nicht *dass?* Unsere Interpretation: In (68a) handelt es sich um ein Objekt. Der Nebensatz besetzt die Objektleerstelle des Verbs. In (68b) wird das Verb intransitiv verwendet, und der Nebensatz ist Adverbialbestimmung. Ein Beleg für diese Sicht ist: Wenn wir das Pronominaladverb *dafür* einschieben, ist dieses in (69a) Platzhalter. In (69b) ist das Pronominaladverb Objekt, und der *weil*-Satz in (69b) ist Adverbialbestimmung.

(69) a. Emil freut sich darüber, dass Rita kommt.
b. Emil freut sich darüber, weil Rita kommt.

Bei Gallmann (2005: 1055f.) finden sich weitere Beispiele für eigentlich adverbiale Konjunktionen in potentiellen Argumentpositionen. Auch hier plädieren wir für eine Lesart als Modifikator (Adverbialbestimmung), vgl. z. B. (74).[9]

---

9 Runde Klammern zeigen bei Gallmann Fakultativität an, eckige Klammern heben hervor.

(70) a. Mich freut (es), dass du morgen kommst.
　　　b. Mich freut [es], wenn du morgen kommst.

Wir schlagen vor, den Nebensatz in (70a) als Subjekt[10] zu analysieren und in (70b) als Adverbialbestimmung. Die Begründung ist der für (69) analog. In (70a) ist das Pronomen *es* fakultativ und Objekt-Platzhalter. In (70b) ist das Pronomen *es* obligatorisch. Es besetzt die Subjektleerstelle, ist also (grammatisches) Subjekt, und der *wenn*-Satz ist Adverbialbestimmung. Analog verhalten sich auch:

(71) a. Ich freue mich, dass du morgen kommst.
　　　b. Ich freue mich, wenn du morgen kommst.

Auch zwei Beispiele Gallmanns (ebd.: 1056) mit der Konjunktion *als* interpretieren wir mit derselben Begründung nicht als Argumentsätze, sondern als Adverbialsätze:

(72) a. Dass er plötzlich auftauchte, freute mich ungemein.
　　　b. Als er plötzlich auftauchte, freute mich [das] ungemein.

(73) a. Dass die Glocken läuteten, bedeutete Krieg.
　　　b. Als die Glocken läuteten, bedeutete [das] Krieg.

Die *dass*-Nebensätze in (72a) und (73a) analysieren wir als Subjekte. Die *als*-Sätze in (72b) und (73b) bestimmen wir als Adverbialbestimmungen. Gallmann (ebd.: 1056) gibt folgende Erklärung:

> In den Versionen mit *als* und *wenn* kann man die Verkürzung eines umfangreicheren, sehr redundanten Satzgefüges mit Temporal- und Konditionalsatz sehen:

10　Ein Objekt wäre dieser Nebensatz in: *Ich freue mich, dass du kommst.*

1.7 Formen von Nebensätzen

Als er plötzlich auftauchte, freute es mich ungemein, dass er plötzlich auftauchte. – Wenn du kommst, freut es mich, dass du kommst.

Das stimmt jedoch auch mit unserer Erklärung überein: Das obligatorische Pronomen nimmt in diesem Fall die Adverbialbestimmung (!) als Subjekt (!) *semantisch* wieder auf.

Gallmann (ebd.: 1055) gibt außerdem ein Beispiel mit einem *wie*-Satz und interpretiert dieses *wie* als Konjunktion:

(74) a. Ich merkte, dass meine Kräfte nachließen.
b. Ich merkte, wie meine Kräfte nachließen.

Den *wie*-Satz interpretieren wir nicht als Konjunktionalsatz, sondern als indirekten Fragesatz, vgl. 1.7.3. Folglich analysieren wir beide Nebensätze in (74) als Objekt. Sie besetzen die Objektleerstelle von *merken*.

Wir wollen noch die fünf abschließenden Beispiele Gallmanns wiedergeben:

(75) a. Mir schien, dass er nicht weiterwusste.
b. Mir schien, als wüsste er nicht weiter.
c. Mir schien, als ob er nicht weiterwüsste.
(75) d. Es sah so aus, wie wenn er nicht weiterwüsste.
e. Es hatte den Anschein, als wenn er nicht weiterwüsste.

(75d,e) scheinen wieder Adverbialsätze zu sein. Bei (75b,c) könnte man am ehesten fragen, ob man eine Subjektlesart erwägen sollte. Es scheint uns aber auch in diesem Fall die Interpretation als Adverbialbestimmung und im Genaueren als Vergleich angemessener. Das wird deutlich, wenn man ein Adverb *so* als fakultativen Platzhalter einfügt. Zusätzlich kann man die Konstruktion noch durch [*zu sein*] vervollständigen, vgl.:

(76) a. Mir schien (es) (so), als wüsste er nicht weiter.
   Mir schien (es so zu sein), als wüsste er nicht weiter
b. Mir schien (es) (so), als ob er nicht weiterwüsste.
   Mir schien (es so zu sein), als ob er nicht weiterwüsste.

Hinzufügen könnte man noch einen Satz wie (77). Hier geht es um die Interpretation des Verbs *sein,* vgl. 7.1.

(77) Mir war, als ob ein Bus mich rammte.

Alle diese Beispiele betreffen nur Randfälle. Die Hauptfehlerquelle der Analyse ist die Differenz zwischen Satzgliedern 1. Grades und Attributen. Sätze mit den Konjunktionen *dass* oder *ob* sind typischerweise Argumentsätze und als solche Subjekt oder Objekt (und seltener Subjektsprädikativ oder Objektsprädikativ). Sie können aber auch Attribute sein. Ob Argumente Satzglieder 1. Grades sind, hängt in der Satzgliedanalyse vom Bezugswort ab. Man muss, vgl. Kapitel 3, zunächst entscheiden, worauf sich eine zu bestimmende syntaktische Einheit bezieht, auf das Prädikat oder auf den Gliedkern einer Wortgruppe unterhalb der Satzebene, vgl.:

(78) a. Er hofft, dass sie ihn besucht. (Objekt)
    b. Er gibt die Hoffnung nicht auf, dass sie ihn besucht. (Attribut)
(79) a. Er fragte sich, ob er gehen sollte. (Objekt)
    b. Die Frage, ob er gehen sollte, bewegte ihn. (Attribut)

1.7.2 Relativsätze

Relativsätze werden durch Relativpronomina oder Relativadverbien eingeleitet. Sie sind typischerweise Attributsätze, vgl.:

(80) das Haus, in dem ich wohne
das Haus, wo ich wohne

Eine Besonderheit steht im Zusammenhang mit dem Begriff des *Platzhalters*, vgl. 3.1.2.
Relativsätze können sich auf Pronomina oder Adverbien beziehen, vgl.:

(81) a. *Wer* das gesagt hat, *(der)* sollte wissen.
b. *Wo* du wohnst, *(da)* will auch ich wohnen.

Die Bezugspronomina oder -adverbien werden als Platzhalter für die entsprechenden Satzglieder betrachtet, zumal sie oft nur fakultativ sind wie in (81). In (81a) handelt es sich folglich um einen Subjektsatz und in (81b) um einen Adverbialsatz und nicht um Attributsätze. Dennoch sind sie Relativsätze. Das untergeordnete Relativpronomen oder Relativadverb bezieht sich auf ein übergeordnetes vorhandenes oder ausgespartes Pronomen oder Adverb. Relativsätze, bei denen kein Bezugspronomen oder -adverb vorhanden ist, werden *freie Relativsätze* genannt, vgl. 1.7.5.

1.7.3 Indirekte Fragesätze

In unserem Zusammenhang ist von Interesse, ob ein gegebenes Pronomen als Relativ- oder als Interrogativpronomen verwendet wird. Indirekte Fragesätze kann man auf kein Pronomen oder Adverb beziehen, das als Platzhalter in Frage kommt. Das Problem, ob es sich um einen Argumentsatz mit vorhandenem oder vorauszusetzendem Platzhalter oder um einen Attributsatz handelt, besteht also gar nicht. Wir haben diese indirekten Fragesätze als Argumentsätze, insbesondere Subjekt- und Objektsätze zu analysieren – oder als Attributsätze, wenn sie von einem Substantiv abhängen, vgl. unten.

Indirekte Fragesätze sind als Subjekt oder Objekt vom Verb valenzgefordert, vgl.:

(82) a. Er fragte, wer das ist.
b. Er fragte, wann du kommst.
c. Er fragte, wie es dir geht.

Die Nebensätze in (82) sind Objekte. Das Pronomen *wer* ist ein Interrogativpronomen und die Adverbien *wann* und *wie* sind Interrogativadverbien. Sie sind nicht Relativpronomina bzw. -adverbien, die sich auf einen nicht realisierten Platzhalter beziehen, vgl.:

(83) a. *Er fragte den, wer das ist.
b. *Er fragte dann, wann du kommst.
c. *Er fragte so, wie es dir geht.[11]

---

11 Die Sätze sind akzeptabel, wenn man die Pronomina/Adverbien nicht als Platzhalter, sondern als gesonderte Satzglieder (Objekte bzw. Adverbialbestimmungen) *neben* den Objektsätzen auffasst. Das ist auch wieder eine syntaktische Ambiguität.

1.7 Formen von Nebensätzen

Für die Satzgliedanalyse ergibt sich kein Problem. Unabhängig davon, ob wir die Sätze in (83) als freie Relativsätze bestimmen oder als indirekte Fragesätze, sind sie Objektsätze. Denn sie besetzen die Objekt-Leerstelle des Verbs.

Die Interrogativpronomina und Interrogativadverbien sind – im Unterschied zu Konjunktionen – selbst wiederum *Satzglieder* innerhalb der Nebensätze. Die Analysen für die Sätze (83) müssen also so aussehen:

(84) a. Er   S
       fragte,   P
       wer   S   ⎫
       das   SP   ⎬ O
       ist.   P   ⎭

(84) b. Er   S
       fragte,   P
       wann/wie   AB   ⎫
       du   S   ⎬ O
       kommst.   P   ⎭

Nicht übersehen darf man wiederum: Innerhalb von Wortgruppen unterhalb der Satzebene sind diese indirekten Fragesätze *Attributsätze*, abhängig von Substantiven, vgl. (85) und (86).

(85) a. Uns beschäftigt die Frage, wer das ist.
    b. Uns beschäftigt die Frage, wann du kommst.
    c. Ihn fragend, was das zu bedeuten habe, verschwand Emil.

1 Satzgliedanalyse als formalsyntaktische Analyse

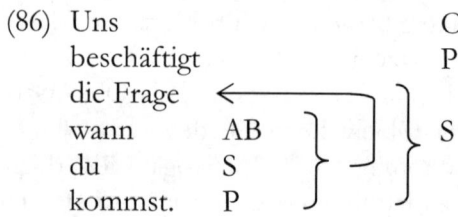

Anmerkung
Sätze wie (87a) werden *Exklamativsätze* genannt, vgl. Bausewein (1990: 131ff).

(87) a. Emil konnte gar nicht glauben, wie schnell Ludwig fertig war.
 b. Emil fragte, wie schnell Ludwig fertig werden kann.

Wir brauchen sie für unsere Zwecke nicht zu unterscheiden. Denn am Satzgliedwert ändert sich nichts. Sowohl in (87a) als auch in (87b) handelt es sich um ein Objekt. Wir nennen das betreffende Pronomen oder Adverb auch weiterhin Interrogativpronomen oder Interrogativadverb.

1.7.4 Weiterführende Nebensätze

In (88) sind die Relativsätze Attribut (88a,b), Objekt (88c) oder Subjekt (88d), im Falle von (88c,d) mit Demonstrativa als Platzhalter, auf die sich das Relativum bezieht.

(88) a. Das Geschenk, worüber/über das ich mich so gefreut hatte, ist abhanden gekommen.
 b. Das Geschenk, was/das ich bekommen habe.
 c. Emil erinnert an das/daran, worüber du neulich gesprochen hast.
 d. Das, was du gesagt hast, stimmt nicht.

1.7 Formen von Nebensätzen

Beispiele für weiterführende Nebensätze sind die Sätze (89).

(89) a. Emil ging, worüber alle sich freuten.
b. Emil ging, was alle freute.

Es handelt sich um Nebensätze. Denn sie haben Verbendstellung.

Diese Nebensätze werden wie Relativsätze und indirekte Fragesätze durch die einschlägigen Pronomina und Adverbien eingeleitet. Von beiden Nebensatzarten unterscheidet sie der Umstand, dass sie sich weder attributiv auf ein Substantiv beziehen noch eine Leerstelle des übergeordneten Verbs besetzen, also Argumente (Subjekte oder Objekte) sind. Man betrachtet sie daher nicht als indirekte Fragesätze, sondern als Relativsätze. Als Relativsätze sind sie freie Relativsätze, aber mit dem Unterschied, den sie wiederum mit den indirekten Fragesätzen teilen, dass kein Platzhalter gesetzt werden kann. Das Relativpronomen oder das Relativadverb bezieht sich auf den gesamten zu Grunde liegenden Satz.

Die traditionelle Deutung als so genannter weiterführender Nebensatz besagt Folgendes: Eine relativ selbständige Prädikation wird nur *formal* als Nebensatz angeschlossen. Die Sätze (89) enthalten also untypische Nebensätze, weil diese keine Gliedsätze (Satzglieder) sind. Sie sind „eigentlich" Hauptsätze, die nur als Nebensätze „verkleidet" auftreten, vgl. den so genannten relativen Anschluss im Lateinischen. Die Hypotaxe hat sich formal verselbständigt. Es wird nur ein Nebensatz-Anschluss hergestellt, ohne dass der Nebensatz im eigentlichen Sinne zu einem Satzglied wird. Dazu mag beitragen, dass manche Sprecher/Schreiber Parataxe für schlechten Stil halten. Statt (90a) könnte ein Sprecher also auch einen parataktischen Anschluss (90b) wählen.

(90) a. Emil ging, worüber sich alle freuten.
 b. Emil ging. Darüber freuten sich alle.

Traditionell wird daraus für die Satzgliedanalyse geschlossen, dass weiterführende Nebensätze *nicht* als Satzglieder des übergeordneten Satzes analysiert werden dürfen. Sie werden nur in sich nach Satzgliedern bestimmt, wie ein zweiter Hauptsatz. Wir folgen dieser Vorgabe. Wir merken jedoch an, dass wir auch die Interpretation als Adverbialbestimmung (Modalbestimmung) für möglich halten.

Letzteres hängt wieder mit den allgegenwärtigen sprachlichen Übergängen zusammen. Jeder Satz kann konzeptuell als Modifikation eines benachbarten Satzes aufgefasst werden, vgl. 1.4.1. In (91) und (92) modifiziert der folgende Satz in einem allgemeinen Sinne den vorangehenden:

(91) a. Emil ging. Er blickte sich nicht um.
 b. Emil ging, ohne sich umzublicken.
(92) a. Emil ging. Das freute alle.
 b. Emil ging, was alle freute.

Wenn man den weiterführenden Nebensatz als Adverbialbestimmung (Modalbestimmung) interpretiert, dann wertet man den relativen Anschluss nicht als rein formal, sondern als Kennzeichen eines semantischen Verhältnisses. Wir halten das für vertretbar.

1.7 Formen von Nebensätzen

Anmerkung
Einen „weiterführenden" Charakter kann man auch Relativsätzen wie (93a) zubilligen.

(93) a. Die Regierenden Berlins, die in diesen Tagen mal wieder viel Spott ertragen müssen, waren ebenfalls vertreten.
   b. Die Regierenden Berlins waren ebenfalls vertreten. Sie müssen in diesen Tagen mal wieder viel Spott ertragen.

Der Relativsatz (93a) ist ein Attributsatz. Der weiterführende Charakter resultiert daraus, dass man ihn als ein so genanntes *nicht-restriktives* Attribut auffassen kannq. Das hat mit unserer Problematik der weiterführenden Nebensätze (als Hauptsätze in Form von Nebensätzen) nichts zu tun.

Attribute sind restriktiv, wenn sie die Extension des Bezeichneten einschränken und nicht-restriktiv, wenn sie das nicht tun. In der englischen Grammatik ist die Differenzierung bekannter, da sie sich auf die Art des Relativpronomens auswirkt, also deutliche formale Konsequenzen hat.

Die Attribution in (93a) kann man wie die Attribution in (94) restriktiv oder nicht-restriktiv auffassen.

(94) Emil lobt die braven Kinder.

Das Attribut *braven* ist restriktiv, wenn Emil nur *die* Kinder lobt, die brav sind. Es ist nicht restriktiv, wenn er die *Kinder* lobt und und wenn alle diese Kinder brav sind.

Für die Satzgliedanalyse ist dieser Unterschied irrelevant. Denn es handelt sich gleichermaßen um Attribute.

1.7.5 Uneingeleitete Nebensätze

Wir haben bislang als Nebensatzkriterium die Verbendstellung hervorgehoben. Wir müssen nun wiederum eine Ausnahme berücksichtigen. In gewisser Weise handelt es sich um ein Gegenteil zu den weiterführenden Nebensätzen. Während man letztere als formale Nebensätze und funktionale Hauptsätze auffassen kann, so kann man diese als formale Hauptsätze und als funktionale Nebensätze auffassen. Es handelt sich um Sätze, die auf Grund der Verbstellung formal Hauptsätze sind, auf Grund der Einbettung in einen übergeordneten Satz aber Nebensätze. Es gibt in der deutschen Grammatik dafür auch den schönen und sprechenden Terminus *verkappter Nebensatz*.

Die fehlende Verbendstellung hängt damit zusammen, dass diese Sätze nicht durch eine entsprechende Konjunktion eingeleitet werden. Ihre Einbettung als Satzglied ist aber auf Grund einer Valenzabhängigkeit gegeben, vgl.:

(95) a. Emil sagte, dass er morgen kommt/komme.
 b. Emil sagte, er komm/komme morgen.
 c. Emil sagte. Er kommt morgen.

Wie der Konjunktionalsatz in (95a) besetzt der Satz mit Verbzweitstellung, also mit der typischen Hauptsatzstellung des Verbs, in (95b) und auch (95c) die Objektleerstelle des Verbs. Die Distribution ist eindeutig. Das zeigt auch die Orthographie. Normalerweise schreibt man wie (95b) und nicht wie in (95c).

Eine Grauzone öffnet sich, wenn es mit der indirekten Rede in einem formal selbständigen Hauptsatz weitergeht:

1.7 Formen von Nebensätzen

(96) Davor werde es eine Folgekostenanalyse geben, sagte Verheugen. Eine Unterscheidung nach Fahrzeugtypen bei der Festsetzung von CO_2-Durchschnittsgrenzen sei eine Möglichkeit, ebenso wie ein größerer Beitrag im Oberklassesegment. Stuttgarter Zeitung 8. 2. 07, S. 1

Geht man nach der Interpunktion, so gibt es hier zwei Sätze. Der erste Satz enthält einen uneingeleiteten Nebensatz als Objekt. Aber auch der zweite Satz wird durch den Konjunktiv als Fortsetzung der indirekten Rede ausgewiesen. Man kann ihn also als ein zweites paralleles Objekt analysieren.

Problematisch ist auch die *direkte Rede*. Man kann den folgenden Hauptsatz in (97a), also die direkte Rede, als Satzglied (Objekt) werten.

(97) a. Emil sagt: „Ich komme morgen".
b. Emil sagt, ich komme morgen.

Er könnte auch als uneingeleiteter Nebensatz orthographisch gekennzeichnet sein (98b).

Eine zweite, ebenfalls eindeutige Distribution als uneingeleiteter Nebensatzes ist der *Bedingungssatz* in Satzgefügen wie:

(98) a. Wenn Emil morgen kommt/käme, freut/freute sich Berta.
b. Kommt/käme Emil morgen, freut/freute sich Berta.
c. Berta freut/freute sich, kommt/käme Emil morgen.

Der erste Teilsatz in (98b) hat Verberststellung, der zweite Zweitstellung. Letzterer ist also der Hauptsatz. Die Abfolge in (98b) ist typischer als in (98c).

Ein dritter Fall liegt in (99) vor.

(99) a. Er tut so, als ob ihn das Angebot überrascht/überrasche.
b. Er tut so, als überrasche ihn das Angebot.

Der zweite Teilsatz in (99b) hat wiederum Erststellung des Verbs. Seine Distribution weist ihn aber als Nebensatz aus. Wir betrachten ihn, wie auch den Nebensatz in (99a), als Adverbialsatz. Wir sehen, dass *ob* innerhalb von [*als ob*] die eigentliche Konjunktion ist.

2 Eine exemplarische Analyse

(1)
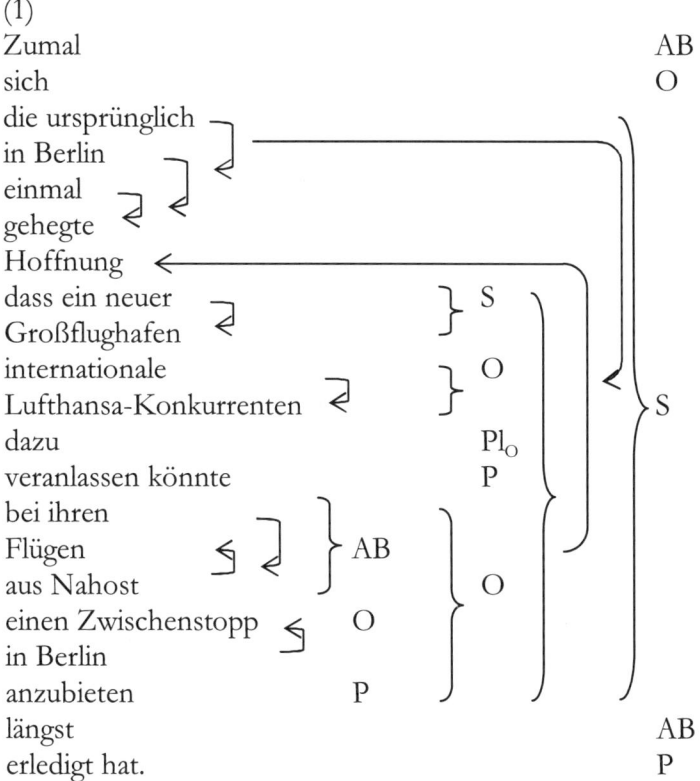

Wir beginnen beim *Prädikat* des *Hauptsatzes*. Entscheiden müssen wir auch, ob wir es mit einem Satzgefüge oder mit einer Satzverbindung zu tun haben. Das setzt eine Unterscheidung von Hauptsatz und Nebensatz (Nebensätzen) voraus.

Gegebenenfalls kann auch etwas, was formal auf Grund der Verbletztstellung ein Nebensatz ist, allein übergeordneter Satz sein, also trotz Nebensatzstruktur die Funktion eines Aussagesatzes (oder Frage- oder Befehlssatzes) übernehmen:

(2)   Dass du mir ja kommst, wenn ich dich rufe!

Das ist bei unserem Beispielsatz so. Denn wir haben hier einen Satz mit Nebensatzstruktur vor uns. Wir beginnen also beim maximal übergeordneten Satz und dessen Prädikat, also beim Prädikat [*erledigt hat*]. Dem Schreiber war der Gesamtsatz offenbar zu lang, so dass er den Nebensatz durch Großbuchstaben orthographisch verselbstständigt hat. Wir analysieren ihn hier für sich genommen. Wir könnten die orthographische Eigenwilligkeit des Schreibers auch übergehen und den Satz als Satzglied (und zwar als Adverbialbestimmung des vorangehenden Satzes) bestimmen.

Prädikate können *einfach* oder *komplex* sein, vgl. Kapitel 8. Komplexe Prädikate können sich aufspalten. Sie bilden einen *verbalen* oder *prädikativen Rahmen*, auch *Satzklammer* genannt. Wir markieren getrennte Bestandteile eines komplexen Prädikats als P_1 und P_2.

Dann folgen auf dieser obersten Ebene der Hierarchie, also der Hauptsatzebene, die Eintragungen für die übrigen Satzglieder. Sätze haben typischerweise (aber nur typischerweise) ein Subjekt. Man sollte also beim *Subjekt* beginnen. Dann kommen die *Objekte,* die *Direktiva* und *Prädikativa*. Es folgen die *Adverbialbestimmungen*. Wir verzichten auf deren Unterklassifikation, zur Begründung vgl. Kapitel 6.

2 Eine exemplarische Analyse

Unser Beispielsatz (1) ist auf der obersten Stufe der Hierarchie sehr einfach gebaut. Er hat nur ein Subjekt, ein Prädikat und zwei Adverbialbestimmungen. Komplikationen entstehen erst auf den unteren Stufen. Das ist typisch für Sätze dieser Art (z. B. Zeitungssätze). Die Komplikation für die Analyse besteht darin, die Einfachheit auf der obersten Stufe zu erkennen und die Hierarchien nicht durcheinander zu bringen, also z. B. den *dass*-Nebensatz in (1) nicht als Objektsatz zu analysieren.

Was nun die Struktur der *Subjekt-Phrase* betrifft, so ist es im vorliegenden Falle zunächst wichtig, den Nebensatz zu ermitteln – in seiner ganzen Komplexität, also einschließlich der Infinitivkonstruktion. Der Nebensatz einschließlich Infinitivkonstruktion ist ein Attribut zu *Hoffnung*.

Die Adjektivphrase [*ursprünglich in Berlin einmal gehegte*] kommt als eine zweite Attribution zu *Hoffnung* hinzu. Da die PP [*in Berlin*] von einem attributiven Adjektiv abhängt, muss diese PP als Attribut bestimmt werden. Adverbialbestimmung wäre sie im Falle des komplexen Prädikats, also in:

(3)   Ursprünglich wurde in Berlin einmal die Hoffnung gehegt, ...

Über die Hierarchien der einzelnen Attributionen kann man streiten, und es wird in der Spezialliteratur darüber gestritten. Man kann Vorgaben der X'-Syntax folgen. Dazu gehört u. a., dass Komplemente als enger zum Kopf gehörig bewertet werden als Adjunkte. Der Nebensatz ist ein Komplement zu *Hoffnung*. Denn *Hoffnung* erbt die Valenzeigenschaft, ein Komplement zu verlangen, vom zu Grunde liegenden Verb.

Wir könnten die Hierarchie aber auch entgegen dieser kanonischen X'-Analyse anders setzen und zunächst die Adjektivphrase auf *Hoffnung* beziehen: [*ursprünglich in Berlin einmal gehegte Hoffnung*] und den Nebensatz dann als Attribut auf das Ganze, vgl. 3.6

Zur Erläuterung erinnern wir daran, dass es in anderen syntaktischen Theorien kein Pendant zum Attributbegriff gibt. Auf den Hierarchie-Ebenen unterhalb der Satzebene analysiert man in der Satzgliedanalyse, wie im ersten Kapitel bereits erläutert, nur nach Gliedkernen und Attributen und differenziert eben nicht nach Komplementen und Adjunkten.

In der X'-Analyse haben wir es auf allen Ebenen mit Köpfen, Spezifikatoren, Komplementen und Adjunkten zu tun – oder in Satzgliedbegriffe übertragen mit Prädikaten, Subjekten, Objekten und Adverbialbestimmungen. Auf diese Weise verallgemeinert ist *Hoffnung* in (1) der Kopf, und die Adjektivphrase ist ein Adjunkt und der Nebensatz ein Komplement. Wenn wir das in der Satzgliedanalyse ebenso handhaben würden, dann wäre *Hoffnung* Prädikat, die Adjektivphrase wäre Adverbialbestimmung und der Attributsatz Objekt.

Darin käme zum Ausdruck, dass die attributive Adjektivphrase sich zum Substantiv *Hoffnung* verhält wie eine Adverbialbestimmungen zu einem verbalen Prädikat *hoffen* und dass der Attributsatz sich zum Substantiv *Hoffnung* verhält wie ein Objekt zum verbalen Prädikat *hoffen*.

Vom Standpunkt der Satzgliedanalyse mit ihrem Attributbegriff wäre eine solche Analyse schlicht falsch. Dieser gravierende *Fehler* wird wegen der vorhandenen Analogie jedoch häufig gemacht. Ein *dass*-Satz ist ja typisch für einen von einem Verb geforderten Objektsatz. Wenn man unbesehen vom isolierten Fall, dem *dass*-Satz, für sich genommen, ausgeht, macht man diesen Fehler. Also in der Satzgliedlehre analysieren wir unterhalb der Satzebene nur nach Attribut und Gliedkern und untergliedern die Attribute nicht wiederum wie die primären Satzglieder in *Prädikat, Subjekt*, usw.

2 Eine exemplarische Analyse

Den untergeordneten Nebensatz analysieren wir, weil Nebensätze satzwertige Konstruktionen sind, wieder nach primären Satzgliedern, jetzt jedoch auf einer tieferen Stufe der Satzhierarchie. Wir erhalten ein Prädikat, ein Subjekt und zwei Objekte.

Als eine Besonderheit kommt hier ein *Platzhalter* für ein Objekt (das zweite Objekt) hinzu, notiert als Pl_O, vgl. 3.1.2. Bei zwei Objekten wäre eigentlich noch anzuzeigen, auf welches Objekt sich der Platzhalter bezieht. Das versteht sich aber oft von selbst. Wir verzichten aus Raumgründen auf eine genauere Zuordnung.

Würden wir nicht mit dem Begriff des Platzhalters arbeiten, dann müssten wir das Pronominaladverb *dazu* als den *Kern* des Objekts ansehen und die Infinitivkonstruktion als Attribut dazu. Das ist eine mögliche Analyse. Sie wäre durch den Attributbegriff gedeckt. Der Begriff des Platzhalters hilft uns jedoch, mit guten Gründen, einen Sonderfall festzuhalten.

Weil das zweite Objekt eine *Infinitivkonstruktion* ist, also ebenfalls eine satzwertige Konstruktion, analysieren wir erneut nach Satzgliedern 1. Grades. Wir erhalten ein Prädikat, ein Objekt, eine Adverbialbestimmung. Das Prädikat ist komplex: [*hat erledigt*]. Für das Reflexivum *sich* haben wir die wörtliche Bedeutung zu Grunde gelegt und es als Objekt bestimmt. Wir können das Reflexivpronomen auch als übertragen gebraucht auffassen, und zum Prädikat ziehen (und das Verb als reflexives Verb oder Medialverb), so dass sich ein komplexes Prädikat [*sich hat erledigt*] ergibt. Da das Reflexivpronomen getrennt steht, müssten wir zu der Notation $P_1 - P_2$ greifen.

Die Präpositionalphrase [*in Berlin*] haben wir auf *Zwischenstopp* bezogen. Das bedeutet, dass wir meinen, dass sie von *Zwischenstopp* abhängt. Aber auch der Bezug auf *anzubieten* ist möglich und damit die Abhängigkeit von *anzubieten*. Je nach dem, ob wir [*in Berlin*] auf *Zwischenstopp* beziehen oder auf *anzubieten,* erhalten wir ein Attribut oder eine Adverbialbestimmung, vgl. (4).

(4) a. einen Zwischenstopp ⎫ O
     in Berlin   ⎬
     anzubieten   P

(4) b. einen Zwischenstopp   O
     in Berlin   AB
     anzubieten   P

Der Satz enthält also an dieser Stelle eine strukturelle Ambiguität. Die Semantik bleibt im Wesentlichen gleich, d. h. sie geht nicht einher mit einer semantischen Ambiguität, vgl. die Umstellproben (5b-d).

(5) a. Sie bieten einen Zwischenstopp in Berlin an.
    b. Einen Zwischenstopp in Berlin bieten sie an.
    c. In Berlin bieten sie einen Zwischenstopp an.
    d. Einen Zwischenstopp bieten sie in Berlin an.

Zur Umstellprobe vgl. 3.3.2. Hier nur so viel: Die Umstellprobe macht von der Gegebenheit Gebrauch, dass im deutschen Aussagesatz das Verb typischerweise „an zweiter Stelle" steht. Der Ausdruck *zweite Stelle* besagt, dass vor dem Verb (typischerweise) nur *ein* Satzglied steht, d. h. dass dort nicht zwei Satzglieder stehen und auch nicht nur ein Satzgliedteil, also ein Attribut, steht. Diese Erstpositionsregel ist bemerkenswert stabil, und sie bezieht sich auf das, was die Sprecher – zu Recht – als Prototyp eines Satzes verstehen. Denn typischerweise sind Sätze Mitteilungen über etwas, also Aussagesätze.

2 Eine exemplarische Analyse 79

Es wird eine hierarchische Struktur, eine Struktur wie die einer Zwiebel oder einer Matroschka, sichtbar. Das Subjekt in unserem Beispielsatz (1) enthält wieder ein Subjekt. Es enthält auch Objekte, und eines der Objekte enthält wiederum ein Objekt.

Auch auf der Satzebene selbst besteht eine Hierarchie der Konstituentenstruktur. So nimmt man im Allgemeinen an, dass ein Objekt näher zum Prädikat gehört als eine Adverbialbestimmung und dass das Subjekt erst zum Schluss zur übrigen Verbalphrase hinzukommt. Diese Hierarchien werden in der Satzgliedanalyse nicht berücksichtigt, und auch wir werden so verfahren. So stehen in unserem Schema (1) auf der obersten Satzebene die Bestimmungen AB, O, S, AB, P einfach untereinander ohne Kennzeichnung der Konstituentenhierarchie. Zur Begründung vgl. 3.6.

Auf der Wortgruppenebene unterhalb der Satzebene analysieren wir schließlich nur nach Attributen, jedoch hier in hierarchischen Schritten. Warum wir die Hierarchien so und nicht anders ansetzen, dazu haben wir oben bereits kurz Stellung genommen. Wir werden im Attributkapitel, vgl. insbesondere 3.6, Weiteres besprechen. Über solche Hierarchien wird in Konstituentenstrukturgrammatiken befunden. Wichtig ist zunächst, dass man die Attribute überhaupt erkennt. Erst an zweiter Stelle steht eine möglichst plausible Hierarchisierung.

3 Attribut

3.1 Dependenz

Die Satzgliedanalyse steht und fällt mit der Unterscheidung von *Satzgliedern 1. Grades* (Prädikat, Subjekt, Objekt, Adverbialbestimmung, Prädikativum) und *Attributen*. Auf der Satzebene wird die syntaktische Struktur in Satzglied-Begriffen (Prädikat, Subjekt, usw.) dargestellt, auf Wortgruppenebenen unterhalb der Satzebene stellt man nur *Attribute* und *Gliedkerne* einander gegenüber.

Strukturen auf Satzebene sind, vgl. Kapitel 1: Hauptsätze, Nebensätze, Infinitivkonstruktionen und Partizipialkonstruktionen. *Kern* (Kopf, Regens) dieser *satzwertigen* Konstruktionen ist das Prädikat.

Die Satzglieder 1. Grad beziehen sich auf ein Verb, das ein einfaches oder komplexes Prädikat bildet. Sie hängen von diesem Verb (Prädikat) ab. Prädikate werden von Verben gebildet, von finiten Verben in Haupt- und Nebensätzen und von Infinitiven und Partizipien in Infinitivkonstruktionen und Partizipialkonstruktionen.

Attribute sind abhängige Einheiten in Satzgliedern unterhalb der Satzebene. Sie hängen von dem *Gliedkern* (dem Regens bzw. Kopf) der betreffenden Wortgruppe ab.

3.1 Dependenz

Unabhängig davon, wie umfangreich eine Wortgruppe unterhalb der Satzebene ist, sind alle Bestandteile direkt oder indirekt Attribute zu einem Gliedkern, solange nicht erneut eine satzwertige Konstruktion Bestandteil (Attribut) dieser Wortgruppe ist.

Appositionen sind Spezialfälle von Attributen. Wir stellen sie in unseren Bestimmungen ebenfalls durch den Attributpfeil dar.

3.1.1 Gliedkern und Attribut

Gliedkerne von Wortgruppen unterhalb der Satzebene sind vor allem *Substantive* und *Adjektive*. Auch *Adverbien* und *Pronomina* können Gliedkerne sein.

Gliedkern einer Wortgruppe unterhalb der Satzebene ist oft ein *Substantiv* (1).

(1) a. große
    Erwartung

b. getrübte
   Freude
   an dem Fest

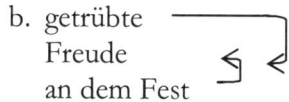

Gliedkerne sind neben Substantiven auch *Adjektive* (2).

(2) ein stark
    umstrittenes
    Instrument

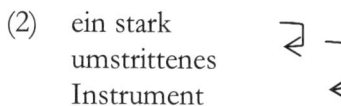

Das Adjektiv *umstrittenes* ist der Kern der Adjektivphrase [AP*stark umstrittenes*].

Vorangestellte adjektivische Wortgruppen sind Attribute und enthalten nur Attribute. Abhängig davon, wie man eine komplexe substantivische Wortgruppe in sich hierarchisiert, erhalten wir Adjektive oder Substantive als Kerne, vgl. (3).

(3) das nach langem Überlegen ihm erwiesene Vertrauen

Man kann [*nach langem Überlegen*] und *ihm* als Attribute zu *erwiesene* auffassen. Es ergibt sich eine Adjektivphrase, die in sich hierarchisiert ist mit dem Adjektiv *erwiesene* als Kern. Die Adjektivphrase ist ihrerseits Attribut zu *Vertrauen*.

(4) das nach langem
    Überlegen
    ihm
    erwiesene
    Vertrauen

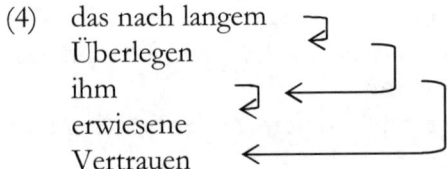

Auch die Hierarchisierungen (5) und (6) sind möglich. Zur Begründung vgl. 3.6.

(5) das nach langem
    Überlegen
    ihm
    erwiesene
    Vertrauen

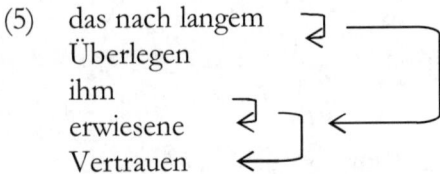

(6) das nach langem
    Überlegen
    ihm
    erwiesene
    Vertrauen

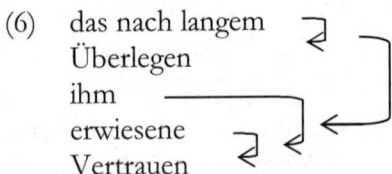

Bei einer geänderten Wortfolge setzen wir auch eine andere Hierarchie an, z. B. (7).

(7)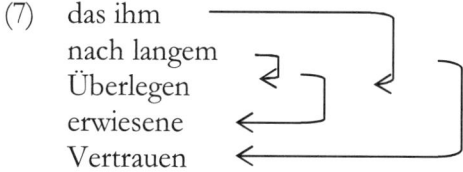
 das ihm
 nach langem
 Überlegen
 erwiesene
 Vertrauen

Morphologische *Adverbien* können in einem beschränkten Umfang ebenfalls Wortgruppen bilden. Auch in einem solchen Fall müssen wir von Attributen sprechen, vgl. (10), weitere Beispiele bei Helbig/Buscha (2001: 510).

(8) gerade   AB[1].
 dort
 wohnen   P

Es ergibt sich folglich zunächst eine Untergliederung in Bezug auf die Hauptwortarten *Verb, Substantiv, Adjektiv, Adverb*. Syntaktische Einheiten, die sich auf Substantive, Adjektive und Adverbien beziehen, sind Attribute. Einheiten, die sich auf Verben als Prädikate und auf komplexe Prädikate beziehen, sind Satzglieder 1. Grades.

Hinzu kommen Pronomina, sofern sie substantivisch sind, also Substantivwörter im Sinne Helbigs (2001), vgl. (9).

(9) a. Alle, *die dort waren*, wissen, ...
 b. einer von Euch

---

1 Möglich ist auch eine Lesart, die zwei AB zu Grunde legt. Das ist mit einer lexikalischen Ambiguität von *gerade* verbunden, vgl. die Umstellprobe: *Gerade dort wohnt er. Gerade wohnt er dort. Dort wohnt er gerade.*

Generell fällt folglich aus dem Kreis der Attribute nur heraus, was sich auf das Verb bzw. Prädikat bezieht. Zur Problematik komplexer Prädikate, vgl. Kapitel 8. Eine etwas umständliche negative Definition des Attributes ist:

Attribute beziehen sich nicht auf das finite Verb, nicht auf den infiniten Bestandteil des komplexen Prädikats, nicht auf den Infinitiv der Infinitivkonstruktion und nicht auf das Partizip der Partizipialkonstruktion.

An dieser Definition hängen weitere Festlegungen. Wir müssen die traditionell nominal genannten Prädikate in zwei Satzglieder, in Prädikat + Prädikativum, auflösen. Das Prädikativum kann durch Attribute erweitert werden, vgl.:

(10) Das   S
     ist   P
     sehr ⌐ SP
     schön. ⌐

Auch in der *Elementarversion,* wo wir [*ist schön*] als komplexes Prädikat auffassen, müssen wir *sehr* als Attribut zu *schön* analysieren. Wir fassen dann [*ist sehr schön*] insgesamt als Prädikat auf, als Prädikat, das ein Attribut enthält.

Aber auch in der erweiterten Version sind in einem beschränkten Umfang Attribute innerhalb eines komplexen Prädikats möglich. Denn Funktionsverbgefüge und andere verbale phraseologische Fügungen können in beschränktem Umfang Attribute enthalten, vgl. 8.4, 8.6, 8.8.

In einigen Grammatiken, u.a. Eisenberg (1999) und Duden (2005), und in Einführungen wird nur in Bezug auf Substantive von Attributen gesprochen, vgl. z.B. Pittner/Berman (2005: 40): „Attribute sind solche Elemente, die zu einem Substantiv hinzutreten und dieses näher bestimmen." Gallmann, (2005: 783ff.), nimmt eine Aufgliederung in *Attribute* und *Gliedteile* vor, um zwischen substantivischen und nicht-substantivischen Bezugswörtern zu unterscheiden. Mit Helbig/Buscha (2001) und Hentschel/Weydt (1994) sehen wir keinen Grund, den Attributbegriff einzuschränken, vgl. auch Kapitel 9.

Kriterien der Unterscheidung von Gliedkern und Attribut
Nicht immer versteht es sich von selbst, welches Wort von welchem anderen abhängt. Kriterien der Abhängigkeit – und damit Kriterien der Unterscheidung von Gliedkern (Regens) und Attribut (Dependens) – sind *Weglassbarkeit* und *Regiertheit*. Zum Begriff der Rektion vgl. 5.1. Attribute sind weglassbar und/oder regiert, vgl. Welke (2002: 19ff.).

Zum Beispiel ist in (3), vgl. (4) – (7), *Vertrauen* Gliedkern und alle anderen Einheiten in (3) sind direkt oder indirekt[2] Attribute zu *Vertrauen,* weil sie weglassbar und z.T. auch regiert sind. Das Pronomen *ihm* ist Attribut zu *erwiesene*. Es ist weglassbar, und es ist regiert. Nicht alle Attribute sind jedoch weglassbar, vgl. z.B. (11).

(11) a. Nach Betreten des Zimmer stellte er fest, ...
b. *Nach Betreten stellte er fest, ...

Wir benötigen daher Regiertheit als zweites Kriterium. Die DP [*des Zimmers*] ist zwar nicht weglassbar, aber sie ist regiert. Mit Hilfe der beiden Kriterien können wir einen großen Teil der Fälle erfassen. Wir müssen aber gelegentlich extrapolieren, vgl. Welke (2002: 19ff.).

Appositionen sind Spezialfälle von Attributen. Eine ihrer Besonderheiten besteht darin, dass Weglassbarkeit und Regiertheit als Kriterien nicht greifen, so dass sowohl a von b, als auch b von a abhängig sein könnten, vgl.:

(12) die Lehrerin unserer Tochter, Frau Müller, ...

---
2   Zur Problematik ‚direkt' versus ‚indirekt' vgl. 3.6.

In (12) könnte man [*die Lehrerin unserer Tochter*] als Attribut (Apposition) zu [*Frau Müller*] betrachten oder umgekehrt [*Frau Müller*] als Attribut (Apposition) zu [*die Lehrerin unserer Tochter*], vgl. 3.5.5.1.

3.1.2 Platzhalter (Korrelate)

Platzhalter bzw. Korrelate stellen eine wesentliche Einschränkung unserer Attributregel dar. Die Terminologie und auch die Begrifflichkeit sind etwas unsicher. Oft wird von *Korrelaten* gesprochen und von *Platzhaltern* nur in Bezug auf das unpersönliche Vorfeld-*es*. Wir halten einen einheitlichen Terminus für angemessen und wählen wegen seiner Anschaulichkeit den Terminus *Platzhalter*. Ein Beispiel:

(13) Emil hofft *darauf*, dass auch Rudi eingeladen wird.

Ohne den Korrelat- bzw. Platzhalter-Begriff müssten wir den Nebensatz in (14) als Attribut analysieren. Er bezieht sich auf das Pronominaladverb *darauf*, vgl. auch die Umstellprobe:

(14) a. Darauf, dass auch Rudi eingeladen wird, hofft Emil.
 b. *Dass auch Rudi eingeladen wird, hofft Emil darauf.[3]

Korrelate (Platzhalter) sind oft fakultativ, vgl.:
(15) Emil hofft, dass auch Rudi eingeladen wird.

---

3 Zur abweichenden Konstruktionsmöglichkeit *Dass auch Rudi eingeladen wird, darauf hofft Emil*, vgl. 3.5.5.3.

3.1 Dependenz

Fehlt der Platzhalter, wäre der Nebensatz als Objekt zu analysieren. Um die Analyse einheitlich zu gestalten, ist es sinnvoll, für fakultative oder obligatorische Pronomina und Adverbien in solchen Positionen den Sonderstatus als *Platzhalter* vorzusehen. Sie halten den Platz frei für das folgende (oder vorangehende) eigentliche Satzglied. Man denke an Variable und Konstante in der Mathematik. Die Platzhalter sind die Variablen, die durch Konstante (die eigentlichen Satzglieder) ersetzt werden. Wir bestimmen die Nebensätze (13) und (15) also einheitlich als Objekte:

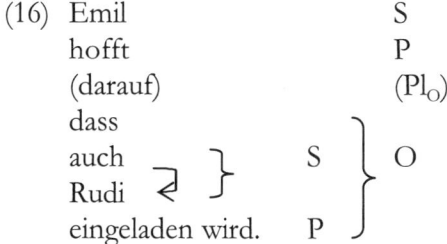

(16) Emil   S
      hofft   P
      (darauf)   (Pl$_O$)
      dass
      auch   S   ⎫
      Rudi   ⎬ O
      eingeladen wird. P   ⎭

Steht das Pronomen oder das Adverb allein, wie z. B. in (17), handelt es sich natürlich nicht um einen Platzhalter, sondern um ein selbständiges deiktisch (17a) oder phorisch (in vorliegenden Fall anaphorisch) verwendetes Adverb bzw. Pronomen (17b), also um ein Satzglied, in diesem Fall um ein Objekt.

(17) a. Emil hofft darauf.
      b. Es gibt bestimmt noch Schnee. Darauf hofft Emil.

Platzhalter sind, wie gesagt, fakultativ (18a) oder obligatorisch (18b), vgl.:

(18) a. Wer anderen eine Grube gräbt, *(der)* fällt selbst hinein.
   b. Er verweist *darauf*, dass ein Irrtum vorlag.

Platzhalter können sich auf ein Subjekt (19), ein Objekt (20), ein Attribut (21) oder eine Adverbialbestimmung (22) beziehen.

(19) a. *Es* ist wichtig, dass du kommst.
   b. Wichtig ist *(es)*, dass du kommst.
   c. Wer anderen eine Grube gräbt, *(der)* fällt selbst hinein.
(20) a. Ich halte *es* für wichtig, dass du kommst.
   b. Emil hofft *(darauf)*, dass auch Rudi eingeladen wird.
   c. Emil grüßt *(den)* nicht mehr, wer so etwas sagt.
   d. Emil ist *(dem)* sehr böse, wen das nicht kümmert.
(21) a. Er gab die Hoffnung *(darauf)* nicht auf, dass er doch noch gewinnt.
   b. Emil teilt die Meinung *derer* nicht, die so etwas behaupten.
   c. Sie sang *(so)* schön wie lange nicht.
(22) a. Sie sang *(so)* wie lange nicht.
   b. Sie sang *(so)* wie sie lange nicht gesungen hatte.
   c. Er hat sich *(so)* gefreut, dass er sich gleich mehrmals bedankte.
   d. Er wohnt *(dort)*, wo du wohnst.
   e. Er wurde *(deshalb)* nicht gefragt, weil er sowieso nicht kommen wollte.

Auch allgemeine Substantive wie *Tatsache* oder *Umstand* kann man als Platzhalter auffassen:

(23) Er wies *darauf/auf die Tatsache/den Umstand* hin, dass kein Geld mehr da ist.

Man kann diese Substantive aber auch als Satzgliedkerne (in diesem Fall eines Objekts) betrachten mit dem Nebensatz als Attribut. Wieder sind die Grenzen fließend.

Bei (24a) handelt es sich um eine Restrukturierung. Sie hat die Konjunktion [*so dass*] zum Ergebnis, die eine Adverbialbestimmung einleitet, vgl.:

(24) a. Er hat sich gefreut, so dass er sich gleich mehrmals bedankte.
  b. Er hat sich so gefreut, dass er sich gleich mehrmals bedankte.

3.1.3 Vergleichsstrukturen

Vergleichsstrukturen mit den Konjunktionen bzw. Präpositionen *wie* oder *als* sind umstritten. Sie scheinen so wichtig für die Satzstruktur zu sein, dass viele sie gern nicht als Attribute, sondern als Adverbialbestimmungen werten möchte. Wir sehen keinen Grund, eine Ausnahme zu machen.

Vergleichsstrukturen können sich auf das Prädikat beziehen. Sie sind in diesem Falle *Adverbialbestimmungen*, vgl.:

(25) a. Er schwimmt wie ein Fisch.
  b. Er schwimmt (so), wie er immer geschwommen ist.

Das Adverb *so* bewerten wir als *Platzhalter*, vgl. 3.1.2.

Typischerweise beziehen sich die betreffenden Wortgruppen/Nebensätze jedoch auf *Adjektive*, die sich ihrerseits auf ein Verb beziehen:

(26) a. Er schwimmt *schnell* wie ein Fisch.
Er schwimmt schneller als ein Fisch.
(26) b. Er schwimmt (so) *schnell*, wie er immer geschwommen ist.
Er schwimmt heute schneller, als er jemals geschwommen ist.

Wegen dieser Abhängigkeit müssen wir diese Vergleiche als *Attribute* einordnen. Das zeigt auch die Umstellprobe, vgl. (27) und (28), zur Umstellprobe vgl. 3.3:

(27) a. *Wie ein Fisch schwimmt er schnell.
*Als ein Fisch schwimmt er schneller.
b. Schnell wie ein Fisch schwimmt er.
c. Schneller als ein Fisch schwimmt er.
(28) a. *Wie er immer geschwommen ist, schwimmt er (so) schnell.
*Als er jemals geschwommen ist, schwimmt er heute schneller.
b. (So) schnell, wie er immer geschwommen ist, schwimmt er.
Schneller, als er jemals geschwommen ist, schwimmt er heute.

Ebenfalls Attribut ist der Nebensatz mit [*als dass*] bei *zu* + Adjektiv, vgl. (29a), vgl. die Umstellprobe (29b).

(29) a. Das war für ihn zu wichtig, als dass er es anderen überließ.
b. *Als dass er es anderen überließ, war das für ihn zu wichtig.

Im Unterschied zum Adverb *so* ist das Adverb *zu* kein Platzhalter. Wir werten es als Attribut zum Adjektiv und *zu* + Adjektiv als Kern der Vergleichsphrase.

Anmerkung
Ambig dagegen ist (30a), wenn [*um zu*] statt einfachem *zu* verwendet wird, vgl. die Umstellproben (30b,c).

(30) a. Das war für ihn zu wichtig, um es anderen zu überlassen.
 b. Um es anderen zu überlassen, war das war für ihn zu wichtig. (AB)
 c. Zu wichtig, um es anderen zu überlassen, war das für ihn. (Attribut)

Die *um-zu*-Infinitivkonstruktion eröffnet die Möglichkeit der Interpretation als Adverbialbestimmung, nämlich als Finalbestimmung zum Prädikat.

Vergleichsphrasen können auch von attributiven Adjektiven abhängen, vgl. (31), bei Hahnemann (2001: 40: (36)).

(31) Doch keine größere Meisterin der Spekulation gibt es als die Geliebte, die einmal entschlossen ist, sich selbst abzuschaffen.

Auch hier ist die Vergleichsphrase Attribut, vgl. die Umstellprobe (32).

(32) a. Doch keine größere Meisterin der Spekulation als die Geliebte, die einmal entschlossen ist, sich selbst abzuschaffen, gibt es.
 b. *Als die Geliebte, die einmal entschlossen ist, sich selbst abzuschaffen, gibt es doch keine größere Meisterin der Spekulation.

In (32a) ist die Vergleichsphrase jedoch nicht Komplement in einer Adjektivphrase, weil das Adjektiv bereits in eine Nominalphrase eingebettet ist.

Gegen eine Attributlösung gibt es offenbar starke Vorbehalte. Vergleiche erscheinen für das Mitgeteilte zu wichtig, als dass man sie „nur" als Attribute bestimmen könnte. Dahinter steht ein *semantisches* Vorurteil über Attribute, nach dem Attribute nur *zusätzliche* Bestimmungen am Rande sind, und zwar zu Substantiven, vgl. Kapitel 9.

In formalsyntaktischer Hinsicht gibt es keinen Grund, von der Dependenz als Grundlage der Attributdefinition abzuweichen. In unserem Ausgangsbeispiel (25) bezieht sich die Vergleichsphrase eindeutig auf *schnell*, und sie muss aus diesem Grunde als Attribut klassifiziert werden. Diese Dependenz wird durch die Umstellproben (26) und (27) bestätigt. Nicht die Vergleichsphrase allein ist im Falle (25) Adverbialbestimmung, sondern Adjektiv + Vergleichsphrase bilden die Adverbialbestimmung. Kern dieser Adverbialbestimmung ist das Adjektiv. Die Vergleichsphrase selbst aber ist Attribut zu diesem Adjektiv.

Anmerkung
Es gibt zwei neuere umfangreiche Spezialabhandlungen zu Vergleichsstrukturen: Hahnemann (1999) und Thurmair (2001). Beide Arbeiten gehen am Rande auf die Frage nach dem Satzgliedstatus der Vergleichsphrasen ein, vgl. Hahnemann (1999: 42ff.), Thurmair (2001: 193ff.).

Beide Autorinnen konstatieren, dass durch die Umstellprobe Vergleichsphrasen wie in (25) eigentlich als Attribute ausgewiesen werden. Dennoch versuchen sie, dieser Bestimmung zu entkommen. Beide Autorinnen weichen auf Sonderkategorien aus. Für Hahnemann (1999: 44) sind die betreffenden Vergleichsphrasen *Appositionen*. Die Apposition ist eine Kategorie, die sich wegen ihrer notorischen Vagheit als ein untypisches Attribut, als *nur eine Art* Attribut anbietet. Thurmair (2001: 193) hält den Begriff der Apposition für ungeeignet und fordert, dass man (ebd.: 194) „eine eigene syntaktische Funktion etablieren sollte". Ihr wesentliches Argument gegen die Einordnung als Apposition, das sich im Übrigen auch bereits bei Hahnemann (1999: 44, Anmerkung 40) findet, ist die Abhängigkeit vom Komparativ – ein Argument, das natürlich für die Einordnung als Attribut spricht.

Wie wir unterscheiden Hahnemann (1999) und Thurmair (2001) nach typisch und weniger typisch. Alles, was unter einen Begriff fällt, z. B. den des Attributs, ist mehr oder weniger typisch für diesen Begriff, ein mehr oder minder typisches Exemplar der Klasse. Man muss folglich nach den Gründen fragen, warum Besonderheiten, die den Vergleichsphrasen zukommen, so stark gewertet werden, dass man meint, sie nicht mehr zu den Attributen zählen zu können.

Eine strukturelle Begründung finden wir bei Hahnemann. Sie konstatiert für die *als*-Phrase eine unmarkierte Abfolge: Vergleichsglied – Adjektiv – *als*-Phrase. Sie stellt fest, dass zwischen diesen drei Elementen andere Satzglieder stehen können, vgl. (33), bei Hahnemann (35):

(33) In der Menschheitsgeschichte [...] ist keine bessere Solidaritätsgemeinschaft gefunden worden als die Familie.

Sie bewertet diese Stellungsmöglichkeit als Argument für den Satzgliedstatus der Vergleichsphrase. Damit bezieht sie sich implizit auf das Adjazenzprinzip für Attribute, vgl. 3.2. Verletzungen der Adjazenz, also Trennungen zwischen Bezugswort (Gliedkern) und Attribut sind jedoch sehr wohl möglich, nämlich dann, wenn es sich um *Rechtsversetzungen* der Attribute handelt, vgl. 3.2. Im Engeren handelt es sich bei diesen Rechtsversetzungen um *Ausklammerungen*, zum Begriff vgl. 3.5.2. Auch der Relativsatz und der Konjunktionalsatz in (34b,c) bleiben trotz Ausklammerung Attribute:

(34) a. Ich habe das Buch nicht so interessant gefunden, wie du behauptet hast.
   b. Ich habe das Buch gelesen, von dem du neulich gesprochen hast.
   c. Ich habe die Hoffnung nicht verloren, dass du das Buch noch liest.

Um die Adverbial-Lesart zu retten, könnte man überlegen, ob es möglich ist, adverbiales Adjektiv und Prädikat zu einem *komplexen Prädikat* zusammenzufassen und die Vergleichsphrase als Adverbialbestimmung zu diesem komplexen Prädikat aufzufassen. Eine Parallele wären die Funktionsverbgefüge, vgl. Kapitel 8. Aber auch dagegen ist die Umstellprobe ein eindeutiges Argument. Im Falle eines komplexen Prädikats muss die abhängige syntaktische Einheit, also die Vergleichsphrase, vorfeldfähig sein. Das aber ist sie nicht.

3.1.4 Zusammenfassung

Satzglieder hängen von Prädikaten ab. Attribute hängen von Gliedkernen unterhalb der Satzebene ab. Das Hauptkriterium der Unterscheidung von Attributen und Satzgliedern 1. Grades ist somit die Dependenz.

Worauf bezieht sich eine als Satzglied in Frage kommende syntaktische Einheit: Hängt sie vom Prädikat ab? Dann ist sie ein Satzglied.

Oder bildet sie mit einem Wort unterhalb der Satzebene eine Wortgruppe? Dann handelt es sich um ein Attribut. Sehr oft ist das Bezugswort in diesem Fall ein Substantiv. Es kann sich aber auch um ein Adjektiv, ein Adverb oder ein Pronomen handeln. Bezugsgröße kann auch eine Wortgruppe sein, vgl. 3.5.5.1 und 3.5.5.4.

3.2 Adjazenz

Die Identifizierung von Abhängigkeiten (Attributen) wird durch eine *Adjazenzregel* erleichtert.

Attribute stehen typischerweise adjazent, d. h. unmittelbar links oder rechts neben ihrem Bezugswort (dem Kern, Kopf, Regens) – und bei hierarchischer Staffelung adjazent zur jeweils kleineren Wortgruppe, also so adjazent wie möglich zum Kern des Satzgliedes, vgl. (35).

(35) die gestern
   von uns
   getroffene
   Entscheidung

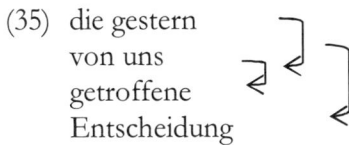

Ohne die Adjazenzregel wären Sätze (im Deutschen) nicht zu verstehen. Sätze sind vermöge ihrer syntaktischen Struktur Anweisungen des Sprechers an den Hörer zu Operationen über Wörtern. Diese Operationen ermöglichen es dem Hörer, aus Wortbedeutungen Satzbedeutungen aufzubauen:

(36) Der große Paul fragt den kleinen Emil.

Nur durch die adjazente Position erfährt der Hörer in (36), wer groß und wer klein ist. Auch wenn eine Kasusmarkierung vorhanden ist, heißt es (37a) und nicht (37b) oder (37c).

(37) a. Den großen Paul fragt der kleine Emil.
   b. *Den klein*e* Emil fragt der groß*en* Paul.
   c. *Großen fragt Emil Paul kleine.

Selbst im Lateinischen mit seiner weit ausgeprägteren Flexion ist der Ovid-Satz (38) zwar möglich, aber nicht der Normalfall, vgl. Pinkster (1988: 280).

(38) Grandia per multos   tenuantur   flumina   rivos.
     Große *in viele*   *sich auflösen* *Flüsse* *Bäche*

Durch die Flexion ist *grandia* auf *flumina* bezogen und *multos* auf *rivos*.

Wegen ihrer grundsätzlichen Bedeutung für die Sicherung des Satzverständnisses ist die Adjazenzregel für Attribute im Deutschen ziemlich strikt. Aber auch in diesem Rahmen gibt es Probleme.

Zum einen gibt es Regelkonflikte, Konflikte mit anderen Regeln. Wir kommen darauf in 3.5 zurück.

Zum anderen entstehen Ambiguitäten dadurch, dass eine Wortgruppe z. B. adjazent zu einem Substantiv steht, sich gleichzeitig aber auch als Satzglied auf das Prädikat beziehen kann. Dieser typische Fall von Ambiguität zwischen Attribut und Satzglied liegt in unserem Beispielsatz (1) aus dem Kapitel 2 vor, jetzt wieder aufgenommen als (39).

(39) Emil steht neben der Frau im Sessel.

Die Präpositionalphrase [*im Sessel*] steht adjazent und nachgestellt zu [*neben der Frau*]. Sie kann also Attribut sein. Sie kann aber auch als Adverbialbestimmung auf das Prädikat bezogen werden.

In diesem typischen Fall der Ambiguität ist allerdings nicht die Adjazenz allein ausschlaggebend, sondern die adjazente *Nachstellung*. Typischerweise ist die nachgestellte Wortgruppe standardsprachlich das Attribut, vgl. (40).

(40) Emil steht im Sessel neben der Frau.

Auch in (40) könnte man einen attributiven Bezug unterlegen, jedoch nur derart, dass entsprechend der Reihenfolge der Wortgruppen [*neben der Frau*] Attribut zu [*Sessel*] ist.

Umformungen des Satzes beseitigen oder vermindern auch die Ambiguität, vgl. (41).

(41) a. Neben der Frau steht Emil im Sessel.
 b. Emil steht neben der Frau schon wieder im Sessel.

Mit ‚Ambiguität vermindern' ist gemeint, dass es unwahrscheinlicher wird, dass ein Hörer/Leser bei Adjazenz einen attributiven Bezug herstellt. Denn auch im Falle von (41a) und (41b) bleibt ein attributiver Bezug von [*im Sessel*] auf das vorangehende Substantiv möglich.

Die durch adjazente Vor- oder Nachstellung gestützte Entscheidung über die vorliegenden Abhängigkeiten kann man durch bestimmte Testverfahren (Proben) sichern.

3.3 Erstpositionsregel und Umstellprobe

3.3.1 Erstposition

Fast jeder lernt irgendwann, dass im deutschen Aussagesatz das finite Verb „an zweiter Stelle" steht. Gemeint ist damit: als zweites *Satzglied*. Ein bemerkenswert stabiles Kriterium der Unterscheidung *Satzglied – Attribut* beruht auf diesem Faktum.

Die Erstpositionsregel macht von der Gegebenheit Gebrauch, dass es im deutschen *Aussagesatz* (Verbzweitsatz) typischerweise nur möglich ist, ein einziges Satzglied 1. Grades vor dem finiten Verb zu platzieren, und nicht zwei Satzglieder und nicht ein Attribut allein. Wenn dieses Satzglied kein Nebensatz und keine satzwertige Konstruktion ist, kann es zu dem Gliedkern dieses Satzgliedes folglich nur noch Attribute geben.

Wir halten also fest, dass mit einer Erststellung im Aussagesatz die Entscheidung gefallen ist: Alles, was vor dem finiten Verb im Aussagesatz steht, kann (typischerweise) nur *ein* Satzglied sein, vgl.:

(42) Die Werbestrategen in der SP-Zentrale sollten rasch an jene Agentur herantreten, die ...

Mit dieser Positionierung der Präpositionalphrase [*in der SP-Zentrale*] im Vorfeld hat der Schreiber eine eindeutige Operationsanweisung gegeben. Der Leser muss die PP [*in der SP-Zentrale*] als Attribut zu *Werbestrategen* analysieren.

Ein typischer Fehler ist die vorschnelle Bestimmung einer Präpositionalphrase auf Grund einer spezifischen Semantik, z. B. einer lokalen, als ‚Lokalbestimmung'. Hierzu ist Folgendes zu sagen: Für sich genommen ist ‚Lokalbestimmung' noch keine geeignete Differenzierung. Denn es wird nur die lokale Semantik genannt. Alle Satzglieder und Attribute sind „Bestimmungen", und natürlich können auch Attribute lokale Bestimmungen geben. Begriffe wie *Lokalbestimmung, Temporalbestimmung, Kausalbestimmung* usw. sind aber per definitionem Unterbegriffe zu *Adverbialbestimmung*. Die vordergründige Semantik lockt auf eine falsche Fährte.

Entscheidungsspielraum hätte der Leser, wenn der Satz (42) anders, etwa als (43), formuliert worden wäre:

(43) Rasch sollten die Werbestrategen in der SP-Zentrale an jene Agentur herantreten, die ...

In (43) ist zu entscheiden, ob sich [*in der SP-Zentrale*] auf *Werbestrategen* beziehen lässt und/oder auf das Prädikat. Die Umstellprobe ergibt beide Möglichkeiten, vgl. (44).

(44) a. *Die Werbestrategen in der SP-Zentrale* sollten rasch an jene Agentur herantreten, die ... (Attribut)
b. *In der SP-Zentrale* sollten *die Werbestrategen* rasch an jene Agentur herantreten, die ... (AB)
c. *Die Werbestrategen* sollten *in der SP-Zentrale* rasch an jene Agentur herantreten, die ... (AB)

Über eine konversationelle Implikatur wird ein Leser für den Satz (43) mit großer Wahrscheinlichkeit die Attribut-Lesart wählen.

3.3.2 Umstellprobe

Wenn eine zu beurteilende syntaktische Einheit nicht in Erstposition steht, muss man eine *Umstellprobe* (Verschiebung in die Erstposition) durchführen, um das Kriterium der Erstposition ausnutzen zu können.

Um eine Umstellprobe durchführen zu können, muss man den zu überprüfenden Satz gegebenenfalls zunächst in einen Aussagesatz (Verbzweitsatz) transformieren. Bedingung ist, dass der Satz grammatisch richtig bleibt. Außerdem muss man stets darauf achten, dass man unter der Hand nicht etwas Weiteres ändert, weil das Ergebnis dadurch leicht verfälscht werden kann., vgl. Kapitel 10, Satzbeispiel 37.

Erstpositions-Kriterium und Umstellprobe beruhen auf der Adjazenzregel für Attribute. Mit der Umstellprobe zeigt man, ob eine zu beurteilende syntaktische Einheit trennbar von einem möglichen (in der Regel) substantivischen Bezugswort ist oder nicht. Im ersten Fall diagnostiziert man ein Satzglied 1. Grades, im zweiten Fall ein Attribut. Ergeben sich beide Möglichkeiten, liegt eine Ambiguität vor, die ihrerseits rein formaler Natur sein kann oder zusätzlich einen semantischen Aspekt hat.

Die Umstellprobe weist stets eine der beiden Möglichkeiten aus oder eine Ambiguität:

(45) Viel Wasser ist seit den Parlamentswahlen *im März* den Dnjepr hinunter geflossen.

Die Präpositionalphrase [*im März*] kann als Attribut oder als Adverbialbestimmung aufgefasst werden, vgl.:

(46) a. Seit den Parlamentswahlen *im März* ist viel Wasser den Dnepr hinunter geflossen. (Attribut)
b. *Im März* ist s*eit den Parlamentswahlen* viel Wasser den Dnepr hinunter geflossen. (AB)
c. Seit den Parlamentswahlen ist *im März* viel Wasser den Dnepr hinunter geflossen. (AB)

Wenn die Verschiebung der PP [*im März*] ins Vorfeld möglich ist (46b), dann ist auch die Verschiebung der PP [*seit den Parlamentswahlen*] ins Vorfeld möglich (46c). Das Ergebnis ist dasselbe. Denn es kommt darauf an, ob eine Trennung möglich ist.

Auf einem anderen Blatt steht, dass eine konversationelle Implikatur für den Satz (45) die Lesart ‚Attribut' pragmatisch nahe legt.

Trotz der Relevanz der Umstellprobe sprechen wir uns gegen eine so genannte *operationale Satzglieddefinition* aus. Hier werden Ermittlungsverfahren, insbesondere Erststellung im Aussagesatz und Umstellprobe, direkt als *definierende* Eigenschaften betrachtet.

Satzglieder (1. Grades) werden in diesem Fall zu so genannten *Stellungsgliedern,* so bei Glinz (1965), Brinker (1972), Gallmann (2005: 783).

Wir schränken demgegenüber ein: Bei Erststellung und Umstellprobe handelt es sich zwar um starke und aussagekräftige *Indizien*, aber eben um Indizien. Erstellung und Umstellprobe führen nicht automatisch zu einer richtigen Aussage. Übergeordnet bleibt der Bezug bzw. die Abhängigkeit (Dependenz). Die Dependenz kann man durch Indizien überprüfen. Es gibt einige Fallgruppen, die zeigen, dass Erststellung und Satzgliedhaftigkeit nicht identisch sind. Aber auch Adjazenz ist kein invariantes Kriterium.

3.4 Substitution und Frageprobe

3.4.1 Substitution

In bestimmten Fällen ist auch eine Substitution für die Unterscheidung von Satzgliedern aufschlussreich. Es kann beispielsweise fraglich sein, ob eine syntaktische Einheit, in der kein Kasus vorkommt oder bei der kein Kasus erkennbar ist, Subjekt bzw. Subjektsprädikativ oder Objekt ist. Im Falle des Subjekts oder des Subjektsprädikativs würde der Nominativ stehen, im Falle des Objekts ein anderer Kasus, vgl.:

(47) Das bedeutet gar nichts.

Eines der beiden Satzglieder vor und nach dem Prädikat muss das Subjekt sein. Ist das andere Subjektsprädikativ oder Objekt? Die Unterscheidung zwischen Subjekt bzw. Subjektsprädikativ einerseits und Objekt andererseits hängt davon ab, ob *bedeuten* den Nominativ oder den Akkusativ regiert. An den Pronomina *das* und *nichts* ist kein Kasus zu erkennen. Eine Substitution kann Aufklärung geben. Voraussetzung ist allerdings, dass der jeweilige Sprecher weiß, dass *bedeuten* den Akkusativ regiert. Zur Substitution eignet sich kein Substantiv im Neutrum, da der Nominativ, auch wenn man den Artikel einbezieht, sich nicht vom Akkusativ unterscheidet. Ein Maskulinum ist geeignet:

(48) Der Vorfall bedeutet einen Rückschlag.

In (48) stehen sich erkennbar ein Nominativ und ein Akkusativ gegenüber.

Wir sind hier von der Regel ausgegangen, dass das Subjekt typischerweise in der Erstposition ist, vgl. Kapitel 4. Man kann die Positionen und Rollen aber vertauschen. In (49) steht ein Akkusativ, also ein Objekt, in Erstposition.

(49) Einen Rückschlag bedeutet das.

3.4.2 Frageprobe

Die Frageprobe ist eine Variante der Substitution. Substituiert wird ein Fragepronomen oder Frageadverb. Von der Frageprobe *Wer oder was? Was für ein? Wann?, Wo?* usw. raten wir ab. Sie ist zu unsicher und nur ein sozusagen blinder, weil unreflektierter Algorithmus. Zum Beispiel verweist Substituierbarkeit durch das Pronomen *wer* auf einen Nominativ, da *wer* als Nominativ markiert ist. Das sagt uns aber auch die Substitution durch ein beliebiges maskulines Substantiv mit Artikel. Die Frage *was* geht ins Leere, da Nominativ und Akkusativ hier nicht unterschieden sind.

Die Fragen *wann?*, *wie?*, *warum?* usw. sind nur semantisch motiviert. Sie führen in die Irre, wenn man mit ihrer Hilfe etwa Adverbialbestimmungen von Attributen unterscheiden will. Attribute können außerdem oft nicht sinnvoll durch *was für ein?* erfragt werden, vgl. (50), vgl. auch Kapitel 9.a.

(50) a. Beim Betreten *des Zimmers* merkte er, dass etwas nicht stimmt.
 b ?Bei was für einem Betreten merkte er, dass etwas nicht stimmt.

3.5 Abweichungen von der Erstpositionsregel

3.5.1 Voranstellung von Prädikatteilen und Verbgruppen

In (51) sehen wir, dass auch das Partizip II und der Infinitiv eines verbalen Prädikats allein vor das Finitum treten können. Niemand schlussfolgert daraus, dass sie dadurch zu Satzgliedern werden.

(51) a. *Geklaut* hat er wie ein Rabe.
 b. *Schreiben* wolltest du mir.

Im Umkehrschluss ergibt sich, dass man aus der Umstellprobe nicht folgern muss, dass das Subjektsprädikativ ein selbständiges Satzglied ist:

(52) *Klug* ist er.

Die Umstellprobe spricht nicht gegen eine solche These, aber auch nicht dafür. Sonst müsste man *geklaut* in (51a) als ein selbständiges Satzglied ansehen. Es sind also andere

Gründe, die uns veranlassen, das Prädikativum als selbständiges Satzglied anzusehen, vgl. Kapitel 7.

Ferner kann man Teile der Verbalphrase, nämlich Vollverb + Komplement (Prädikat + Objekt), in die Erstposition bringen:

(53) a. Diesen Raum betreten habe ich noch nie.
 b. *Bedürftigen helfen* wollte er immer.

Das ist bei einigen intransitiven Verben (den so genannten ergativen Verben) sogar mit dem Subjekt möglich, vgl. Wöllstein-Leisten u. a. (1997), Pittner (1999), vgl. (54).

(54) Ein Fehler unterlaufen ist ihm noch nie.

Anmerkung
In der relationalen Grammatik *(Relational Grammar)* und dieser folgend in der generativen Grammatik, wird daher angenommen, dass das Subjekt ergativer Verben „eigentlich", d. h. in der Tiefenstruktur, kein Subjekt, sondern ein Objekt ist, im Einzelnen vgl. Grewendorf (1989), Welke (2002). Dieser Gesichtspunkt befindet sich aber außerhalb der Reichweite der in diesem Buch vorgestellte Satzgliedtheorie.

Man kann also nicht sagen, dass alles, was vor dem Finitum im Vorfeld stehen kann, ein Satzglied (1. Grades) im Sinne der Satzgliedtheorie ist. Bereits das schließt eine operationale Satzglieddefinition aus.

Auch das Umgekehrte ist möglich. Es gibt Satzglieder, die man nicht topikalisieren (nicht nach vorn stellen) kann. Ein Beispiel ist der durch *so dass* eingeleitete Konsekutivsatz.

3.5.2 Nachstellung von Attributen

Das Ziel der Kriterien der Erstellung und der Umstellprobe ist die Unterscheidung von Satzgliedern 1. Grades und Attributen. Die beiden Kriterien beruhen auf der Adjazenzregel für Attribute.

Wir beginnen mit einem noch relativ unproblematischen Fall einer Abweichung von dieser Adjazenzregel. Es gibt Fälle, in denen ein Attribut ausnahmsweise von seinem Bezugswort getrennt und nach rechts versetzt wird. Wir können unterscheiden:

3.5.2.1 Ausklammerung von Attributsätzen

Unproblematisch ist die Ausklammerung von Attributsätzen. Sie ist unproblematisch, weil die Abhängigkeit von einem Substantiv oder Pronomen klar ist.

Im Deutschen bilden komplexe Prädikate so genannte *prädikative Rahmen* oder Klammern. Sie gliedern dadurch die Sätze in drei Felder: Vorfeld, Mittelfeld, Nachfeld (vor, in und nach dem Rahmen). Die Position im Nachfeld ist für Nebensätze (55) und Infinitivkonstruktionen (56) und auch für Attributsätze (57) und attributive Infinitivkonstruktionen (58) der unmarkierte Fall[4], vgl.:

(55) a. Er hat gesehen, dass sie gegangen ist.
  b. Er hat, dass sie gegangen ist, gesehen.
(56) a. Er hat gehofft, sie auf der Party zu treffen.
  b. Er hat sie auf der Party zu treffen gehofft.
(57) a. Er hat die Hoffnung aufgegeben, dass sie kommt.
  b. Er hat die Hoffnung, dass sie kommt, aufgegeben.

---

4 Beim Nebensatz sieht man die Konjunktion oder das Relativum als die linke Klammer an und das Finitum als die rechte.

(58) a. Er hat die Hoffnung aufgegeben, sie wiederzusehen.
b. Er hat die Hoffnung, sie wiederzusehen, aufgegeben.

Diese Ausklammerung eines Attributsatzes ist eine so genannte grammatische Ausklammerung. Sie ist auf das Satzverständnis an sich, d. h. auf die Interpretierbarkeit syntaktischer Strukturen überhaupt, gerichtet.

Die Ausklammerung steht im Widerspruch dazu, dass Attribute, beliebig im Satz angeordnet, den Satz uninterpretierbar machen. Das heißt, eigentlich sollte nach der Adjazenzregel das Attribut unmittelbar bei seinem Beziehungswort stehen. Dadurch würde im Falle von Attributsätzen der prädikative Rahmen überdehnt und gegebenenfalls wiederum das Satzverständnis erschwert werden.

Es kommt zu einem Konflikt zwischen zwei Regeln, die beide auf das Satzverständnis gerichtet sind, der Adjazenzregel und der Ausklammerungsregel. Der Konflikt wird zu Gunsten der Ausklammerung gelöst und das Attribut ausnahmsweise von seinem Bezugswort getrennt.

Wir nennen diese Art der Ausklammerung grammatisch, weil sie auf dem Gesichtspunkt der Strukturinterpretierbarkeit beruht und weil diese Ausklammerung bereits die typische Wortfolge, die Normalfolge, geworden ist. Denn Nebensätze werden typischerweise ausgeklammert.[5]

---

5 Normalfolge ist die unmarkierte, nicht durch zusätzlichen pragmatischen Aufwand bewirkte Wortstellung, vgl. Lenerz (1977).

3.5.2.2 Andere Rechts-Herausrückungen

Aber auch weitere Rechts-Versetzungen sind möglich. Sie sind pragmatisch (stilistisch) bedingt. Sie dienen der Hervorhebung. Es handelt sich um eine Topikalisierung des Bezugswortes unter Zurücklassung des Attributes in der Mittelfeldposition. Das erinnert an die freie Wortstellung des Lateinischen, vgl.:

(59) a. Geld habe ich *keins*.
 b. Papier habe ich nur *beschmutztes* gefunden.
 c. Blätter sind *viele* von den Bäumen gefallen.

Man beachte die Flektiertheit der Adjektive. Sie sichert den attributiven Bezug, vgl. dagegen:

(60) a. Ich habe Geld **kein*. (kein Geld!)
 b. Papier habe ich nur *beschmutzt* gefunden.
 c. Blätter sind *viel* von den Bäumen gefallen.

In (59a), verglichen mit (60a) sichert das zusätzlich aufgenommene Kasusmorphem [-*s*] den Bezug auf das Neutrum *Geld*. In (60b) könnte das Adjektiv als ein freies Prädikativ interpretiert werden, und in (60c) als Adverbialbestimmung im Sinne von *oft*.

Strikt ausgeschlossen sind jedoch Herausrückungen nach links, vgl.:

(61) a. *Beschmutztes habe ich nur Papier gefunden.
 b. *Kein(s) habe ich Geld.
 c. *Viele sind Blätter von den Bäumen gefallen.

Die Platzierung eines Attributs in die Erstposition im Verbzweitsatz gibt es also *in Fällen dieser Art* nicht.

3.5.3 Linksherausrückungen von Attributen?

Linksherausrückungen von Attributen scheinen also bislang ausgeschlossen. Dennoch versuchen die Sprecher die Restriktion, dass Attribute nicht allein in Erstposition stehen können, in ihrer kommunikativen Praxis zumindest aufzuweichen.

Die Grundlage bleibt die Dependenz. Was sich auf ein adjazent stehendes Substantiv beziehen lässt, kann als Attribut zu diesem Substantiv gewertet werden. Was sich auf das Prädikat beziehen lässt, kann als Satzglied 1. Grades (z.B. Objekt oder Adverbialbestimmung) gewertet werden und demzufolge allein in die Erstposition gebracht werden. Trifft beides zu (die Beziehbarkeit auf ein Substantiv oder auf das Prädikat), liegt eine strukturelle oder strukturell-semantische Ambiguität vor.

Die Aufweichung der Attributregel ergibt sich daraus, dass die Sprecher syntaktische Einheiten, die man *eigentlich* attributiv auffassen sollte, weil sie syntaktisch-semantisch offenbar von einem Substantiv abhängen, dennoch allein in die Erstposition bringen. Das geschieht, solange der Bezug auf das Prädikat ebenfalls einigermaßen sinnvoll scheint:

(62) a. Ich habe das Buch über Wittgenstein verloren.
b. Ich habe das Buch über Wittgenstein gefunden.
c. Ich habe das Buch über Wittgenstein gelesen.

Wenn man das Kriterium der Dependenz zu Rate zieht, wird man die PP [*über Wittenstein*] als Attribut zu *Buch* interpretieren. Die Umstellprobe bestätigt das:

(63) Das Buch über Wittgenstein habe ich verloren/ gefunden/gelesen.

3.5 Abweichungen von der Erstpositionsregel

Wenn wir aber die Gegenprobe machen und fragen, ob die Präpositionalphrase auch allein vor dem Finitum stehen kann, erhalten wir kein einheitliches Bild.

(64) a. *Über Wittgenstein habe ich ein Buch verloren.
  b. ?Über Wittgenstein habe ich ein Buch gefunden.
  c. Über Wittgenstein habe ich ein Buch gelesen.

Im Falle von *lesen* (64c) ist die Topikalisierung möglich.

Anmerkung
Bei Gallmann (2005: 895) finden sich einige weitere Beispiele.

(65) a. Die Zeitung veröffentlichte einen Bericht über die Ausstellung.
  b. Über die Ausstellung veröffentlichte die Zeitung einen Bericht.
(66) a. Diese Sonnencreme bietet wenig Schutz gegen UV-Strahlung.
  b. Gegen UV-Strahlung bietet die Sonnencreme wenig Schutz.
(67) a. Zum Glück bestand kein Mangel an Geld.
  b. An Geld bestand zum Glück kein Mangel.
(68) a. Mir sind keine Ideen zu diesem Thema eingefallen.
  b. Zu diesem Thema sind mir keine Ideen eingefallen.

Man kann die betreffenden Präpositionalphrasen auf das adjazente Substantiv beziehen, also als Attribut interpretieren. Das bestätigt die Umstellprobe, vgl.:

(65) c. Einen Bericht über die Ausstellung veröffentlichte die Zeitung.
(66) c. Wenig Schutz gegen UV-Strahlung bietet die Sonnencreme.
(67) c. Kein Mangel an Geld bestand zum Glück.
  Mangel an Geld bestand zum Glück nicht/keiner.

(68) c. Keine Ideen zu diesem Thema sind mir eingefallen.
Ideen zu diesem Thema sind mir nicht/keine eingefallen.

Mehr oder minder ungefähr und vage kann man die betreffenden Präpositionalphrasen auch als Adverbialbestimmungen bzw. Objekte zu den entsprechenden Verben auffassen und daher in die Erstposition bringen.

Gallmann (ebd.: 895) gibt eine etwas andere Erklärung, wie auch aus der Überschrift „Ursprüngliche Gliedteile im Vorfeld" hervorgeht:

> Phrasen können mehr oder weniger eng ins Prädikat integriert werden. Von solchen Phrasen abhängige Gliedteile können dann zu Satzgliedern verselbständigt werden, die allein das Vorfeld besetzen können.

Uns scheint in den soeben besprochenen Fällen eher die semantische Verträglichkeit zwischen dem Verb und der betreffenden syntaktischen Einheit ausschlaggebend zu sein. Das kann mit einer bestimmten Allgemeinheit der Verbbedeutung zusammenhängen. Je allgemeiner die Verbbedeutung ist, um so eher passt sie zu einer gegebenen Einheit. Gallmann (ebd.: 868f.) lässt z. B. auf Grund seiner Erklärung (69a) zu und schließt (69b) aus.

(69) a. Für Süßigkeiten zeigt Otto eine große Vorliebe.
b. *Für Süßigkeiten stellte der Arzte bei Otto eine große Vorliebe fest.

Das tut er offenbar, weil [*Vorliebe zeigen*] idiomatischer ist als [*Vorliebe feststellen*]. Wir halten aber auch (69b) für akzeptabel. Die Präposition *für* trägt zu diesem Vexierspiel bei. Sie ist besonders breit und vage einsetzbar.

Ein Zusammenhang, wie Gallman (ebd.) ihn im Auge hat, ergibt sich bei *Funktionsverbgefügen*, und hier wiederum insbesondere bei solchen aus Funktionsverb + Akkusativobjekt. Den Satz (70) kann man dreifach analysieren.

3.5 Abweichungen von der Erstpositionsregel

(70) Otto zeigt eine große Vorliebe für Süßigkeiten.

(71)

	a.	b.	c.
Otto	S	S	S
zeigt		P	P
eine große	⎤	⎤	
Vorliebe	⎦ } P	⎦ } O	⎤⎤ } O
für Süßigkeiten	O	AB	

Man kann die Präpositionalphrase [*für Süßigkeiten*] als Satzglied 1. Grades analysieren. Das zeigt die Umstellprobe:

(72) a. Für Süßigkeiten zeigt Otto eine große Vorliebe.
  b. Eine große Vorliebe für Süßigkeiten zeigt Otto.

Eine gewisse Idiomatizität von [*eine große Vorliebe zeigen*] lässt auf ein Funktionsverbgefüge schließen (71a). Die Präpositionalphrase [*für Süßigkeiten*] müsste in diesem Fall als Objekt analysiert werden. Denn die PP wird von *Vorliebe* als semantischem Kern des komplexen Prädikats valenzgefordert.

Andererseits bleibt *große* strukturell stets Attribut. Das spricht gegen die Analyse als Funktionsverbgefüge, vgl. 8.4. Wir favorisieren die Attribut-Analyse der PP [*für Süßigkeiten*] (71c), vgl. die Umstellprobe (72b). Aber auch die Analyse als Adverbialbestimmung ist möglich (71b), vgl. die Umstellprobe (72b).

Bei Funktionsverbgefügen mit Präpositionalkasus kann es ebenfalls Ambiguitäten geben, vgl.:

(73) a. Er setzt sich in Verbindung zu ihm.
  b. Zu ihm setzt er sich in Verbindung.
  c. In Verbindung zu ihm setzte er sich.

Bei etwas geänderter Wortstellung, sofern diese grammatisch möglich ist, gibt es die Attributlesart natürlich nicht mehr:

(74) a. Otto zeigt für Süßigkeiten große Vorliebe.
  b. Otto setzt sich zu ihm in Verbindung.

Man kann die PP [*für Süßigkeiten*] und [*zu ihm*] in (74) nicht als Attribute auffassen, weil sie als Attribute folgen müssten.

Sätze können also permutierbare syntaktische Einheiten enthalten, die man auf Grund ihrer Dependenz und gegebenenfalls auf Grund von pragmatischen Faktoren auch als Attribute auffassen könnte. Wir schlagen folgende Abfolge der Entscheidungen vor:

1. Liegt Erstposition einer attributverdächtigen Einheit vor, dann werten wir das als eine eindeutig kodierte Operationsanweisung des Sprechers. Wir befolgen diese Anweisung in unserer Analyse und bestimmen die betreffende syntaktische Einheit als Satzglied und nicht als Attribut.

2. Befindet sich die zu analysierende Einheit zusammen mit einem potentiellen substantivischen Gliedkern nicht in Erstposition und liegt eine klare semantische und gegebenenfalls außerdem pragmatisch gestützte Abhängigkeit zu einem potentiellen Gliedkern vor, so sollte man als *erste Option* die Analyse als Attribut wählen. Diese Option muss natürlich durch die Umstellprobe verifizierbar sein.

3. Befindet sich die zu analysierende Einheit zusammen mit einem potentiellen Gliedkern *nicht* in Erstposition und ist auf Grund der Umstellprobe auch Erstposition der attributverdächtigen Einheit möglich, so sollte die Analyse als *Satzglied* die *zweite Option* sein, wenn die Attribut-Interpretation semantisch und pragmatisch gestützt ist.

Für die praktische Satzanalyse bedeutet das: Zunächst sollte es darum gehen, eine der Möglichkeiten überhaupt richtig zu erkennen. In zweiter Hinsicht kommt es darauf an, Ambiguitäten zu entdecken. Die Ambiguitäten sollten dann in der soeben angedeuteten Reihenfolge der Optionen abgearbeitet werden.

3.5.4 Attribute in Kopula-Konstruktionen

In der erweiterten Version der Satzgliedanalyse bestimmen wir die Kopula als Prädikat und das Prädikativum als ein selbständiges Satzglied. Es ergeben sich Parallelen zu bislang geschilderten Problemfällen, vgl. (75).

(75) a. Er ist stolz auf die Burg.
 b. Auf die Burg ist er stolz.
 c. Stolz auf die Burg ist er.

Wieder sagt uns die Umstellprobe, dass wir beide Möglichkeiten der Analyse zulassen müssen, eine Analyse der Präpositionalphrase [*auf die Burg*] als Objekt, aber in (75c) auch die Analyse als Attribut, vgl. auch 7.1. Anders ist es bei den folgenden Sätzen, vgl. (76) und (77).

(76) a. Er war gestern stolz.
　　 c. Gestern war er stolz.
　　 c. *Gestern stolz war er.
(77) a. Er war sehr stolz.
　　 b. *Sehr war er stolz.
　　 c. Stolz war er sehr.

Der Unterschied folgt aus der Möglichkeit der Erstplatzierung. Das Adverb *gestern* in (76) muss als Adverbialbestimmung analysiert werden, das Adverb *sehr* in (77) als Attribut, in (77c) als ein nach rechts versetztes Attribut. Aber auch in der Elementarversion der Satzgliedanalyse, in der Kopula + Prädikativum zusammen als komplexes Prädikat gewertet werden, muss man *sehr* in (77) als Attribut bestimmen.

3.5.5 Mehrfache Vorfeldbesetzungen

Die vorangehenden Beispiele und Überlegungen haben gezeigt, wie bemerkenswert robust die Erstpositionsregel ist. Dennoch scheint es Fälle zu geben, in denen zwei oder sogar mehr Satzglieder im Vorfeld stehen können. Es sind im Wesentlichen zwei Fallgruppen zu unterscheiden, vgl. Brinker (1972), Lühr (1985), Müller (2005).

Zur ersten Gruppe gehören Sätze, in denen man eventuell noch eine attributive bzw. eine appositive Beziehung unterstellen kann, vgl.:

(78) a. Ich habe ihn *vor drei Tagen auf dem Sportplatz* gesehen.
　　 b. Ich habe ihn *auf dem Sportplatz vor drei Tagen* gesehen.
(79) a. *Vor drei Tagen auf dem Sportplatz* habe ich ihn gesehen.
　　 b. *Auf dem Sportplatz vor drei Tagen* habe ich ihn gesehen.

3.5.5.1 Exkurs: Apposition

Appositionen zeichnen wir nicht gesondert aus, sondern markieren sie nur als Attribute. Appositionen sind Spezialfälle von Attributen. Sie sind wegen ihres Rand- und Übergangscharakters umstritten. Die Charakteristik der Appositionen im Duden (2005: 990) lautet:

> Sie sind Attribute, d. h., sie hängen von einem Substantiv (Nomen) oder von einer Nominalphrase insgesamt ab.
>
> Sie haben selbst die Form einer Nominalphrase oder zumindest eines Substantivs (Nomens).
>
> Sie weisen kein besonderes „Einleitungswort" wie etwa eine Präposition oder eine Konjunktion auf.
>
> Sie stimmen mit dem Bezugsnomen oder der Bezugsphrase im Kasus überein (= Kongruenz im Kasus) oder stehen im Nominativ.

Bereits der erste Satz des Zitats deutet an, dass es sich um eine Kategorie handelt, die man prototypisch fassen muss, d. h. mit unscharfen Rändern und Überlappungen mit anderen Kategorien, u. a. nicht-restriktiven Attributen. In unserem Zusammenhang interessieren so genannte *lockere Appositionen* wie:

(80) Herrn Meier, *dem Lehrer unseres Sohnes*, ist Folgendes passiert ...

(81) Der Politiker sagte plötzlich, eigentlich müsse er, *Heller,* ihn doch verachten für seinen Lebensweg.
Die Zeit 27. 4. 06, S. 57

(82) An den Ufern der Havel lebte, um die Mitte des sechzehnten Jahrhunderts, ein Roßhändler, namens Michael Kohlhaas, Sohn eines Schulmeisters, *einer der rechtschaffensten zugleich und entsetzlichsten Menschen seiner Zeit.*
Heinrich von Kleist: Michael Kohlhaas

Als lockere Appositionen wollen wir Wörter bzw. Wortgruppen ansehen, die zwar nachgestellt zu anderen Wörtern/Wortgruppen vorkommen, die jedoch auch paradigmatisch an der Stelle dieser anderen Wörter/Wortgruppen im betreffenden Satz stehen könnten, manchmal auch koordinativ. Das geschieht, weil das Erstglied und das Zweitglied der appositiven Konstruktion referenzidentisch sind.[6] Statt (80) könnte mit gleichem Wahrheitsanspruch auch gesagt werden (83a) oder (83b) und statt (78) oben bzw.(79) (84a) oder (84b).

(83) a. *Herrn Meier* ist Folgendes passiert.
 b. *Dem Lehrer unseres Sohnes* ist folgendes passiert.
(84) a. Vor drei Tagen habe ich ihn gesehen.
 b. Auf dem Sportplatz habe ich ihn gesehen.

Der semantische Effekt der syntaktischen Reihung ist eine Erläuterung des Erstgliedes a durch das Zweitglied b. Denn a und b sind zwar referenzidentisch, aber nicht bedeutungsgleich. Neben a gestellt, erhält b die Aufgabe, a zu erläutern/näher zu bestimmen, und das ist eine semantische Funktion des Attributs, vgl. auch 9.2.2.

Anmerkung
Eine Unterscheidung zwischen *lockerer Apposition* und *appositivem Nebenkern* im Duden (2005: 990) läuft m. E. darauf hinaus, solche Zweitglieder, die nicht allein stehen können, die dennoch aber irgendwie appositiv aufzufassen sind, auszugliedern.
So wären in (82) [*namens Michael Kohlhaas*] und [*Sohn eines Schulmeisters*] appositive Nebenkerne. Sie können in dieser konkreten Form nicht allein (paradigmatisch) an der Stelle des anderen stehen. Denn sie sind für ihre Aufgabe, Zweitglied einer appositi-

---

6 Sie referieren auf genau den gleichen Gegenstand/die gleiche Person und sind daher paradigmatisch austauschbar. Das kann man auch so ausdrücken: Sie sind extensional, aber nicht intensional identisch.

ven Konstruktion zu sein, bereits syntaktisch zugerichtet. Bei [*namens Michael Kohlhaas*] kommt *namens* hinzu, und bei [*Sohn eines Schulmeisters*] fehlt der Artikel. Sie sind dadurch dem typischen Attribut näher als die lockere Apposition.

3.5.5.2 Mehrfache Vorfeldbesetzungen

Zwischen den lockeren Appositionen und unseren Beispielen gibt es nun offenkundige Ähnlichkeiten. Man kann daher versuchen, die Erstpositionsregel zu retten, indem man die Abfolge von zwei Präpositionalphrasen in Spitzenposition appositiv auffasst. Allerdings muss man den Begriff der Apposition gegenüber den oben besprochenen Beispielen ausdehnen.

Appositionen wie (80) – (82) kann man noch zur Not in Attribute im engeren Sinne umformen, z. B. (80) in (85):

(85) Herrn Meier, der der Lehrer unseres Sohnes ist, ist Folgendes passiert ...

In (79) aber, wieder aufgenommen als (86), ist die jeweilige PP kein Attribut zum vorangehenden Substantiv oder der vorangehenden NP.

(86) a. *Vor drei Tagen auf dem Sportplatz* habe ich ihn gesehen.
b. *Auf dem Sportplatz vor drei Tagen* habe ich ihn gesehen.

Es ist nicht von drei Tagen die Rede, die sich auf dem Sportplatz befanden, und nicht von einem Sportplatz, der vor drei Tagen existierte. Wenn man die Beziehung attributiv auffassen will, muss man die zweite PP auf die erste PP *insgesamt* beziehen, also auf eine vollständige durch Präposition und Artikel abgeschlossene Wortgruppe, zu verdeutlichen z. B. durch *und zwar*:

(87) a. *Vor drei Tagen, und zwar auf dem Sportplatz* habe ich ihn gesehen.
(88) b. *Auf dem Sportplatz, und zwar vor drei Tagen* habe ich ihn gesehen

Nicht die drei Tage und nicht der Sportplatz werden durch die Apposition näher charakterisiert, sondern die durch die PP [*vor drei Tagen*] in (86a) bzw. durch die PP [*auf dem Sportplatz*] in (86b) charakterisierte *Situation*. Man muss also weit und großzügig ausholen, um das Verhältnis noch attributiv oder appositional nennen zu können.

Der Verdacht liegt nahe, dass das ein Zirkelschluss ist. Denn die Erstpositionsregel bringt uns überhaupt erst auf die Idee, so vorzugehen. Wenn es sich nicht um die Position vor dem Finitum handelt, komme wir meist gar nicht auf diese Idee und betrachten die Adverbiale einfach als mehrere Adverbialbestimmungen nacheinander.

(89) a. Das Buch findest du *im Wohnzimmer auf dem Tisch*.
 b. Er kommt *morgen um 15 Uhr*.

Natürlich konkretisieren diese Adverbialbestimmungen sich in gewisser Weise auch gegenseitig. Aber das ist ein pragmatischen Nebeneffekt, nicht die syntaktische Funktion der benachbarten Stellung.

Folgt nun die Erstposition aus einer appositiven Beziehung, oder folgt die Annahme der appositiven Beziehung aus der Kenntnis der Erstpositionsregel? Wir vermuten, dass die Intuition der Erstpositionsregel so stark ist, dass die Linguisten nach Begründungen Ausschau halten, sie zu retten, wenn diese verletzt zu sein scheint.

3.5 Abweichungen von der Erstpositionsregel

Es gibt aber auch Fälle, in denen die Annahme einer attributiven (appositiven) Beziehung noch gewagter wird:

(90) *So offen im Auto* würde ich die Schecks nicht liegen lassen. Lühr (1985: 11)
(91) *Mit dem Tuch aus ganz kurzer Entfernung* lenkt er den Stier, [...] Feuchtwanger, zitiert nach Lühr (1985: 10)
(92) *Kohlhaas, indem er demselben näher rückte,* sagte ... Heinrich von Kleist: Michael Kohlhaas, S. 25
(93) *Der Universität zum Jubiläum* gratulierte auch Bundesminister Dorothee Wilms, [...] Müller (2005: 301)
(94) *Richtig Geld* wird aber nur im Briefgeschäft verdient. Müller (2005: 299)
(95) *Am Meeresboden, aufgerissen von Kometen,* könnten zudem gewaltige Unterwasser-Vulkane ausbrechen. Heute 3. 5. 2006, S. 3

Hier kann man kaum attributive (appositive) Beziehungen zwischen den beiden Erstgliedern erfinden. Wir müssen mehrere Satzglieder in Spitzenposition anerkennen und uns nach einer Möglichkeit der Erklärung für diesen Tatbestand umsehen.

Ein Erklärungsansatz, der mehrere Satzglieder nebeneinander in Spitzenposition zulässt, ist der Folgende:

Es handelt sich um Entwicklungen, die aus der *gesprochenen Sprache* kommen und stilistische Geltung in der Belletristik (u. a. Kleist, Feuchtwanger) und in der Presse erlangt haben.

Im Mittelfeld wären alle diese Abfolgen vollkommen normal, vgl.:

(96) Ich würde die Schecks nicht so *offen im Auto* liegen lassen.
(97) Er lenkt er den Stier *mit dem Tuch aus ganz kurzer Entfernung.*
(98) ... sagte *Kohlhaas, indem er demselben näher rückte.*
(99) Auch Bundesminister Dorothee Wilms gratulierte *der Universität zum Jubiläum.*
(100) Nur im Briefgeschäft wird aber *richtig Geld* verdient.
(101) Es könnten zudem gewaltige Unterwasser-Vulkane *am Meeresboden, aufgerissen von Kometen,* ausbrechen.

Wir deuten die mehrfachen Vorfeldbesetzungen als Strukturentwürfe für Satzgliedfolgen, die im Mittelfeld möglich sind, aber mit einem noch zu realisierenden Verb, von dem sie abhängen würden. Wenn ein Sprecher so beginnt, muss er irgendwann das Verb (Prädikat) setzen. Damit gerät, falls er einen Aussagesatz bilden will, die Satzgliedfolge, die im Mittelfeld möglich wäre, ins Vorfeld, und das ist das Problem. Denn wenn der Satzbeginn die Komplexität eines Satzgliedes übersteigt, gerät der Sprecher in einen Widerspruch zur Wortfolge in der Standardsprache, falls er einen Aussagesatz (Verbzweitsatz) realisieren will. Der Sprecher hat den Beginn seiner Äußerung also schlecht gewählt.[7]

Diese Interpretation wird durch Besonderheiten des Platzhalter-Gebrauchs gestützt.

---

7 Müller (2005: 307) interpretiert eine Struktur mit zwei (oder mehr) Satzgliedern in Spitzenposition daher als Phrasen eines (vorerst) leeren Kopfes.

3.5.5.3 Eine analoge Situation: Platzhalter

Eine analoge Situation finden wir im Zusammenhang mit dem Begriff des *Platzhalters* in Sätzen wie (102) vor.

(102) a. *Dass ich gefeiert habe, darauf* habe ich bereits verwiesen.
b. *Wer anderen eine Grube gräbt, der* fällt selbst hinein.

Durch den Platzhalter wird das eigentliche Subjekt/Objekt wieder aufgenommen, und zwar so, als begänne der Satz erst hier.

Standardsprachlich geht der Platzhalter eigentlich voran:

(103) a. Ich habe bereits *darauf* verwiesen, dass ich gefeiert habe.
b. ... weil d*er* selbst hinein fällt, der anderen eine Grube gräbt.
(104) a. Ich habe bereits *darauf,* dass ich gefeiert habe verwiesen.
b. ... weil d*er,* der anderen eine Grube gräbt, selbst hinein fällt.
(105) a. *Darauf,* dass ich gefeiert habe, habe ich bereits verwiesen.
b. *Der,* der anderen eine Grube gräbt, fällt selbst hinein.

Die Nachstellung des Platzhalters ist in Fällen wie (102) bereits standardsprachlich. Standardsprachlich ist die Nachstellung insbesondere dann, wenn Relativpronomen und Platzhalter-Pronomen nicht im gleichen Kasus stehen oder wenn ein Präpositionalkasus hinzukommt, vgl.:

(106) a. *Wem* das nicht gefällt, *(der)* kann ja gehen.
   b. *Wer* nicht bleiben will, *dem* kann ich nicht helfen.
   c. *Wer* nicht zur Zeit kommt, *auf den* ist kein Verlass.
   d. *Auf wen* Emil vertraut, *dem* folgt er blind.

Die Wiederaufnahme durch den Platzhalter dient der Verständnissicherung. In (106b,c,d) ist der Platzhalter wahrscheinlich aus diesem Grunde obligatorisch.
Eine *andere Möglichkeit* der Erklärung der Spitzenposition von zwei Satzgliedern, die zumindest bei konjunktionalen Nebensätzen greifen könnte, nimmt das Konzept der *konzeptuellen Anpassung* zu Hilfe. Vergleichen wir (92), jetzt wieder aufgenommen als (107a), und ein weiteres Beispiel (107b).

(107) a. Kohlhaas, *indem er demselben näher rückte*, sagte ...
   b. An Tagen, *wenn es mir schlecht geht*, lache ich oft einfach viel, ... Augustin Februar 2006, S. 27

Die Umstellproben (108) scheinen eine leichte Bedeutungsänderung mit sich zu bringen.

(108) a. Kohlhaas sagte, *indem er demselben näher rückte*, ...
   b. An Tagen lache ich oft einfach viel, *wenn es mir schlecht geht*, ...

Daraus könnten wir schlussfolgern, dass wir die Nebensätze in (107) attributiv auffassen sollten, und zwar jeweils analog zu einem Relativsatz:

(109) a. Kohlhaas, *der* demselben näher rückte, sagte ...
   b. An Tagen, *an denen* es mir schlecht geht, lache ich oft einfach viel, ...

Jedem Relativsatz als Attribut kann man per pragmatischer Implikatur einen bestimmten engeren Sinn zubilligen, z. B. einen modalen oder temporalen, der über die Bedeutung des Relativsatzes hinausgeht.

Die Erklärung für die Voranstellung des konjunktionalen Nebensatzes vor das Verb lautet also, dass die Sprecher/Schreiber so verfahren, weil sie den Sinn, den ein Relativsatz per Implikatur erhalten könnte, durch die Konjunktion semantisch ausdrücken und es dennoch bei der Attribution belassen.

Unabhängig davon, ob wir den Nebensatz als ausnahmsweise zweites Satzglied in Spitzenposition interpretieren oder als einen Attributsatz, bleibt die Abweichung zum typischen Sprachgebrauch erhalten. Denn adverbiale Konjunktionalsätze sind Satzglieder und sollten nicht zusätzlich im Vorfeld stehen, und Attributsätze müssten eigentlich anders eingeleitet werden.

3.5.5.4 Exkurs: Wortgruppe als Satzgliedkern

Typischerweise beziehen sich Attribute auf einzelne Wörter oder auf unabgeschlossene Wortgruppen, d. h. Wortgruppen noch ohne Artikel oder Präpositionen, vgl. 3.6., vgl.:

(110) a. der [*gute* Freund]
   b. der [*fremde* [gute Freund]]
(111) a. die [Begegnung [*mit den Freunden*]]
   b. die [*gestrige* [Begegnung [mit den Freunden]]]

Eine *Besonderheit von Appositionen* ist es, dass sie sich attributiv auf Wortgruppen beziehen, die durch Artikel und/oder Präpositionen abgeschlossen sind, vgl.:

(112) a. Er dachte [[an den guten Freund], [*diesen seltsamen Menschen*]].
   b. [[In Wien] [*in der Porzellangasse*]] kann man auf Doderers Spuren marschieren.

Marginal gibt es auch gewisse Spezifizierungen zu präpositionalen Wortgruppen und zu Konjunktionalsätzen, die man nicht als Appositionen klassifizieren kann:

(113) a. [*genau* [_PP_über dem Tisch]], [mitten [_PP_auf dem Dach]]
   b. [*gerade* [_CP_als er gehen wollte]], [*besonders* [_CP_weil du das gesagt hast]]

Hier stoßen wir, wie auch in anderen Fällen, an eine Grenze der Satzgliedanalyse.

Innerhalb eines X'-Formats handelt es sich um *Spezifikatoren* zu Präpositionen und Konjunktionen als Köpfen von Präpositional- und Complemtiererphrasen.

Funktionale Köpfe berücksichtigt die Satzgliedanalyse nicht. Präpositionen und Konjunktionen sind weder Satzglieder, noch Gliedkerne, noch Attribute. Wir wollen die Adverbien in (113a) als Attribute zu einer Präpositionalphrase auffassen. Es handelt sich dann aber um eine besondere Art von Attributen, nämlich solche, die sich auf Präpositionalphrasen insgesamt beziehen, obwohl es sich nicht um Appositionen handelt. Bei Konjunktionen, also in (113b) kann man diesen Spezifikator wegen des Bezuges auf den zu Grunde liegenden Nebensatz nicht als Attribut ansehen, sondern muss ihn als Adverbialbestimmung auffassen, als eine *ausnahmsweise* der Konjunktion vorangestellte Adverbialbestimmung, die sich *ausnahmsweise* nicht auf das Prädikat im Nebensatz im Engeren bezieht, sondern auf den Nebensatz insgesamt.

Fuhrhop/Thieroff (2005: 322ff.) interpretieren diese Adverbien als Attribute zu Präpositionen und Konjunktionen. Das hebt den Begriff des Attributs als Satzgliedteil auf. Ein Attribut wäre dann nur noch allgemein ein Dependens.

3.6 Attributhierarchie und Satzgliedhierarchie

Stellen wir uns die Attributpfeile in (114) um 90° gedreht vor und nehmen wir die Richtungsangabe (die Pfeilspitze) weg, erhalten wir Konstituentenstrukturdarstellungen (115).

(114)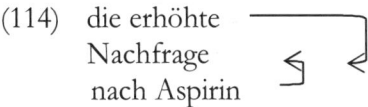
die erhöhte
Nachfrage
nach Aspirin

(115)
die erhöhte Nachfrage nach Aspirin

Die Konstituentenstruktur können wir komplettieren, indem wir z. B. Artikel und Präpositionen, die in der Satzgliedanalyse aus der Betrachtung herausfallen, einbeziehen:

(116)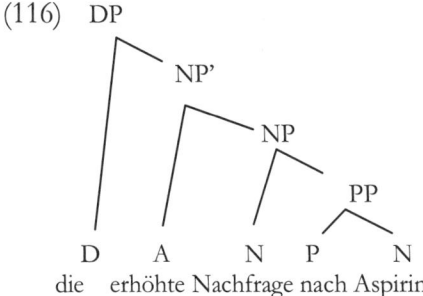

Der Konstituentenbaum (116) gibt Fragen auf. Auch eine andere Hierarchie (117) scheint möglich, sogar nahe liegend.[8]

(117)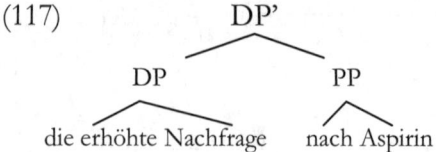

In (117) werden zwei Wortgruppen kombiniert, eine substantivische Wortgruppe (DP) und eine präpositionale (PP), gewissermaßen eine Addition. Die Wortgruppe [*nach Aspirin*] ist dann Attribut zur Wortgruppe [*die erhöhte Nachfrage*]. Das ist eine Struktur nicht mit einem Substantiv als Kern, sondern mit einer substantivischen Wortgruppe als Kern, wie wir sie bei Appositionen als Untergruppe der Attribute antreffen, vgl. 3.5.5.1. Die Konstituentenstrukturanalyse und die X'-Analyse gehen wesentlich hierarchischer vor. Syntax wird als Integration oder Inkorporation aufgefasst und weniger als additive Kombination, vgl. auch Kapitel 14.1. Die Struktur sieht wie eine Zwiebel oder eine Matroschka aus und nicht wie eine Perlenkette. Wortgruppen werden von Wörtern als Kernen von Phrasen konstituiert. Diese holen gewissermaßen ihre Begleiter (Komplemente, Adjunkte und Spezifikatoren) zu sich *in* die dadurch entstehende und sich auffüllende Wortgruppe hinein wie gefräßige Fische. Die einen verschlingen die anderen, und diese verschwinden zusammen mit ihrer Beute im Bauch der nächsten. Wir können die Kerne auch mit Keimen vergleichen. Sie werden vom Sprecher zum Keimen gebracht, abhängig von dem jeweiligen Bedarf nach Differenzierung.

---

8   Die Platzierung des Artikels ist für die Satzgliedanalyse nicht von Belang. Daher sparen wir dieses Problem aus.

3.6 Attributhierarchie und Satzgliedhierarchie

Das Prinzip der hierarchischen Verschachtelung gilt auch in der Satzgliedanalyse. Denn es bleibt auch für die Satzgliedanalyse ein Problem, wie wir die Attribute hierarchisieren. Sollen wir die Wortgruppe [*die erhöhte Nachfrage nach Aspirin*] wie oben (114) bzw. (115) analysieren oder wie (118) bzw. (119)?

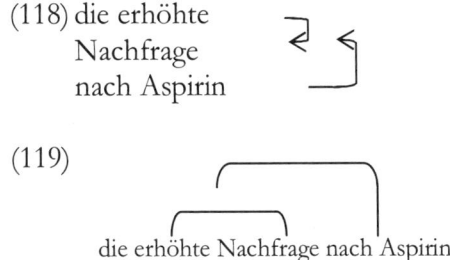

(118) die erhöhte
 Nachfrage
 nach Aspirin

(119)

die erhöhte Nachfrage nach Aspirin

Wenn wir Vorgaben der X'-Theorie folgen wollen, dann müssen wir die Analyse (114) vornehmen. In der X'-Theorie (und auch in der Valenztheorie) gilt die Formel ‚Komplement vor Adjunkt'. Die PP [*nach Aspirin*] ist Komplement zu *Nachfrage* und das Adjektiv *erhöhte* ist Adjunkt. Also sollten zunächst [*nach Aspirin*] auf *Nachfrage* und dann *erhöhte* auf das Ganze bezogen werden und nicht umgekehrt, wie in (118), und wegen des Hierarchieprinzips auch nicht parallel, wie in (120) bzw. (121).

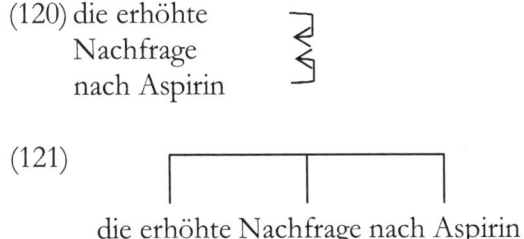

(120) die erhöhte
 Nachfrage
 nach Aspirin

(121)

die erhöhte Nachfrage nach Aspirin

Dass [*nach Aspirin*] Komplement ist und *erhöhte* Adjunkt, ergibt sich aus der Valenz. Ergänzungen werden vom Valenzträger „verlangt" und gehören u. a. in diesem Sinne enger zu ihm als Angaben, die „frei" hinzugefügt werden. Diesem Gesichtspunkt entspricht in der X'-Theorie die Festlegung, dass Komplemente Expansionen des Kopfes auf der untersten Ebene der Hierarchie sind und in der Konstituentenstruktur am engsten zum Kopf gehören.

Die Konstituentenstruktur ist damit eine Struktur auf einer Ausgangsebene, der Ebene der so genannten Tiefenstruktur. Auf einer späteren Ebene, der Ebene der so genannten Oberflächenstruktur, kann sie durch Bewegungstransformationen abgeändert werden.

Dass Sätze eine Konstituentenstruktur besitzen, dass es also Hierarchien gibt, ist eine theoretisch und empirisch zwingende Annahme. Die Sprecher/Hörer bilden und verstehen Sätze nicht monoton Wort für Wort, sondern schrittweise hierarchisch.

Das lässt sich durch Substitutionen leicht verifizieren. In (35) ist [*die erhöhte Nachfrage nach Aspirin*] durch das Pronomen *sie* substituierbar. Daraus kann man ersehen, dass es sich um Wörter handelt, die zu einer Wortgruppe gehören. Aber wie die hierarchische Verschachtelung zwischen elementaren Wortgruppen und größeren bis zur Satzebene konkret erfolgt, dafür kann es mehrere Optionen geben, und diese sind theorieabhängig, vgl. z. B. Hamm/Grewendorf/Sternefeld (1988), Welke (2002).

Es scheint uns jedoch nicht sicher zu sein, dass das Verhältnis *Komplement – Adjunkt* im Bereich der Attribute, aber auch auf der Satzebene, ein absoluter Richtwert ist. So könnte man dafür plädieren, dass bei unserem Beispiel (114) nicht *Nachfrage* und [*nach Aspirin*] enger zusammengehören, sondern zunächst *erhöhte* und *Nachfrage* wie in der Analyse (118). Das könnte man damit begründen, dass [*erhöhte Nachfrage*]

3.6 Attributhierarchie und Satzgliedhierarchie

eine häufige Kollokation ist. Von einer erhöhten Nachfrage ist sehr oft die Rede. Folglich könnte man auch sagen: Es geht um eine erhöhte Nachfrage, und zwar nach Aspirin.

Bei der Attributhierarchisierung kommt uns entgegen, dass die Wortstellung hier strenger nach der Zusammengehörigkeit geregelt ist als auf der Satzebene. Zum Beispiel steht in Nominalphrasen in der Regel das Komplement adjazent zum Kopf und kein Adjunkt dazwischen, vgl.:

(122) a. die Nachfrage nach Aspirin im vergangenen Jahr
 b. ?die Nachfrage im vergangenen Jahr nach Aspirin
 c. ?nach Aspirin die Nachfrage im vergangenen Jahr
(123) a. die Beobachtung der Diebe nach dem Einbruch
 b. *die Beobachtung nach dem Einbruch der Diebe
(124) a. die Beobachtung der Diebe durch die Polizei
 b. *die Beobachtung durch die Polizei der Dieb.

In der Standardsprache[9] können wir also in der Regel relativ problemlos auf der Wortgruppenebene unterhalb der Satzebene ohne Verletzungen der aktuellen Wortfolge hierarchisch gliedern.

Dem kommt auch entgegen, dass Attribute sowohl vor als auch nach einem substantivischen Kern stehen können. Dadurch haben wir stets zwei Optionen ohne Verletzung der aktuellen Wortfolge, z. B. in (114) versus (118).

Auch bei der Adjektivphrase halten wir andere Entscheidungen für möglich. Betrachten wir die DP [*die in Berlin gehegte Hoffnung*].

Dem X'-Schema folgend sollten wir eine Adjektivphrase [*in Berlin gehegte*] ansetzen:

---

9 Im Bereich der (gesprochenen) Umgangssprache wird diese strenge Abfolge vielfach verletzt. Hier kommen auch Folgen vor wie (123b) und sogar (124b).

(125) die in Berlin
 gehegte
 Hoffnung

Wir lassen aber auch die Gliederung (126) zu.

(126) die in Berlin
 gehegte
 Hoffnung

Wir beziehen die Attribute jedoch nicht parallel auf den Kern der NP *Hoffnung*. Also analysieren wir nicht wie in (127).

(127) die in Berlin
 gehegte
 Hoffnung

Im Bereich der adjektivischen Attribute gibt es aber auch Parallelzuordnungen, d. h. koordinierte Adjektive. Die Attribute in (128) können hierarchisch aufgefasst werden (129) oder koordinativ (130). Im zweiten Fall (130) kann die koordinierende Konjunktion *und* eingefügt werden. Daraus folgt die Interpunktionsregel (Komma im Falle der koordinativen Auffassung).

(128) der gute liebe Vater

(129) der gute
 liebe
 Vater

3.6 Attributhierarchie und Satzgliedhierarchie

(130)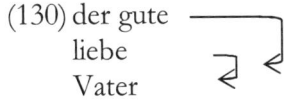
der gute
liebe
Vater

Die Existenz von Attribut- und Konstituentenstruktur-Hierarchien ist nicht zu bestreiten. Wir meinen auch, dass man Hierarchien bei der Satzanalyse so weit wie möglich berücksichtigen sollte. Es würde jedoch einerseits über die Zielsetzung einer Einführung in die Satzgliedanalyse hinausgehen, zwingende Gesichtspunkte vorgeben zu wollen, wie im Einzelnen zu hierarchisieren ist. Andererseits halten wir es für generell offen, wie strikt die Vorgaben der Hierarchisierung der Konstituentenstruktur überhaupt sind. Das hängt mit ungeklärten Fragen nach dem Status von Tiefen- und Oberflächenstruktur zusammen.

Zu fragen bleibt, warum wir Hierarchien bei den Attributen berücksichtigen, bei Satzgliedern 1. Grades aber nicht.

Wir können uns zunächst auf eine Tradition berufen: Die Hierarchisierung der Attribute ist bereits in der traditionellen Festlegung enthalten, dass Attribute Satzglieder 2., 3. usw. Grades sind. Bei Satzgliedern 1. Grades wird traditionell Hierarchie nicht berücksichtigt, wie sich in dem undifferenzierten Ausdruck *1. Grades* zeigt.[10]

Wir fügen als Argumente hinzu: Durch die Verschachtelungen von Attributen auf der Wortgruppenebene unterhalb der Satzebene kommt sehr viel Hierarchie und damit Struktur in den Satz hinein. Diese können wir mit dem Attributbegriff erfassen – ohne auf gravierende Probleme aus der aktuellen Wortfolge zu stoßen.

---

10 Karl Ferdinand Becker, der Klassiker der Satzgliedanalyse, berücksichtigte Konstituentenhierarchien in seiner Satzgliedtheorie, und zwar im Prinzip genau so, wie sie in der heutigen Konstituentenstrukturgrammatik vorkommen, vgl. Kapitel 9.

Nun gibt es aber auch auf der Satzebene Hierarchien. Hier entsteht jedoch ein Problem, das auf Wortgruppenebene unterhalb der Satzebene so nicht vorhanden ist. Auf der Wortgruppenebene unterhalb der Satzebene ist die Wortstellung relativ *fest*. Auf der Satzebene ist die Folge der einzelnen Stellungsglieder im Deutschen relativ *frei*. Noch freier ist sie im Lateinischen. Weniger frei ist sie im Englischen. Das heißt, es gibt im Deutschen eine Vielzahl von möglichen Abfolgen auf der Satzebene. Andererseits kann man gewisse Normalfolgen feststellen, von denen die Sprecher aus bestimmten pragmatischen Gründen abweichen, um z. B. etwas hervorzuheben. Dem entspricht die Auffassung, dass es eine gewissermaßen originäre Konstituentenstruktur gibt: eine so genannte syntaktische Tiefenstruktur. Für diese ist die Normalstellung ein Indiz. So entnimmt man gewissen Wortstellungsregularitäten, dass Komplemente, Adjunkte und der Spezifikator (also im Wesentlichen Objekte, Adverbialbestimmungen und das Subjekt) in dieser Reihenfolge in der Tiefenstruktur Konstituentenstrukturen mit dem Prädikat bilden. Man nimmt an, dass sie in dieser Reihenfolge enger zum Prädikat gehören und dass diese Enge der Zusammengehörigkeit trotz Abwandlungen der Wortfolge erhalten bleibt.

Zum Beispiel ist die traditionelle Annahme von großer Evidenz, dass es komplexe Prädikate gibt, die sich im Deutschen zu einem prädikativen Rahmen entzweien können. Daraus folgt, dass ihre Bestandteile trotz räumlicher Trennung eine syntaktische Einheit bleiben, also *eine Konstruktion*. Aus der Kopplung an eine Normalfolge folgt dann in der generativen Grammatik der Rückschluss, dass im Deutschen die Verbendstellung, also eine Folge, die im Nebensatz vorliegt, die Normalfolge ist. Denn im Deutschen spiegelt sich in der Normalfolge eines Nebensatzes mit Verbendstellung die angenommene Konstituentenhierarchie am besten wider.

3.6 Attributhierarchie und Satzgliedhierarchie 133

(131)

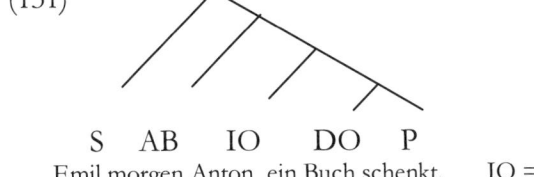

S   AB   IO   DO   P
Emil morgen Anton ein Buch schenkt.   IO = indirektes Objekt
DO = direktes Objekt

Wir könnten diese kanonischen Hierarchien in unserem Schema unterbringen und Pfeile zeichnen mit dem Prädikat als Kopf:

(132) Emil   S
      morgen   AB
      Anton   IO
      ein Buch DO
      schenkt. P

Um 90° gedreht erhalten wir den kanonischen Konstituentenbaum (52). Stets würde die gleiche Information wiederkehren.

Eine Berücksichtigung der Konstituentenstruktur auf Satzebene findet sich in der Satzgliedanalyse jedoch im Wesentlichen nur bei komplexen Prädikaten und beim Verhältnis Satzglied – Attribut. Wenn man Prädikate ansetzt, die beispielsweise aus Hilfsverb + Infinitiv oder Hilfsverb + Partizip II gebildet sind, dann sagt man damit automatisch, dass diese in sich enger zusammen gehören als jeder ihrer Bestandteile zu anderen syntaktischen Einheiten. Wir kennzeichnen das durch die Notation P_1, P_2. Im Falle von Attributen, die aus einer adjazenten Position bewegt worden sind, wählen wir je nach Satzgliedart S_1, S_2, O_1, O_2 usw.

Die engere oder losere Zusammengehörigkeit der einzelnen Satzglieder in der Tiefenstruktur lässt sich mit den Notationsmöglichkeiten der Satzgliedanalyse jedoch in den zahlreichen Fällen der Abweichung von einer (angenommenen) Normalfolge nicht mehr realisieren. Denn wir hätten auf der Ebene der Satzglieder bei nahezu jeder Abweichung der Wortstellung, d. h. bei nahezu jedem Hauptsatz, das gleiche Problem wie die Konstituentenstrukturgrammatik. Die Pfeile würden sich überschneiden:

(133) Emil   S
      gibt   P
      morgen   AB
      dem Lehrer O
      das Buch. O

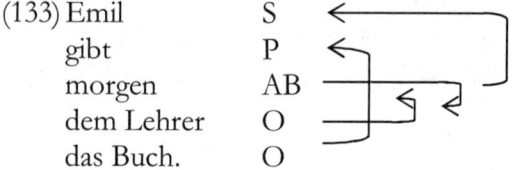

Auch für den Satz, der der Darstellung (133) zu Grunde liegt, sollte gelten, dass [*ein Buch*] als direktes Objekt in einer angenommenen Tiefenstruktur am Engsten zum Prädikat *gibt* gehört. Es steht aber am Weitesten von ihm entfernt. Das lässt sich in Konstituentenstrukturdarstellungen nicht unmittelbar veranschaulichen. Denn diese sind im Allgemeinen so beschaffen, dass sie zunächst eine bestimmte Abfolge der syntaktischen Einheiten zu Grunde legen müssen. Was zusammen gehört, muss auch zusammen stehen. Sonst würden sich in den entsprechenden Bäumen die Zweige überschneiden. Man muss, wenn man Überschneidungen nicht zulassen will, mit Transformationen arbeiten, so genannten Bewegungstransformationen. So verfährt man in der kanonischen X'-Analyse. Das ist aber in dem gewählten Analyse-Format der Satzgliedanalyse nicht darstellbar. Es ist auch nicht notwendig. Denn es gibt elementare Grundprinzipien der Konstituentenabfolge in der Tiefenstruktur wie die in (132) dokumentierten.

Wollten wir bei der Abfolge der Satzglieder wie bei den Attributen verfahren und die Hierarchien der *konkreten* Wortfolge entsprechen lassen, würde sich eine weit größere Variabilität – und damit Beliebigkeit – einstellen als bei Attributen. Denn fast alle Abfolgen sind möglich.

Hierarchien auf der Wortgruppenebene unterhalb der Satzebene (im Bereich des Attributbegriffs) berücksichtigen wir, weil wir damit Wesentliches über die Struktur deutscher Sätze aussagen können. Es kommt hier nicht zu Widersprüchen mit der konkreten Wortfolge. Es gibt aber, wie wir gesehen haben, Alternativen. Wir folgen z. T. Vorgaben aus der X'-Theorie. Wir schließen andere Optionen nicht aus. Primäres Ziel ist die Unterscheidung von Attributen und Satzgliedern 1. Grades. Das schließt, wenn nicht Koordination vorliegt, Attribut-Hierarchien ein. Sekundär ist es, ob die in der Analyse festgestellte Attribut-Hierarchie die nach genauer Prüfung angemessenste ist.

3.7 Zusammenfassung

Beziehen wir uns auf das Gros der auftretenden Fälle, sind Dependenz, Adjazenz, Erstpositionsregel und Umstellprobe verlässliche Kriterien für die Unterscheidung von Satzgliedern und Attributen. Wir können sie in unseren Analysen der Reihe nach anwenden. Meist reicht der intuitive Befund der Dependenz. Wir können aber auch auf Kriterien für Dependenz zurückgreifen. Abhängige Elemente sind weglassbar und/oder regiert.

4 Subjekt

Wollten wir die Reise durch die Satzgliedlandschaft so fortsetzten, wie wir sie im Attributkapitel begonnen haben, dann sollten wir als nächsten Schritt Prädikate und Argumente behandeln (Prädikat, Objektsprädikativ, Subjektsprädikativ) und dann zu den Modifikatoren übergehen (Adverbialbestimmung, freies Prädikativ). Wir überspringen jedoch zunächst das Prädikat und setzten beim Subjekt an.

Dennoch beginnen wir die konkreten Satzgliedanalysen stets mit der Ermittlung des übergeordneten Prädikats, d.h. beim Prädikat des Hauptsatzes. Dann kann man mit dem Subjekt fortsetzen, aber auch mit dem Objekt oder einer Adverbialbestimmung im Hauptsatz. Zur Abfolge der einzelnen Schritte vgl. Kapitel 2 und 10.

Schwierigkeiten der Analyse des Subjekts können aus folgenden Problemen resultieren: fehlendes Subjekt, Unterscheidung von Subjekt und Objekt, Unterscheidung von Subjekt und Subjektsprädikativ. Daraus ergibt sich die Gliederung dieses Kapitels.

4.1 Fehlendes Subjekt

Sätze besitzen im Deutschen in der Regel ein Subjekt. Also muss man sich fragen, wo es steckt. Oft findet man es, indem man andere Optionen ausschließt. Es gibt einige reguläre Fälle eines fehlenden Subjekts und einige Idiosynkrasien (Einzelfälle). Regulär fehlen Subjekte in folgenden Konstruktionen:

Imperativsatz

(1) Komm bitte sofort!

Unpersönliches Passiv
Das unpersönliche Passiv besitzt kein Subjekt oder nur das grammatische Subjekt *es*, da es entweder auf einen Aktivsatz ohne Akkusativobjekt zurückgeht (2a) oder auf einen Aktivsatz, dessen Akkusativobjekt nicht zum Subjekt promoviert worden ist (2b).

(2) a. Dir wird nicht geholfen.
    b. Hier wird fleißig gelesen.

In (2a,b) stehen andere Satzglieder im Vorfeld, ein Objekt in (2a) und eine Adverbialbestimmung in (2b). Wenn das nicht der Fall ist, wird das Vorfeld durch das *grammatische* Subjekt *es*, das so genannte *Vorfeld-es*, besetzt, vgl. (3).

(3) a. Es wird fleißig gelesen.
    b. Es wird gesungen.

Infinitivkonstruktion
Insbesondere bei Infinitivkonstruktionen kann es passieren, dass man ein Objekt, wie z. B. das Pronomen *sie* in (4), für das fälschlich erwartete Subjekt hält.

(4) Er hofft immer noch, *sie zu überzeugen*.

Partizipialkonstruktion

(5) *Ihn keines Blickes würdigend*, verließ sie den Raum.

Randfälle sind u. a.:

(6) a. Mich friert/hungert/dürstet.
     b. Mir ist kalt/schwindlig/übel.

Gelegentlich wird in Fällen wie (2a) oder (6b) von einem „Dativsubjekt" gesprochen. Das berührt komplizierte Fragen grammatischen Wandels. Wir sind sowohl aus formalen als aus semantischen Gründen gegen einen solchen Sprachgebrauch.

Ein Subjekt ist nahezu ausschließlich ein Substantiv, Pronomen oder eine substantivische Wortgruppe (NP bzw. DP) im *Nominativ* – oder ein Nebensatz oder eine Infinitivkonstruktion.

Ausgeschlossen sind im Wesentlichen andere Kasus oder Präpositionalphrasen. Völlig untypische Subjekte finden wir in den Sätzen (7):

(7) a. *Meines Bleibens* ist hier nicht länger.
     b. *An die Zehntausend* waren anwesend.

Über das Gesagte hinaus gibt es zwei Schwierigkeiten der Bestimmung. Sie betreffen zum einen das Verhältnis von Subjekt und Objekt und zum anderen das Verhältnis von Subjekt und Subjektsprädikativ.

4.2 Subjekt und Objekt

Nominativ und Akkusativ sind häufig synkret (nicht unterschieden), nämlich im Femininum, im Neutrum und im Singular Maskulinum, vgl.:

(8) a. Viele Fehlerquellen gibt es hier.
    b. Es gibt keine weißen Mäuse.

Das Pronomen *es* in (8a) ist grammatisches Subjekt wie in (9a). Ihm steht in (8a) kein weiterer Nominativ gegenüber wie in (9b), sondern ein Akkusativobjekt [*viele Fehlerquellen*].

(9) a. Es regnet/schneit/donnert/klingelt/klopft.
    b. Es war einmal ein König.

Gelegentlich können wir nicht mehr sagen, als dass eine von zwei Determinatorphrasen das Subjekt und die andere das Objekt ist. Wir können (10a) also bestimmen als (10b) oder als (10c).

(10) a. Das/jenes betrifft nicht das/dieses.
     b. Das/jenes$_{Subjekt}$ betrifft nicht das/dieses$_{Objekt}$.
     c. Das/jenes$_{Objekt}$ betrifft nicht das/dieses$_{Subjekt}$.

Viele Sätze sind Handlungssätze mit deutlich unterschiedenen Agens- und Patiens-Rollen. Hier geht das Subjekt typischerweise voran. Ihm ist in einem solchen Fall außerdem typischerweise die Rolle Agens zugeordnet.

Wenn Subjekt und Objekt nicht anderweitig durch einfache Kasus oder Präpositionalkasus unterschieden sind, ist im Deutschen (wie im Englischen) die Voranstellung das grammatische Kennzeichen des Subjekts.[1] In einem Satz wie (11) wird man folglich *Emil* als Täter (Agens) und *Egon* als Opfer (Patiens) und daher *Emil* als Subjekt und *Egon* als Objekt analysieren.

(11) Emil verhaut Egon.

Es ist im Deutschen möglich, das Objekt zu topikalisieren, wenn Kasusformen die Differenzierung leisten:

(12) Den Egon verhaut der Emil.

Aber auch in (13) wird der Hörer/Leser wahrscheinlich das vorangehende Substantiv als Objekt analysieren, weil ihm sein Weltwissen sagt, dass es im Allgemeinen nicht die Mäuse sind, die die Katzen fangen.

(13) Mäuse fangen Katzen.

Wir müssen bedenken, dass auch Nebensätze oder Infinitivkonstruktionen Subjekt oder Objekt sein können. In (14) ist die Infinitivkonstruktion bzw. der Nebensatz Subjekt, und das Pronomen *es* ist Platzhalter des Subjekts.

(14) a. Es ist wichtig, ihn zu fragen.
     b. Es ist richtig, dass du kommst.

---

1 In diesem Fall verfährt das Deutsche wie das Chinesische oder das Englische, d. h. wie eine isolierende Sprache.

In (15) handelt es sich bei den Nebensätzen um Objekte. Das erkennt man daran, dass Subjekte vorhanden sind.

(15) a. Ich fürchte, dass er kommt.
 b. Ich betrachte es als richtig, dass er kommt.
 c. Bist du sicher, dass er kommt?

Im Grenzfall kommen beide Möglichkeiten zusammen (Infinitivkonstruktion als Subjekt und Objekt).

(16) Ihn nicht zu fragen, bedeutet, ihn vor den Kopf zu stoßen.

Wieder werden wir per default die erste Infinitivkonstruktion als Subjekt einstufen und nicht die zweite.

4.3 Subjekt und Subjektsprädikativ

Subjektsprädikative können u. a. Substantive (oder substantivische Wortgruppen), Adjektive (oder adjektivische Wortgruppen), Nebensätze oder Infinitive bzw. Infinitivkonstruktionen sein. Als Substantiv steht das Subjektsprädikativ wie das substantivische Subjekt im Nominativ. Es wird auch *Gleichsetzungsnominativ* genannt.

Wie bei der Subjekt-Objekt-Differenz sind wir (und der Hörer/Leser) auf bestimmte Indizien angewiesen – mit der bequemen Folge, dass keine Lösung als kategorisch falsch angestrichen werden kann.

Die vorangestellte NominativNP ist typischerweise das Subjekt. Ein anderes Indiz resultiert aus der Default-Qualität des Subjekts als Thema des Satzes. Thema ist der Gegenstand, über den der Sprecher reden will. Ein Sprecher wird normalerweise vom Bekannten ausgehen. Das Thema als

Gegenstand der Mitteilung ist in der Regel also auch das Bekannte, vgl. Welke (1992). Das Bekannte sollte definit sein und das Unbekannte indefinit, vgl. die ersten beiden Sätze aus Gottfried Keller, Kleider machen Leute.

(17) An einem unfreundlichen Novembertage wanderte *ein* armes Schneiderlein auf der Landstraße nach Goldach, einer kleinen reichen Stadt, die nur wenige Stunden von Seldwyla entfernt ist. *Der* Schneider trug in seiner Tasche nichts als einen Fingerhut, ...

Wenn eine der beiden DP definit ist (z. B. mit definitem Artikel steht) und die andere indefinit (z. B. mit indefinitem Artikel steht), so gilt per default: Die definite DP ist das Subjekt und die indefinite das Subjektsprädikativ. Auf das Pronomen *du* in (18a) treffen beide Kriterien (Definitheit und Erstplatzierung) zu. Auf das Pronomen *du* in (18b) nur die Definitheit. Definitheit sollte per default das stärkere Kriterium sein. Das Pronomen sollte also weiterhin als Subjekt bestimmt werden.

(18) a. *Du* bist ein Schlaumeier.
 b. Ein Schlaumeier bist *du*.

Nebensätze und Infinitivkonstruktionen können ebenfalls Subjekte und/oder Subjektsprädikative sein. Auch hier spielen Position in der Wortfolge und Definitheit eine Rolle. In (19a) muss man den Nebensatz (Relativsatz) [*was ich immer befürchtet hatte*] als Subjekt analysieren, in (19b) sollte man ihn als Subjektsprädikativ bestimmen.

(19) a. Was ich immer befürchtet hatte, ist eingetreten.
 b. Das ist, was ich immer befürchtet hatte.

4.3 Subjekt und Subjektsprädikativ

Ein weiteres Pronomen *das* wie in (20) ist Platzhalter.

(20) a. Das, was ich immer befürchtet hatte, ist eingetreten.
     b. Das ist das, was ich immer befürchtet hatte.

Adjektive können nicht Subjekte sein. Als solche müssten sie substantiviert werden. Über die Unterscheidung von Subjekt und Subjektsprädikativ ist damit für diesen Fall entschieden:

(21) a. Faul ist er.
     b. Der Faule ist klug.
     c. *Faul ist klug.
     c. Faul sein ist klug.

5 Objekt

Wir beschränken uns auf Probleme der Abgrenzung von Objekten und Adverbialbestimmungen. Diese Abgrenzung entspricht der von Ergänzungen (Argumenten) und Angaben (Modifikatoren). Aus Problemen, die in diesem Zusammenhang entstehen, ergibt sich der Begriff des *Direktivums*.

5.1 Adverbialbestimmung und Direktivum

Subjekte und Objekte sind typischerweise Nominalphrasen bzw. Determinatorphrasen und nicht Präpositionalphrasen. Adverbialbestimmungen dagegen sind Adverbien oder präpositionale Wortgruppen. Davon gibt es einige geringfügige Abweichungen wie das präpositionale Subjekt in (1) und einige Adverbialbestimmung im reinen Kasus wie in (2) und eine gundsätzliche Abweichung, wie sich in (3) zeigt.

(1) *An die Zehntausend* waren anwesend.

(2) a. Er schläft *den ganzen Tag*.
     b. Ich sage das *reinen Gewissens*.
     c. *Eines Tages* war er wieder da.

(3) a. Er pocht *auf den Tisch*. (Adverbialbestimmung)
    b. Er pocht *auf sein Recht*. (Objekt)

Die grundsätzliche Abweichung (3b) gegenüber der typischen Verteilung resultiert aus dem Umstand, dass es auch *präpositionale Objekte* gibt. Zwar nicht Adverbien, aber präpositionale Wortgruppen können entweder Objekte oder Adverbialbestimmungen sein. So hat man *auf den Tisch* in (3a) als Adverbialbestimmung zu analysieren und *auf sein Recht* in (3b) als Objekt, Beispiele nach Jung (1953: 52).

Wir sehen hier eine Semantik am Werke, die unabhängig von Syntaktisch-Strukturellem vorgeht. Man richtet sich nur danach, ob etwas konkret lokal aufzufassen oder nicht. Es handelt sich um eine Adverbialbestimmung, wenn die Präpositionalphrase eine konkret lokale Bedeutung hat und um ein Objekt, wenn sie im übertragenen Sinne, also irgendwie abstrakter und nicht konkret räumlich, zu verstehen ist.

Verallgemeinert können wir sagen: Die Satzgliedanalyse folgt einer elementaren Ontologie, nach der man unterscheidet (1) in *Handlungen, Tätigkeiten, Zustände*, die durch *Prädikate* denotiert werden, (2) in *Dinge* (in einem konkreten oder übertragenen Sinne), die von *Objekten* denotiert werden und in lokale, temporale usw. zusätzliche *Umstände*, die von *Adverbialbestimmungen* denotiert werden.

Aus der Valenztheorie kommt die Anregung, hier stärker formalsyntaktisch zu differenzieren. Wir ersetzen den Terminus der Adverbialbestimmung im Falle von (3a) durch den Terminus *Direktivum*.

Nach Tesnière, dem Begründer der modernen Abhängigkeitsgrammatik, ist jeder Satz gleichsam ein kleines Drama: mit einer Handlung, mit Aktanten und mit Umständen, in denen die Aktanten handeln. Wir meinen, dass in der Tat eine solche elementare Ontologie dem Französischen wie dem Deutschen als so genannten Nominativ-Akkusativ-Sprachen zu Grunde liegt.

Die Aktanten *(actants)* Tesnières sind die Ergänzungen der Valenztheorie bzw. die Argumente der Semantik, und Tesnières Umstände *(circonstants)* sind die Angaben der Valenztheorie bzw. die Modifikatoren der Semantik.

Die Valenztheorie der 60er Jahre hatte versucht, Tesnière folgend, die Unterscheidung von Ergänzungen und Angaben strukturell zu begründen. Man ging mit Tesnière von der Intuition aus, dass Verben Ergänzungen in einer bestimmten Zahl und Art verlangen. Das hatte Tesnière *Valenz* genannt. Die Valenz muss gesättigt werden, wenn grammatisch richtige Sätze entstehen sollen. Darüber hinaus erlauben alle Verben weitere Verbbegleiter in beliebiger Zahl und Art. Das sind die Angaben.

Im Wesentlichen haben sich zwei Kriterien der Abgrenzung von Ergänzungen und Angaben und damit der Valenz von Verben herauskristallisiert: *Obligatheit* und *Rektion*. Ergänzungen sind obligatorisch und/oder regiert. Angaben sind „frei".

Der Rektionsbegriff ist eine Verallgemeinerung der Kasusrektion. Nehmen wir den Ausgangsfall der Valenz, die Verbvalenz. Wenn man beobachten kann, dass Verbbegleiter in der Umgebung eines Verbs in einer bestimmten morphologisch-syntaktischen Form (z. B. in bestimmten Kasus und mit bestimmten Präpositionen) vorkommen und in der Umgebung eines anderen Verbs in dieser Form nicht vorkommen, dann kann man daraus schließen, dass das betreffende Verb die betreffende morphologisch-syntaktische Form erfordert, d. h. regiert.

Rektion schließt also *Subkategorisierung* ein. Die bestimmte morphologisch-syntaktische Form muss man auf eine *Untergruppe* von Verben eingrenzen können. Erst der Kontrast erlaubt es, auf Abhängigkeit zu schließen. Eine AkkusativNP

5.1 Adverbialbestimmung und Direktivum

wie in (2a) kann bei jedem Verb stehen. Sie ist also nicht regiert. Sie ist auch nicht obligatorisch. Also ist diese AkkusativNP eine Angabe. Die AkkusativNP in (4a) ist regiert, so wie die DativNP in (4b) regiert ist. Denn *unterstützen* schließt den Dativ aus und *helfen* den Akkusativ.

(4) a. Egon unterstützt den Freund.
    b. Egon hilft dem Freund.

In einem verallgemeinerten Sinne ist auch die Präpositionalphrase in (5) regiert. Denn nicht jedes Verb erlaubt den Anschluss einer Präposition + Akkusativ. Man spricht von *Präpositionalkasus*.

(5) Er legt das Buch auf den Tisch.

Auch die Präpositionalphrasen in (3a,b) sind regiert.

Die Sätze (3) und (5) repräsentieren den Hauptfall der Differenz zwischen traditioneller Satzgliedanalyse und Valenztheorie und anderen modernen Syntaxtheorien. Die Satzgliedanalyse geht in diesem Punkt atomistisch und naiv semantisch heran. Sie gliedert die Adverbialbestimmungen rein semantisch in temporale, kausale, lokale usw. Taucht ein semantisch lokaler Fall auf, so analysiert sie diesen unabhängig von weiteren syntaktisch-strukturellen Erwägungen als Adverbialbestimmung. Sie muss dann zwischen Übergängen streng trennen. Denn offensichtlich handelt es sich bei (3a) zu (3b) um einen *metaphorischen* Übergang von einer wörtlichen in eine übertragene Bedeutung. Die Präpositionalphrase in wörtlicher Bedeutung wird als Adverbialbestimmung eingestuft, die Präpositionalphrase in übertragener Bedeutung als Objekt.

Man muss die elementare Ontologie jedoch ausdehnen. Die Sprecher behandeln in einem Sprachtyp wie dem deutschen Orte wie Dinge.[1]

Damit im Zusammenhang steht, dass es zwei Satztypen bzw. Kasustypen im Deutschen gibt: einen „logischen" und einen „lokalistischen". Den ersten Typ repräsentiert ein Satzmodell wie (6), den zweiten ein Satzmodell wie (7).

(6) Nominativ – Dativ – Akkusativ
Emil gibt Anton das Buch.
(7) Nominativ – Akkusativ – Präpositionalkasus
Emil legt das Buch auf den Tisch.

Sowohl in (6) als auch in (7) denotiert das Verb eine dreistellige Relation. Nur denotiert in (7) eines der Argumente kein Ding, sondern einen Ort.

Zwischen beiden Satztypen gibt es Übergänge. Lokalistische Typen werden von den Sprechern/Hörern manchmal logisch gedeutet und umgekehrt. Der wichtigste Entwicklungsstrang führt vom lokalistischen zum logischen Typ, wie im Falle von (3) *auf den Tisch pochen* → *auf sein Recht pochen*. Einen entgegengesetzten Übergang kann man für (8) annehmen.

(8) Emil betrat das Zimmer.

Der *Typ* (nicht der Einzelfall) des präpositionalen Objekts geht diachron auf das lokalistische Modell zurück. In (9a) ist der Übergang noch konkret nachvollziehbar, auch noch in (9b), nicht aber in (10).

---

1 Auf diesen Gesichtspunkt verweisen insbesondere Arbeiten von Jackendoff, z. B. Jackendoff (1983).

5.1 Adverbialbestimmung und Direktivum

(9) a. Er richtet sein Interesse auf diesen Zusammenhang.
  b. Er freut sich auf den Besuch.
(10) a. Er freut sich über den Besuch.
  b. Er denkt an seine Freundin.

Im Althochdeutschen gab es m. E. noch keine präpositionalen Objekte, oder es gab sie erst ansatzweise, Schrodt (p.c. und 2002).

An dieser Stelle könnte man versuchen, korrigierend in die Satzgliedtheorie einzugreifen. Man könnte vorschlagen, alle valenzgeforderten Präpositionalphrasen als Objekte zu bezeichnen und alle nicht valenzgeforderten Präpositionalphrasen als Adverbialbestimmungen. Ziel wäre es, die Termini *Objekt* und *Ergänzung* (Argument) und Adverbialbestimmung und Angabe (Modifikator) in Übereinstimmung zu bringen. Dann wäre die Präpositionalphrase [*auf den Tisch*] in (7) als Objekt zu bestimmen. Eine entsprechende Einteilung findet sich bereits bei Becker, vgl. Kapitel 9.

Allerdings gerät man dann mit dem alltagssprachlichen Gebrauch des Wortes *Objekt* und der Intuition „Objekt" in Konflikt. Objekte sind landläufig Dinge und nicht Orte. Dieser Sprachgebrauch wäre bei einer Präpositionalphrase noch dadurch zu begründen, dass man z. B. in Bezug auf (7) sagen könnte, dass es sich um eine lokale Relation zwischen drei Dingen (bzw. Personen und Dingen) Emil, Anton und Buch, handelt. Aber auch Adverbien sind in dieser syntaktischen Position möglich. Das Adverb in (11) als Objekt einzustufen würde gegen die normalsprachliche Bedeutung von *Objekt* oder *Ding* verstoßen.

(11) Emil legt das Buch dorthin/hinein/runter.

Bereits ein solcher Eingriff in die Satzgliedlehre erscheint daher zu weitreichend.

Aus diesem Grunde haben wir im Kapitel 1 den Terminus *Direktivum* eingeführt. Präpositionalphrasen wie *auf den Tisch* in (7) sind Direktiva. Sie geben eine Richtung an oder eine Herkunft oder einen Weg. Es handelt sich um semantische Rollen von Argumenten. Diese werden in der Grammatik/Semantik auch *goal, source* und *path* genannt.

Wir zeichnen die *Direktiva* als eine gesonderte Art von Satzgliedern aus. Wir grenzen sie terminologisch von den Adverbialbestimmungen ab und sagen, dass es sich um eine besondere Art von *Argumenten* handelt. Dadurch stellen wir sie in den Zusammenhang mit Objekten.

Der Terminus *Adverbialbestimmung* assoziiert die Qualität *Modifikator*. Nehmen wir die Direktiva aus dem Kreis der Adverbialbestimmungen heraus, so entschärfen wir das Problem. Adverbialbestimmung sind dann auch Modifikatoren. Ob man des Weiteren ein Argument *Direktivum* oder *Objekt* nennt, ist eine Entscheidung, die nicht mehr so grundsätzlich ist wie die Unterscheidung zwischen Argument und Modifikator. Sie hängt nur von der Auffassung über den Abstraktionsgrad eines gegebenenfalls metaphorischen Verhältnisses ab. Wenn man meint, dass die Metapher völlig verblasst ist, dann kann man das betreffende Satzglied *Objekt* nennen. Wenn man das nicht meint, dann kann man es *Direktivum* nennen. Man kann aber auch die wörtliche Bedeutung im Auge haben und von *einem Direktivum* sprechen oder eine gegebenenfalls vorhandene übertragene Bedeutung und in diesem Fall von *Objekt* sprechen.

5.2 Weitere Abgrenzungsprobleme

Valenztheoretiker haben es seinerzeit als ihr besonderes Verdienst angesehen, die Satzgliedtheorie zu widerlegen, so Helbig/Schenkel (1971). Sie meinten, zeigen zu können, dass die strukturelle Einteilung *Ergänzung – Angabe* quer durch die Satzglieder geht, dass also mehr oder minder alle Satzglieder Ergänzungen oder Angaben sein können. Die Tabelle (12) zeigt jedoch eine weitgehende Übereinstimmung:

(12) a. Emil raucht. (obl.)   Subjekt
    b. Emil verzehrt ein Brötchen. (obl. und subk.)   Objekt
    c. Emil isst ein Brötchen. (subk.)   Objekt
    d. Emil ist faul/Schüler. (obl. und subk.)   Subjektsprädikativ
    e. Emil nennt Anton faul/Onkel. (subk.)   Objektsprädikativ
    f. Emil malt den Tisch blau. (subk.)   Objektsprädikativ

    g. Emil legt das Buch auf den Tisch. (obl. und subk.)   AB
    h. Emil spuckt aus dem Fenster. (subk.)   AB

    i. Das Buch liegt auf dem Tisch. (obl.)   AB

    j. Emil zerschneidet die Wurst mit dem Messer. (subk.)   AB
    k. Emil benimmt sich abscheulich. (obl.)   AB
    l. Die Sitzung dauert lange. (obl.)   AB
    m Der Mord geschah aus Eifersucht. (obl. und subk.)   AB

Subjekte, Objekte, Subjektsprädikativa und Objektsprädikativa sind Ergänzungen (Argumente). Syntaktische Einheiten, die man traditionell als Adverbialbestimmungen bezeichnet, sind typischerweise Angaben (Modifikatoren). Die Übereinstimmung zwischen traditionellen Adverbialbestimmungen und Angaben durchbrechen die Einheiten, die wir *Direktiva* nennen. Sie werden traditionell Adverbialbestimmungen genannt. Sie sind aber Argumente. Das berücksichtigen wir, indem wir den Terminus *Direktivum* in unser Satzgliedinventar aufnehmen.

Es gibt eine weitere Nichtübereinstimmung und einige Problemfälle. Dabei geht es weiterhin nur um die traditionell so genannten *Adverbialbestimmungen*.

Zu den Ergänzungen (Argumenten) der Valenztheorie kommen auf Grund ihrer Obligatheit einige statische Lokalbestimmungen bei Verben wie *liegen, wohnen, stehen, sich befinden* hinzu. Beim Gros der Verben, z.B. bei *schlafen, arbeiten, bauen*, sind statische Lokalbestimmungen aber Modifikatoren. In der Satzgliedanalyse wollen wir aber durchgängig weiterhin von Adverbialbestimmungen sprechen.

Es gibt einige Problemfälle, bei denen es umstritten ist, ob sie als Ergänzungen oder als Angaben im Sinne der Valenztheorie anzusehen sind. Wir bewerten sie alle als Angaben und folglich in der Satzgliedtheorie als Adverbialbestimmungen.

Dazu gehören die *Instrumentalbestimmungen* und die *von*PP beim *Passiv*. Es handelt sich um ständige Streitfälle. Ungefähr die Hälfte der Arbeiten in der Valenztheorie, aber auch im generativen Paradigma, sehen die Instrumentalia als Argumente an, die andere Hälfte als Modifikatoren.

Krasse Einzelfälle sind die obligatorischen Begleiter von Verben wie *benehmen, dauern, geschehen*.

(13) a. Er benimmt sich *schlecht*.
 b. Die Sitzung dauert *lange*.
 c. Es geschah *um 12 Uhr*.

Wir haben in Welke (1988) vorgeschlagen, diese Verbbegleiter als ausnahmsweise obligatorische *Angaben* zu bestimmen.

Das sind aber nunmehr nicht Probleme, die allein die Satzgliedtheorie betreffen, sondern alle Theorien. Die Klassen der *Argumente* und *Modifikatoren* sind an den Rändern

5.2 Weitere Abgrenzungsprobleme

notorisch unscharf.² Denn die Kriterien der Abgrenzung sind wesentlich weniger scharf, als es zunächst scheinen könnte: Wann darf man eine syntaktische Einheit wirklich nicht weglassen? Wie viele Subkategorisierungsbeispiele müssen gefunden werden, um von Rektion sprechen zu können?

Dennoch kann keine syntaktische Theorie auf eine Abgrenzung von Argumenten und Modifikatoren verzichten. Wenn aber alle Theorien davon ausgehen, dass die Abgrenzung notwendig ist, dann nehmen sie auch alle an, dass die Sprecher/Hörer in ihrer Sprachverarbeitung die Abgrenzung vornehmen. Wir halten es für möglich, dass man in Einzelfällen nur sagen kann, dass die Sprecher/Hörer – eventuell mit einer bestimmten Wahrscheinlichkeit – so oder so verfahren, dass man aber nicht sagen kann, wie der einzelne Sprecher/Hörer in bestimmten Zweifelsfällen konkret verfährt. Das betrifft wohlgemerkt nur Randfälle, im Großen und Ganzen kann man sagen, wie die Sprecher/Hörer des Deutschen verfahren.

Man kann nun natürlich nicht verlangen, dass die Satzgliedanalyse löst, was in allen Theorien mehr oder minder umstritten ist. Wir müssen also an den Rändern einen Spielraum lassen.

An einigen Stellen wollen wir aber auch Festlegungen treffen. Umstritten sind, wie bereits gesagt, der *Instrumental* auch die *vonPP* beim Passiv. In beiden Fällen entscheiden wir uns für die Option *Adverbialbestimmung*, vgl. auch Welke (2002). Unsere Maxime ist, dass wir, soweit das semantisch-syntaktisch begründbar ist, Präpositionalphrasen als Adverbialbestimmungen einstufen.

In Bezug auf Instrumentalbestimmungen kann man noch hinzufügen, dass diese nur zum Problem werden, wenn

---

2 Zu Vorschlägen der prototyischen Abgrenzung vgl. Dowty (1991), Zifonun/Hoffmann/Strecker (1997), Welke (1988; 2002).

man die semantische Differenz zwischen Instrument und anderen Modalitäten voraussetzt. Sieht man von ihr ab, dann sind *mit*PP nicht subkategorisierend. Denn zu jedem Verb kann man eine *mit*PP stellen:

(14) a. Er zerschneidet die Wurst mit dem Messer.
 b. Er denkt mit Vergnügen daran.
 c. Er kommt mit seiner Freundin.

Auf Grund ihrer (relativen) Obligatheit und Abstraktheit müssen wir aber Präpositionalphrasen wie in (15) als Objekte einstufen.

(15) a. Er beschäftigt sich mit Grammatik.
 b. Er korrespondiert mit jemandem.
 c. Er versieht etwas mit Girlanden.

Ein Problemfeld bleiben so genannte *Applikativkonstruktionen* wie in (16). Hier wollen wir offen lassen, ob man *mit Heu* als *Objekt* oder als *Adverbialbestimmung* bestimmt. Es handelt sich um ein intensiv beackertes Feld moderner Grammatiktheorien, vgl. z. B. Bausewein (1990).

(16) Er belädt den Wagen *mit Heu*.

Wir stoßen auf verwickelte Probleme. Wir könnten diese auch innerhalb der Satzgliedtheorie diskutieren. Aber man darf die Schwierigkeiten der Einordnung nicht der Satzgliedtheorie anlasten.

Umstritten ist nicht nur die Zuordnung von PP, sondern auch von NP bzw. DP, also von einfachen Kasus. Das betrifft insbesondere den so genannten *freien Dativ*. So werden traditionell bestimmte DativNP genannt.

5.2 Weitere Abgrenzungsprobleme

Mit diesem Terminus erfasst man die Intuition, dass einige DativNP weniger gebunden sind als andere. Sie sind damit Adverbialbestimmungen ähnlich, vgl.:

(17) a. Emil trägt *Rita* den Koffer zum Bahnhof.
 b. Emil trägt *für Rita* den Koffer zum Bahnhof.

In der theoretischen Diskussion ist der freie Dativ ähnlich umstritten wie die *mit*PP oder die *von*PP. Auch hier beachten wir die formale Differenz. Wir folgen der Maxime, dass einfache Kasus typischerweise Objekte sind.

(18) a. Er trägt *ihm* den Koffer zum Bahnhof.
 b. Er trägt *für ihn* den Koffer zum Bahnhof.

Wir betrachten *ihm* in (18a) als Objekt und *für ihn* in (18b) als Adverbialbestimmung und nehmen die morphologische Form (reiner Kasus versus Präposition + Kasus) ernst. Es besteht auch eine semantisch-syntaktische Differenz. *Ihm* in (18a) wirkt stärker als Handlungsbeteiligter als *für ihn* in (18b). Analog verfahren wir auch in Fällen wie (19) – (22).

(19) a. Emil ist wütend auf Anita.
 b. Emil ist wütend, weil Anita nicht gekommen ist.
(20) a. Emil ist erfreut über die Nachricht.
 b. Emil ist erfreut, weil er eine gute Nachricht bekommen hat.
(21) a. Emil ist an Grippe erkrankt.
 b. Emil ist erkrankt, weil er sich angesteckt hat.
(22) a. Ich freue mich, dass du kommst.
 b. Ich freue mich, weil du kommst.

In (22a) ist der Nebensatz Argument (Objekt) zu *sich freuen*. In (22b) ist er eine Angabe (Adverbialbestimmung). In (22b) wird das 2. Argument von *freuen* nicht realisiert. Das Verb *sich freuen* wird absolut gebraucht, wie man traditionell sagt. Wenn man es valenztheoretisch ausgedrückt, dann ist es in seiner Valenz reduziert. Es wird mit einer Angabe verbunden. Beide Sätze drücken ziemlich dasselbe aus, aber in unterschiedlicher Weise, vergleichbar dem Umstand, dass man ein und denselben Planeten, die Venus, mal als Abendstern und mal als Morgenstern bezeichnet. Die Wörter *Abendstern* und *Morgenstern* haben unterschiedliche Bedeutungen. Sie werden aber referenzidentisch verwendet, nämlich als Bezeichnung desselben Planeten.

5.3 Zusammenfassung

Die Abgrenzung von Objekten und Adverbialbestimmungen wird durch die Abgrenzung von Ergänzungen und Angaben bzw. Argumenten und Modifikatoren theoretisch fundiert. Hieraus ergibt sich auch die Konstitution des Direktivums als eines spezifischen Satzgliedes. Bei Streitfällen wie der *mit*PP, der *von*PP beim Passiv und dem freien Dativ treffen wir Festlegungen. Wir bewerten die Präpositionalphrasen als Adverbialbestimmungen und den freien Dativ als Objekt. Wir gehen dabei von der Form aus. Präpositionalphrasen sind typischerweise Adverbialbestimmungen. Von Verben abhängige Substantive im reinen Kasus sind typischerweise Objekte.

6 Adverbialbestimmung

Auf die Abgrenzung der Adverbialbestimmungen zu Attributen und anderen Satzgliedern müssen wir in diesem Kapitel nicht eingehen, vgl. hierzu insbesondere Kapitel 5. In diesem Kapitel wird es nur um einige summarische Bemerkungen zur Untergliederung von Adverbialbestimmungen gehen.

Den Grund, dass wir die traditionelle Untergliederung in Lokal-, Temporal-, Kausal- und Modalbestimmungen in unseren Analysen nicht berücksichtigen, haben wir in der Einleitung bereits genannt: Es handelt sich im Prinzip um rein semantische Unterscheidungen, und zwar um Benennungen der Bedeutungen der einzelnen Konjunktionen und Präpositionen, die in Adverbialbestimmungen vorkommen. Es gibt Konjunktionen und Präpositionen mit temporaler, lokaler, kausaler usw. Bedeutung. Und diese Bedeutung wird benannt. Für die Abgrenzung von Attributen und anderen Satzgliedern 1. Grades ist es nicht von Belang, ob es sich bei der betreffenden Adverbialbestimmung um eine Temporal- oder eine Kausalbestimmung usw. handelt.

Das schließt nicht aus, dass die semantisch mögliche Untergliederung mit formalsyntaktischen Gegebenheiten korrelieren kann. Zum Beispiel kann es durchaus wesentlich sein, das syntaktische Verhalten von Situativbestimmungen

(Lokalbestimmungen) gesondert zu untersuchen, vgl. Maienborn (1996).

Traditionell gibt es folgende Unterarten von Adverbialbestimmungen:

> Temporalbestimmungen: *als, nachdem, seitdem, seit, wenn – seit, nach, vor,* ...
> Lokalbestimmungen: *wo* (Relativadverb) – *vor, auf, in,* ...
> Kausalbestimmungen:
> > Kausalbest. im Engeren: *weil, da – wegen, vor,* ...
> > Konsekutivbestimmungen: *so dass – zu,* ...
> > Konditionalbestimmungen: *wenn, falls – bei,* ...
> > Finalbestimmungen: *damit, um zu – zu,* ...
> > Konzessivbestimmungen: *obwohl – trotz,* ...
> Modalbestimmungen: *indem – in,* ...

Das sind traditionell gewachsene verallgemeinerte Bedeutungsangaben. Im Prinzip ist es so: Das, was auffiel, wurde benannt. Also z. B. Temporales, Lokales, Kausales. Im Kausalbereich werden außerdem die Konsekutiv-, Final-, Konzessiv- und Konditionalbestimmungen gesondert hervorgehoben. Was übrig bleibt sind die Kausalbestimmungen im Engeren.

Alles, was dann noch übrigbleibt, kommt in den großen Papierkorb, den man *Modalbestimmung* nennt. Hier sind weitere Unterteilungen möglich, z. B. in Instrumental- oder Adversativbestimmungen. Im Prinzip kann man das weiter verfeinern. Man kann bis zu Einzelfällen gelangen und z. B. die interessante Syntax und Semantik der Präpositionalphrasen mit *bei* beschreiben. Auch die Negation *nicht* ist ein Kapitel für sich und kommt in den Papierkorb: Modalbestimmung.[1]

---

[1] In manchen Satzgliedanalysen wird sie, wenn sie beim Verb steht, auch als Teil des Prädikats gewertet.

Im Grunde sind alle Adverbialbestimmungen *Modalbestimmungen*. Sie modifizieren das in einer Prädikat-Argument-Struktur Denotierte in temporaler, kausaler usw. Hinsicht. Das sagt auch der Terminus *Modifikator*.

Die Charakteristik *modal* gilt also für den ganzen Kreis der Adverbialbestimmungen in (1). Was übrig bleibt, wenn man die Temporal-, Lokal- und Kausalbestimmungen abzieht, sind die Modalbestimmungen im Engeren. Das Gleiche gilt für die Kausalbestimmungen.

(1)
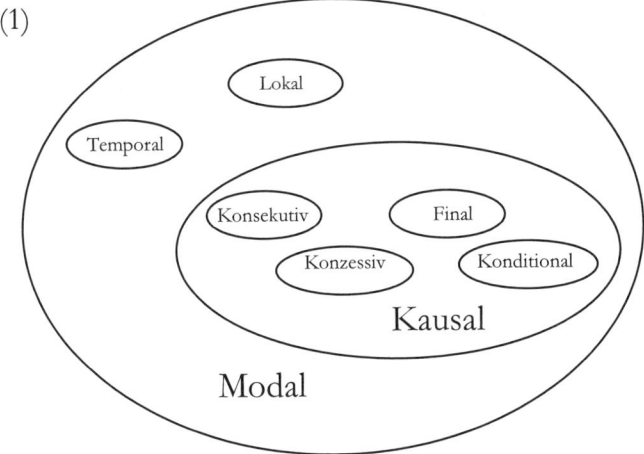

Für die Abgrenzung ist noch ein Hinweis über das Verhältnis von *Implikatur* und *Bedeutung* angebracht.

Man muss zwischen der Bedeutung einer Konjunktion oder Präposition unterscheiden und einer möglichen Implikatur aus dieser Bedeutung, vgl. (2).

(2) Anna ging, nachdem Emil gekommen war.

Die Konjunktion *nachdem* hat eine temporale Bedeutung. Eine mögliche Implikatur des Hörers (und auch eine mögliche Absicht des Sprechers) besteht darin, dass aus der temporalen Beziehung auf eine kausale gefolgert werden soll. Damit wird die Temporalbestimmung jedoch nicht zu einer Kausalbestimmung. Denn die Konjunktion *nachdem* hat (noch) keine kausale Bedeutung.

Aus Implikaturen können jedoch Bedeutungen werden. Zum Beispiel war die Konjunktion *wenn* ebenfalls ursprünglich eine temporale Konjunktion. Aus Temporalem kann man nicht nur auf Kausales im Allgemeinen folgern, sondern auch auf Konditionales im Engeren. Im Sprachbewusstsein heutiger Sprecher hat die Konjunktion *wenn* neben einer temporalen auch eine konditionale Bedeutung. Wahrscheinlich wurde sie so häufig mit einer Implikatur auf eine Bedingung verbunden, dass die Sprecher begannen, die ursprüngliche Implikatur als Bedeutung in ihrem Lexikon zu speichern.

So wird ein Hörer bei der Konjunktion *nachdem* zunächst ihre (wörtliche) Bedeutung aufrufen und dann gegebenenfalls eine Implikatur vornehmen. Bei der Konjunktion *wenn* wird sich ein heutiger Hörer (auf Grund des Kontextes) sofort für eine der beiden Bedeutungen entscheiden.

Den Weg, den Konjunktionen nehmen können, lässt sich an der Konjunktion *weil* noch weiter zurückverfolgen. Sie hatte ursprünglich eine temporale Bedeutung, vgl. *Weile, verweilen, freut euch des Lebens, weil (solange) noch das Lämplein glüht*. Auch hier wurde eine Implikatur zur Bedeutung. Die alte Bedeutung ging verloren.

Das eben Gesagte ist auch für die Analyse von Partizipialkonstruktionen interessant. Partizipialkonstruktionen besitzen meist keine Konjunktionen.[2] Wenn wir eine solche Partizipialkonstruktion in der Elementarversion der Satzgliedlehre als Adverbialbestimmungen behandeln wollten,

---

2 Eine Ausnahme ist die Konjunktion *obwohl (obgleich)*.

dann wären sie nur Adverbialbestimmungen im Allgemeinen.[3] Grammatiken, die Partizipialkonstruktionen als Adverbialbestimmungen einordnen, setzen sich in der Regel dem Zwang aus, diese in Temporalbestimmung, Kausalbestimmung usw. zu untergliedern. Man benennt dann aber nur eine mögliche Implikatur und wird der Semantik der Partizipialkonstruktion nicht gerecht. Denn in der *Bedeutung* einer Partizipialkonstruktion ist diese Bestimmung nicht enthalten.

Auf Möglichkeiten der Einteilung nach syntaktisch-strukturellen Gegebenheiten, insbesondere der Wortstellung, gehen wir nicht ein. Diese Klassifizierung ist für den Zweck der Satzgliedanalyse zu komplex, unübersichtlich und problembehaftet. Eine bekannte Unterscheidung ist die in Adverbialbestimmungen I, II, III bei Heidolph/Flämig/Motsch (1981), vgl. auch Pittner (1999). Zur Differenzierung innerhalb der Situativbestimmungen (Lokalbestimmungen) vgl. Maienborn (1996).

---

3   In der erweiterten Version der Satzgliedanalyse analysieren wir sie, falls sie nicht Attribute sind, als freie Prädikativa, vgl. Kapitel 7.6.

7 Prädikativum

Ein Prädikativum kann ein Subjektsprädikativ, ein Objektsprädikativ oder ein freies Prädikativ sein. Statt *Objektsprädikativ* wird auch der Terminus *resultatives Prädikativ* gebraucht, so im Duden (2005). Für Konstruktionen mit Objektsprädikativ ist ebenfalls der Terminus *Resultativkonstruktion* gebräuchlich. Anstelle von *freiem Prädikativ* findet sich oft der Terminus *prädikatives Attribut*. In der Duden-Grammatik (2005) wird von *depiktiver Ergänzung* gesprochen.

Prädikativa stellen, wie der Name sagt, *prädikative* Beziehungen im Satz her. Da der Träger der eigentlichen prädikativen Beziehung das Prädikat ist, handelt es sich um *zusätzliche* bzw. *sekundäre* prädikative Beziehungen. Die syntaktische Einheit, auf die sich die Prädikativa zusätzlich *prädikativ* beziehen, ist das Subjekt oder das Objekt des Satzes. Prädikativa beziehen sich auf diese Einheiten wie ein Prädikat auf ein Subjekt, daher der Ausdruck *prädikativ*. Die Bezugsgröße, d. h. das Subjekt oder Objekt des Satzes, ist semantisch das Subjekt ihres prädikativen Bezuges. Man spricht traditionell in solchen Fällen von *logischem* Subjekt.[1] Formalsyntaktisch (und semantisch) beziehen sich die Prädikativa wie alle anderen Satzglieder 1. Grades auf das Prädikat, und zwar als Argument (Subjekts- und Objektsprädikativ) oder als Modifika-

---

1 Zur Unterscheidung von grammatischem und logischem Subjekt bzw. Objekt vgl. Kapitel 9.

7 Prädikativum

tor (freies Prädikativ). Prädikativa sind also im Vergleich zu den Satzgliedern der Elementarversion etwas Abgeleitetes und Komplizierteres.

Der Kreis der Satzglieder, die als Objektsprädikativa oder freie Prädikativa aufzufassen sind, wird dadurch begrenzt, dass sie Abwandlungen von Subjektsprädikativa sind:

(1) a. *Objektsprädikativ:* Emil macht den Kaffee *heiß*.
 b. *Subjektsprädikativ:* Der Kaffee ist *heiß*.
(2) a. *Objektsprädikativ:* Ole betrachtet Emil *als Freund*.
 b. *Subjektsprädikativ:* Emil ist (für Ole) *ein Freund*.
(3) a. *Freies Prädikativ:* Emil trinkt den Kaffee *heiß*.
 b. *Subjektsprädikativ:* Emil trinkt ihn, wenn er *heiß* ist.

Subjektsprädikativa besitzen einen zusätzlichen semantischen Bezug auf das Subjekt des Satzes (4a), Objektsprädikativa auf das Objekt (4b) und freie Prädikativa auf das Subjekt oder Objekt (4c), jeweils als deren logische Subjekte.

(4) a. *Emil* ist betrunken.
 b. Anton bezeichnet *Emil* als betrunken.
 c. *Die Freunde* trugen *Emil/den Schrank* betrunken fort.

Da sich auch freie Prädikativa auf das Subjekt oder Objekt beziehen, muss es einen weiteren Gesichtspunkt der Abgrenzung geben. Dieser resultiert aus der Valenz. Subjekts- und Objektsprädikativa sind vom Verb (Prädikat) valenzgefordert, sind also Ergänzungen (Argumente) wie Subjekte und Objekte. Freie Prädikativa sind nicht valenzgefordert, sind also Angaben (Modifikatoren) wie Adverbialbestimmungen.

Der Terminus *prädikatives Attribut* stammt von H. Paul (1880). Dieser meint mit *prädikativ* den prädikativen Bezug und mit *Attribut* den Bezug auf das Subjekt oder Objekt.

Freie Prädikative sind aber syntaktisch keine Attribute.[2] Sie sind in syntaktischer Hinsicht vielmehr eine Untergruppe von Modifikatoren mit der Besonderheit eines zusätzlichen *semantischen* Bezuges auf das Subjekt oder Objekt des Satzes. Das Adjektiv *betrunken* bezieht sich in (4c) adverbial (wie eine Adverbialbestimmung) syntaktisch *und* semantisch auf das Prädikat *tragen*, und zusätzlich bezieht es sich als freies Prädikativ semantisch, aber nicht syntaktisch, auf das Subjekt oder Objekt.

Der Subjekt- oder Objektbezuges wird pragmatisch gesteuert. In (4c) könnten die Freunde oder Emil betrunken sein. Die Sprecher/Hörer wissen, dass Betrunkene gelegentlich weggetragen werden müssen. Also werden sie annehmen, dass Emil betrunken ist. Sie wissen, dass ein Schrank normalerweise nicht betrunken sein kann. Sie werden in diesem Fall *betrunken* auf das Subjekt beziehen.

Die Prädikativa der erweiterten Version der Satzgliedanalyse unterscheiden sich folglich von den übrigen Satzgliedern dadurch, dass bei ihnen neben ihrem formalsyntaktischen Bezug auf das Prädikat (dem jedes Mal auch ein semantischer entspricht) *zusätzlich* ein semantischer Bezug vorhanden ist, der formalsyntaktisch nicht kodiert ist. In (5) beziehen sich die Adjektive formalsyntaktisch auf das Verb (das Prädikat).

(5) a. Emil trinkt den Kaffee *schnell*.
    b. Emil trinkt den Kaffee *heiß*.

Man sieht es der Struktur nicht an, dass sich *heiß* in (5b) zusätzlich als Objektsprädikativ auf *Kaffee* bezieht oder in einer

---

2 Helbig/Buscha (2001) und Hentschel/Weydt (1994) sehen prädikative Attribute wegen des (semantischen) Bezuges auf das Subjekt oder Objekt dennoch als Attribute an.

sehr ungewöhnlichen Lesart als freies Prädikativ auf *Emil* beziehen kann. (Emil selbst müsste dann beim Trinken heiß sein.) Der Hörer findet in dem Satz für diesen zusätzlichen semantischen Bezug keine syntaktisch kodierte Anweisung. Denn der Satz (5b) hat die gleiche syntaktische Struktur wie der Satz (5a). Der Hörer muss sich jedoch einen zusätzlichen semantischen Zusammenhang herstellen, um den Satz verstehen zu können. Er wird, wenn der Kontext nicht auf Weiteres verweist, die nächstliegende Auffassung wählen, nämlich dass der Kaffee und nicht Emil heiß ist.

Prädikativa in der Elementarversion
In der Elementarversion verzichtet man auf den Begriff des Prädikativs als Satzglied.
Freie Prädikativa sind hier von Adverbialbestimmungen nicht unterschieden. In der Elementarversion handelt es sich sowohl im Falle von (6a) als auch von (6b) einheitlich um Adverbialbestimmungen.

(6) a. Emil trinkt den Kaffee *schnell*.
    b. Emil trinkt den Kaffee *heiß*.

Der zusätzliche semantische Bezug (6b) als freies Prädikativ bleibt also in der Elementarversion unberücksichtigt.
Auch die Termini *Subjektprädikativ* und *Objektprädikativ* tauchen in der Elementarstufe nicht auf. Die Termini *Kopula* und *Prädikativum* sind zwar traditionell üblich. Sie bezeichnen in der Elementarversion aber keine Satzglieder.
Man analysiert Konstruktionen aus Prädikat + Subjektsprädikat und Prädikat + Objektsprädikativ in der Elementarversion einfach als Arten komplexer Prädikate, von deren innerer Struktur man absieht, wie bei den komplexen Prädikaten im Engeren, die wir in Kapitel 8 besprechen.

Das ist dann jedoch eine andere Art von komplexen Prädikaten als im Kapitel 8. Dort handelt es sich um Ergebnisse des Zusammenwachsens syntaktischer Konstruktionen zu morphologischen Amalgamen, um analytischen Verbformen, reflexiven Verben, Modalverbkonstruktionen, Funktionsverbgefügen oder idiomatischen Wendungen.

In der erweiterten Version werden *Subjekts-* und *Objektsprädikativa* und *freie Prädikativa* als selbständige Satzglieder angesehen. Auf einem anderen Blatt steht allerdings, dass Subjekts- und Objektsprädikativa in der Konstituentenstruktur mit dem Prädikat eng zusammengehören.

Anmerkung:
Für Objektsprädikativa gibt es in der Elementarversion noch eine weitere Möglichkeit. Wir könnten *Onkel* neben *Anton* in (7) als ein zweites Objekt auffassen.

(7)   Emil nennt Anton Onkel.

Es entsteht allerdings das Problem, dass wir zwei Akkusativobjekte in einer Struktur erhielten, wie ansonsten nur bei *lehren* ausnahmsweise:

(8)   Emil lehrt seine Schüler schwimmen.

Das würde bei (9) nicht stören, weil das zweite Objekt eine Präpositionalphrase ist.

(9)   Emil bezeichnet/betrachtet Anton als Onkel.

Vergleichen wir aber (10).

(10)   a.   Emil nennt Anton faul.
        b.   Emil bezeichnet/betrachtet Anton als faul.

7 Prädikativum

Die Einstufung als Objekt wäre kontraintuitiv, weil man Objekte mit Dingen oder Personen (zumindest im übertragenen Sinne) assoziiert. Wir könnten von Adverbialbestimmungen sprechen, aber mit der Konsequenz, dass wir syntaktische Einheiten, die die gleiche syntaktische Position einnehmen, einmal Objekt und einmal Adverbialbestimmung nennen.

Auch in der Elementarversion sind also vollständige Analysen möglich. Das Prädikativum wäre für die Satzgliedanalyse kein Problem mehr. Erst eine weitergehende Analyse, z. B. eine Valenzanalyse, hätte zu klären, in welchem Verhältnis das Verb einerseits und das Prädikativum andererseits zu den übrigen Satzbestandteilen stehen.

Wir entscheiden uns dennoch für die erweiterte Version der Satzgliedanalyse. Sie ist bereits etabliert. Auch haben in allen avancierten grammatischen Theorien Prädikativkonstruktionen ihren festen Platz.

Man könnte gegen die Erweiterung einwenden, dass bei den freien Prädikativa verstärkt semantische Gesichtspunkte ins Spiel kommen und dass das zu unserem Vorhaben, Satzglieder formalsyntaktisch zu analysieren, im Widerspruch steht. Diesen Widerspruch nehmen wir in Kauf.

Es gibt aber auch formalsyntaktische Unterschiede. Vergleichen wir:

(11) a. Alfons trinkt seinen Kaffee heiß/schnell.
 b. Alfons trinkt ?heiß/schnell seinen Kaffee.
(12) a.. Alfons macht den Kaffee heiß.
 b. Alfons macht ?heiß den Kaffee.
(13) a. Die Freunde trugen den Mann betrunken fort.
 b. Die Freunde trugen betrunken den Mann fort.
 c. Die Freunde trugen den Schrank betrunken fort.

Die Sätze (11b) und (12b) sind grammatisch abweichend, weil das Adjektiv dem Bezugssubstantiv nicht folgt, sondern vorangeht. Die Sätze (13b,c) sind akzeptabel, weil *betrunken* pragmatisch auch auf *Freunde* bezogen werden kann und es diesem Substantiv folgt.

Prädikativa folgen also in der Regel dem Bezugssubstantiv. Die Nachstellung des prädikativen Adjektivs ist eine Reminiszenz der Folge Subjekt – Kopula – Subjektsprädikativ. Verallgemeinert ist das ein Prinzip der Strukturbewahrung. Das prädikative Adjektiv folgt in der Normalstellung dem Bezugswort, so wie das Subjektsprädikativ dem Subjekt folgt. Ginge das Adjektiv voraus, müsste es attributiv aufgefasst, flektiert und vorangestellt werden, vgl.:

(14) Alfons trinkt den heißen Kaffee.

Allerdings ist (15a) wieder möglich, wenn auch etwas ungewöhnlich. Es gibt aber auch ein in gleicher Weise markiertes Verhältnis von Subjekt und Subjektsprädikativ (15b).

(15) a. Den Schrank trugen betrunken die Freunde fort.
      b. Betrunken sind die Freunde.

Folglich kann man sagen, dass auch in diesem Fall die Parallele zu Subjektsprädikativ-Konstruktionen erhalten bleibt.

7.1 Subjektsprädikativ

Subjektsprädikativa stellen für die Satzgliedanalyse keine größere Schwierigkeit dar. Wir gehen im Folgenden kurz auf Probleme ein. Auf die Dependenzdarstellung kommen wir im Zusammenhang mit dem Objektsprädikativ in 7.2 zurück. Zur Abgrenzung von Subjekt und Subjektsprädikativ vgl. Kapitel 4.

7.1.1 Verben mit Subjektsprädikativ

Subjektsprädikativa sind valenzgefordert, also Ergänzungen (Argumente). Es gibt nur einen eng begrenzten Kreis von Verben, die Subjektsprädikativa regieren. Im Zentrum steht das Verb *sein*. Hinzu kommen einige Verben, die man als semantische angereicherte Kopula-Verben auffassen kann: *bleiben, werden, scheinen, heißen.*

(16) Er ist/wird/ bleibt/scheint klug.
    Dieser Mann ist/heißt Paul.

Das Verb *scheinen* kann man in dieser Position aber auch als elliptisches modifizierendes Verb + Infinitiv ansehen:

(17) Das scheint klug (zu sein).

Auch *gelten* + *als* kann man noch in den Kreis der Verben einbeziehen, die ein Subjektsprädikativum regieren:

(18) Er gilt als klug/als Fachmann.

Hinzu kommen passivische Verbformen derjenigen Verben, die aktivisch ein Objektsprädikativ regieren. Nicht nur aus dem Objekt wird im Passiv ein Subjekt, sondern auch aus dem Objektsprädikativ ein Subjektsprädikativ:

(19) a. Man muss das *als einen guten Wurf* bezeichnen.
b. Das muss *als guter Wurf* bezeichnet werden.

7.1.2 Polysemie von *sein*

Das Verb *sein* ist polysem. Im Engeren ist es Kopula, d.h. Prädikat mit dem Subjektsprädikativ als einem seiner Argumente. Aber auch als Kopula ist es polysem. Es bedeutet u.a.: Eigenschaftszuweisung (20a), Einordnung in eine Klasse bzw. Menge, entweder als Element in eine Menge (20b) oder als Enthaltensein einer Menge in eine Menge (20c), oder Identität (20d).

(20) a. Emil ist katholisch.
b. Emil ist Katholik.
c. Katholiken sind Christen.
d. Der Dieb ist Emil./Der Morgenstern ist auch der Abendstern.

Das so genannte *Zustandspassiv* (21) ist eine Kopula-Konstruktion, besteht also aus Prädikat + Subjektsprädikativ, vgl. Maienborn (2007), Welke (2007). Es ist keine Verbform wie das *werden*-Passiv.

(21) Die Beratungen sind abgeschlossen.

Einen *Infinitiv + zu* analysieren wir als Subjektsprädikativ (und nicht als modifizierendes Hilfsverb), wenn er von *sein* abhängt wie in (22a) – im Unterschied zum Infinitiv + *zu* bei *haben* in (22b).

Wir betrachten jedoch *haben* als modifizierendes Hilfsverb und die Konstruktion als komplexes Prädikat.

(22) a. Folgendes ist zu beachten.
 b. Sie haben Folgendes zu beachten.

Es bleiben weitere Verwendungen, in denen *sein* und oder eines der anderen oben genannten Verben nicht Kopula ist. Zum einen können *sein* und *werden* temporale Hilfsverben sein, also Hilfsverben in analytischen Verbformen und damit in komplexen Prädikaten (*sein*-Perfekt und *werden*-Passiv):[3]

(23) a. Emil ist gekommen.
 b. Emil wird gefragt.
 c. Emil wird fragen.

Präpositionalphrasen und in der Regel auch Adverbien + *sein* werten wir *nicht* als Subjektsprädikativa. Wir analysieren *sein* hier entweder als Vollverb und das Argument als Adverbialbestimmung (24) oder das Ganze als komplexes Prädikat (25), wenn übertragener Gebrauch (Idiomatisierung) vorliegt, vgl. auch Kap. 8.

(24) a. Emil ist in Berlin.
 b. Das Buch ist im Schrank.
 c. Der Besuch war gestern.
 d. Das Spiel ist morgen.
 e. Der Bach wird zu einem reißenden Fluss.
(25) a. Er ist nicht auf dem Posten.
 b. Er ist im Stande/in der Lage zu etwas.
 c. Das ist von Bedeutung/von Interesse.

---

3 Diese sind jedoch aus der syntaktischen Konstruktion *sein/werden* + Prädikativum entstanden.

Auch *wie*-Phrasen nach *sein* ordnen wir als Adverbialbestimmungen ein.

(26) Du bist wie ein Elefant.

Wir können für *sein* in (24) und in (26) Vollverben substituieren, die zeigen, dass *sein* hier Vollverb-Geltung hat, vgl.:

(27) a. Emil ist in Berlin – befindet sich in Berlin.
  b. Das Buch ist im Schrank – steht im Schrank.
(28) Du benimmst dich wie ein Elefant.

Wie alle sprachlichen Erscheinungen, fransen auch die soeben besprochenen an den Rändern aus, auch bedingt dadurch, dass aus Implikaturen Bedeutungen werden. Beispielsweise könnte man die PP [*zu einem reißenden Fluss*] in (24e) analog zu [*ein reißender Fluss*] als Prädikativ deuten und auch die Präpositionalphrasen [*von Bedeutung*], [*von Interesse*] (25c) analog zu *bedeutsam, interessant* als Prädikativum interpretieren.

7.2 Objektsprädikativ

Objektsprädikativa sind wie Subjektsprädikativa Ergänzungen (Argumente). Sie sind als solche abzugrenzen sowohl von den Objekten als auch von den freien Prädikativa. Letztere sind Angaben (Modifikatoren).

Subjektsprädikativa beziehen sich prädikativ auf das grammatische Subjekt des übergeordneten Verbs als ihr *logisches Subjekt*. Objektsprädikativa beziehen sich prädikativ auf das grammatische Objekt des übergeordneten Verbs als ihr logisches Subjekt, vgl. (29).

(29) a. Er macht die Stube sauber.
 b. Er nennt Emil einen Witzbold.
 c. Er bezeichnet/betrachtet ihn als einen Witzbold.
 d. Er hält ihn für einen Witzbold.

Eine Valenzdarstellung kann verdeutlichen, was mit dem traditionellen Begriff des logischen Subjekts gemeint ist:

(30)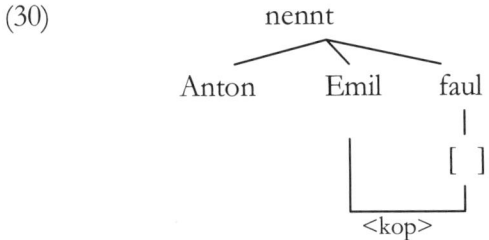

Das Verb *nennen* in (30) ist ein dreiwertiger Valenzträger. Es verlangt drei Ergänzungen. Aber auch das Adjektiv *faul* besitzt Valenz. Der Hörer muss wissen, wer faul ist. Diese Information liefert der Satzzusammenhang. Der Hörer muss das Substantiv *Emil* ein zweites Mal semantisch als Argument verwenden, und zwar als *logisches Subjekt*. Wir stellen das so dar, dass wir das Argument *Emil* in die offene Leerstelle von *faul* kopieren, analog der Kopierfunktion in einem Textverarbeitungssystem, vgl. Welke (2002).[4] In (31) liegt eine weniger kondensierte Satzstrukturen vor, in der der Zusammenhang zwischen *Emil* und *faul* deutlicher kodiert ist.

(31) Anton sagte, dass Emil faul ist.

---

4 Auch *Onkel, Haus* oder *Egon* haben, wenn sie prädikativ verwendet werden, eine Leerstelle, nämlich für den Gegenstand, dem sie eine Eigenschaft (*Onkel*), eine Klasse (*Haus*) oder einen Eigennamen (*Emil*) zuschreiben.

Das Subjektsprädikativ kann man analog darstellen, vgl. (32).

(32)
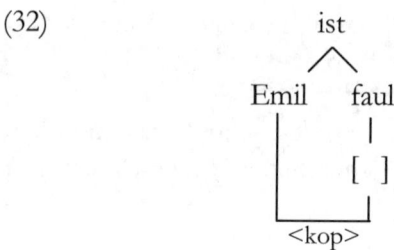

Die Verben, die den Objektsprädikativa übergeordnet sind, sind dreiwertig.

Anmerkung
Oft liegt bei Objektsprädikativa eine resultative Bedeutung vor. Das ist insbesondere bei adjektivischen Objektsprädikativa der Fall. Man bezeichnet diese Konstruktionen daher auch als *Resultativkonstruktionen*, vgl.:

(33) a. Egon macht die Stube sauber.
 b. Emil nennt Egon ein kluges Bürschchen.
 c. Emil betrachtet Egon als klug.

Streicht man das Prädikativum, entsteht oft eine etwas andere Bedeutung und Zweiwertigkeit. Auch die Resultativität (Perfektivität) verschwindet.

Im Falle von (33a) liegt eine resultative Bedeutung vor. Am Ende der Handlung ist die Stube sauber. Das Verb *machen* und die gesamte Konstruktion ist in diesem Falle perfektiv. Bei Verben des Sagens und Denkens wie (33b,c) ist die Frage nach der Resultativität (Perfektivität) schwieriger zu beantworten. Wenn jemand Egon einen Witzbold nennt, ihn als Witzbold bezeichnet oder ihn für einen Witzbold hält, wird Egon dadurch nicht an sich zum Witzbold, sondern nur in den Augen desjenigen, der ihn so nennt. Das steht im Zusammenhang mit Schwierigkeiten, Verben des Sagens und Denkens nach ihrer inhärenten Aspektualität (perfektiv-imperfektiv) zu beurteilen, vgl. Welke (2005).

7.2.1 Abgrenzung zu freien Prädikativa

Die Abgrenzung zu freien Prädikativa hängt davon ab, ob man dem Verb eine Leerstelle zubilligt, in die das Prädikativ als Ergänzung tritt. Die Entscheidung wird dadurch erschwert, dass man die Valenz von Verben erweitern und verändern kann. Verben, die in der Grundvalenz zweiwertig oder einwertig sind, werden zu dreiwertigen oder zweiwertigen Verben gemacht, vgl. Welke (1988).

In (34b) liegen gegenüber (34a) Valenzerweiterungen vor:

(34) a. Emil putzt/scheuert/wischt die Stube.
   b. Emil putzt/scheuert/wischt die Stube sauber.

Die Bedeutung des Verbs ändert sich bei Valenzerweiterung nur in einem Punkt. Es wird perfektiv. Es entsteht eine Resultativkonstruktion.

Die Verben in (35) sind intransitiv, d.h. sie regieren eigentlich kein Akkusativobjekt. Die Konstruktionen kommen nur dadurch zustande, dass die Valenz gleichzeitig um zwei Stellen erweitert wird. Man kann das als Analogiebildungen zum Konstruktionsmuster normaler Resultativkonstruktionen ansehen.

(35) a. Der Wecker klingelte mich munter.
   b. Er quatscht sie besoffen.
   c. Er tanzte sie müde.

Produktiv ist der Einbezug von Reflexivpronomina in diese Art von Transitivierung, vgl. (36).

(36) a. Er schläft sich gesund.
 b. Er schwimmt sich frei.
 c. Er arbeitet sich tot.

Ferner kann sich Valenzerweiterung mit Valenzänderung verbinden, vgl. (37).

(37) a. Er isst sich satt.
 b. Die Katze fraß die Schüssel leer.
 c. Er schreibt ihn krank.

Die Verben *essen, fressen* sind bereits transitiv. Semantisch subkategorisiert sind essbare Gegenstände, zu denen sicher nicht die Person selbst oder die Schüssel gehören. Man kann sich nicht selbst wie eine Wurst essen. Die Katze kann die Schüssel nicht wie eine Maus fressen.

Anmerkung
Gallmann (2005: 801ff.), wertet die Valenzverhältnisse in diesen Fällen anders als wir. Er nimmt nur Obligatheit als Kriterium und betrachtet die Prädikativa in (35) – (37) nicht als Ergänzungen, sondern als Angaben, da sie weglassbar sind. Wenn diese Prädikativa aber Angaben sind, dann müsste es sich um freie Prädikativa handeln.
 Wir berücksichtigen auch das zweite Valenzkriterium, die Rektion bzw. Subkategorisierung. Objektsprädikativa kann man nicht beliebig zu allen Verben hinzufügen, und man kann nicht die Valenz aller Verben in dieser Weise erweitern. Also erfüllen Objektsprädikativa das Kriterium der Rektion. Sie sind regiert und daher Argumente und nicht Modifikatoren (Angaben).

7.2.2 Abgrenzung zu Direktiva und Objekten

Direktiva funktionieren z.T. genauso wie Objektsprädikativa. Eine Valenzerweiterung durch Direktiva ergibt ebenfalls Perfektivität, also Konstruktionen, die Resultativität ausdrücken, vgl. (38b).

(38) a. Emil isst. *imperfektiv*
 b. Emil isst sich satt. *perfektiv*
 c. Emil isst sich durch alle Kuchen. *perfektiv*

Es gibt also Parallelen zwischen Objektsprädikativa und Direktiva, vgl. (39a) und (39b), (40a) und (40b).

(39) a. Otto klopft den Teig flach.
 b. Otto klopft den Teig zu einer flachen Scheibe.
(40) a. Emil fährt den Wagen schrottreif.
 b. Emil fährt den Wagen zu Schrott.

Anmerkung
Gallmann (2005: 802), wertet die Präpositionalphrase in (39b), (40b) und (41) als Objektsprädikative. Wir sehen sie als *Direktiva* bzw. in übertragener Bedeutung als *Objekte* an.

(41) Die Raupe verwandelt sich in einen Schmetterling.

Auch die Ergänzungen (Argumente) der Verben in (42) betrachten wir als Direktiva bzw. Objekte.

(42) a. Aus Schmetterlingen entstehen Raupen.
 b. Man macht aus Leinöl Linoleum.
 c. Man verarbeitet Leinöl zu Linoleum.
 d. Anna erklärte Otto zu ihrem Stellvertreter.

Wir betonen den Übergangscharakter und den Umstand, dass sprachliche Erscheinungen grundsätzlich nicht scharf voneinander getrennt sind, sondern vage ineinander übergehen. Dennoch bleibt die Aufgabe zu klassifizieren. Wie stets folgen wir nach Möglichkeit formalen Differenzierungen. Objektsprädikative sind Substantive *oder* Adjektive. Bei Direktiva und Objekten ist eine Substitution durch ein Adjektiv nicht möglich.

Wenn wir dieses Wortartkriterium (Präposition + Substantiv versus Präposition + Adjektiv) nicht berücksichtigten, hätten wir überhaupt keine Handhabe, Objektsprädikativa und Direktiva zu unterscheiden.

Das Kriterium der Substituierbarkeit durch ein Adjektiv oder Substantiv verweist darauf, dass Objektsprädikativa Subjektsprädikativa entsprechen. Subjektsprädikativa können typischerweise ebenfalls Adjektive oder Substantive sein.

Anmerkung
Ohne diese Eingrenzung kämen wir in Schwierigkeiten. Denn eine irgendwie geartete semantische und damit im semantischen Sinne prädikative Beziehung wird im Satz auch zwischen weiteren Satzgliedern gestiftet. Beispielsweise gilt für alle dreiwertigen Verben, dass durch das Verb zwischen der 2. und der 3. Ergänzung, den beiden Objekten oder dem Objekt und dem Direktivum, also nicht nur zwischen Objekt und Objektsprädikativ, eine prädikative Beziehung hergestellt wird. Der Satz (43a) ist annäherungsweise semantisch aufzulösen in (43b). Mit CAUSE (für *verursachen*) und POSS (für *haben, besitzen*) verwenden wir eine in der Semantik übliche Notation.

(43) a. Emil gibt Anna seine Brieftasche.
     b. Emil macht, dass Anna die Brieftasche hat.
       CAUSE (Emil, POSS (Anna, Brieftasche)

Zwischen *Anna* und *Brieftasche* kann der Hörer eine prädikative Beziehung, die Beziehung des Habens (aber nicht des Seins), herstellen. Er kann dem Satz entnehmen, dass Anna am Ende Emils Brieftasche hat.

7.2.3 Präpositionalphrasen mit *als*

Präpositionalphrasen mit *als* bewerten wir bei Verben, die die *als*-Phrase regieren, ebenfalls als Objektsprädikativa. Dazu gehören Verben wie *betrachten als, bezeichnen als, behandeln als*.

Die Präposition *als* ist kasusdurchlässig, d. h. sie passt sich einem anderen Kasus an, vgl.:

(44) a. *Er als unser Vorbild* sollte das bedenken.
 b. *Ihm als unserem Vorbild* sollte das nicht passieren.
 c. *Ihn als unseren Freund* behandeln wir anders.

Kasusdurchlässigkeit ist untypisch für eine Präposition. Eine typische Präposition fordert (regiert) einen bestimmten Kasus.

Dadurch, dass *als* kasusdurchlässig ist, bleibt die Parallele zu Subjektsprädikativa erhalten. Unser Kriterium des Zusammenhangs mit Subjektsprädikativ wird also erfüllt. Auch bei einer Transformation ins Passiv wird aus dem Objektsprädikativ das Subjektsprädikativ, vgl.:

(45) a. Er betrachtet *seinen einstigen* Lehrer als *guten* Freund.
 b. *Sein einstiger* Lehrer wird von ihm als *guter* Freund betrachtet.

Ferner wird das Kriterium erfüllt, dass bei diesen Verben neben Substantiven auch Adjektive als Objektsprädikativ vorkommen können, vgl. (46).

(46) a. Er bezeichnet ihn als einen guten Freund.
    b. Er bezeichnet ihn als vorbildlich.

Auch *halten für* können wir auf Grund dieses zweiten Kriteriums als ein Verb mit Objektsprädikativ ansehen, vgl.:

(47) a. Emil hält Arnim für einen Angeber.
    b. Emil hält Arnim für verrückt.

Es ist dann aber ein „schlechteres", d. h. ein weniger typisches Objektsprädikativ, weil es das Kriterium der Kasusdurchlässigkeit nicht erfüllt. Denn die Präposition *für* regiert den Akkusativ.

Die Präpositionalphrase in (48) dagegen analysieren wir als Objekt. Die Substitution durch ein Adjektiv ist nicht möglich, und Kasusdurchlässigkeit liegt nicht vor.

(48) a. Er rechnet ihn zu seinen Vorbildern.
    b. Er zählt ihn zu seinen Freunden.
(49) a. Emil war *gestern* stolz.
    b. Emil war stolz *auf seine Ergebnisse*.

7.3 Satzglied versus Attribut bei Prädikativa

Bei Subjekts- und Objektsprädikativa spielt die Abgrenzung *Satzglied – Attribut* eine Rolle. Zunächst bestehen zwei Möglichkeiten der Abhängigkeit (Dependenz). Denn die betreffende syntaktische Einheit kann vom Prädikat abhängen oder vom Prädikativum, vgl.:

(50) a. Dein Lob machte Emil *gestern* stolz.
    b. Dein Lob machte Emil gestern stolz *auf seine Ergebnisse*.

7.3 Satzglied versus Attribut bei Prädikativa

Das Adverb *gestern* in (49a) und (50a) hängt vom finiten Verb ab. Die Präpositionalphrase [*auf seine Ergebnisse*] in (49b) und (50b) hängt vom Adjektiv *stolz* ab. Denn *gestern* passt als Modifikator zu einem finiten Verb im Präteritum.

Es kann allerdings auch mit *stolz* kombiniert werden, vgl.:

(51) der gestern auf seine Ergebnisse stolze Emil

Setzen wir jedoch das Verb ins Präsens, dann sehen wir, dass das Adverb *gestern* zu dem Finitum passen muss, vgl.:

(52) a. Emil ist ?gestern stolz.
  b. Dein Lob macht Emil ?gestern stolz.

Bei der Präpositionalphrase[*auf seine Ergebnisse*] ist die Lage noch deutlicher. Die Präpositionalphrase kann nur von *stolz* abhängen. Denn das Adjektiv *stolz* regiert eine *auf*-PP, nicht aber die Verben *sein* und *machen*.

Die Folgerung kann sein, dass *gestern* eine *Adverbialbestimmung* ist und die Präpositionalphrase ein *Attribut*. Das wird durch die Umstellprobe bestätigt, vgl.:

(53) a. *Stolz auf seine Ergebnisse* war Emil gestern.
  b. *Stolz auf seine Ergebnisse* machte dein Lob gestern Emil.

In der Elementarversion würden wir die Präpositionalphrasen in (49b) und (50b) als Objekte bestimmen. Denn sie sind vom Adjektiv *stolz* regiert, und *stolz* ist Teil des komplexen Prädikats.

Aber auch in der erweiterten Version kommen wir nicht umhin, die Möglichkeit anzuerkennen, dass die Präpositionalphrase als Objekt analysiert werden kann. Denn sie ist erststellenfähig, vgl.:

(54) a. *Auf seine Ergebnisse* war Emil stolz.
 b. *Auf seine Ergebnisse* machte dein Lob Emil stolz.

Es liegt also eine strukturelle Ambiguität vor. Die Präpositionalphrase in Sätzen wie (49b) und (50b) kann als Attribut und als Objekt analysiert werden.

Wir wollen folgende Festlegung treffen: In allen Fällen, in denen eine vom Prädikativum abhängige syntaktische Einheit als Objekt aufgefasst werden kann, ist die Objekt-Lesart die Default-Variante. Wenn allein die Attribut-Lesart in Frage kommt, müssen wir natürlich diese wählen.

Wir analysieren den Satz (55) also als (56).

(55) Dein Lob macht Emil sehr stolz auf seine Ergebnisse.

(56) Dein   ⎫   S
 Lob   ⎬
 macht   P
 Emil   O
 sehr   ⎫   OP
 stolz   ⎬
 auf   ⎫
 seine   ⎬   O
 Ergebnisse. ⎭

Die Bestimmung der hervorgehoben Einheiten als Attribut ist u. a. notwendig in Fällen wie (57) und (58), vgl. die Umstellprobe (59) und (60).

(57) a. Emil ist *sehr* froh.
 b. Egon betrachtet Emil als *sehr* tüchtig.

(58) a. Das ist *Emils* Vater.
 b. Er betrachtet ihn als Freund *der Familie*.
(59) a. **Sehr* ist Emil froh.
 b. **Sehr* betrachtet Egon Emil als tüchtig.
(60) a. **Emils* ist das Vater.
 b. **Der Familie* betrachtet er ihn als Freund.

Andererseits hängt die Präpositionalphrase [*auf seine Ergebnisse*] eindeutig nicht vom Verb ab, sondern von [*sehr stolz*]. Die Begründung dafür, dass wir die Präpositionalphrase dennoch als Objekt bestimmen, gibt uns die Umstellprobe. Eine weiter gehende Begründung bleibt außerhalb der Reichweite unserer Satzgliedanalysen.

Anmerkung
Diese Begründung ergibt sich aus der Konstituentenstruktur, die wir auf der Satzebene nicht einbeziehen. Der Objektstatus ergibt sich daraus, dass Subjekts- und Objektsprädikativ mit dem Prädikat auf der untersten Stufe der Konstituentenhierarchie eine Konstruktion bilden, d.h. so etwas wie ein komplexes Prädikat, allerdings ein komplexes Prädikat anderer Art, als diejenigen, die im Kapitel 8 besprochen werden.

Indizien sind zum einen Parallelen von Prädikat + Objektsprädikativ zu einfachen Verben, vgl.:

(61) sauber machen – säubern, satt machen - sättigen

Ein weiteres Indiz ist die Tendenz zur Idiomatisierung und Zusammenrückung, zum Begriff vgl. 8.8, die ihrerseits eine spontane Zusammenschreibung nach sich ziehen kann vgl.:

(62) gutschreiben, krankschreiben, krankmachen, freihalten, offenhalten, klarstellen.

Bei Idiomatisierung ist die Attribut-Lesart oft gar nicht mehr möglich – sofern überhaupt weitere Abhängigkeiten realisierbar sind, vgl. (63) und (64).

(63) a. Emil will offen halten, ob er kommt.
 b. Ob er kommt, will Emil offen halten.
 c. *Offen ob er kommt will Emil halten.
(64) a. Emil machte klar, dass er nicht kommt.
 b. Dass er nicht kommt, machte Emil klar.
 c. ?Klar, dass er nicht kommt, machte Emil.

7.4 Objektsprädikativ: *AcI*-Konstruktionen

Objektsprädikative und *AcI*-Konstruktionen haben Gemeinsamkeiten. Der Infinitiv bezieht sich prädikativ auf das Objekt. Daher betrachten wir *AcI*-Konstruktionen mit Bausewein (1990) als Sonderformen von Objektsprädikativ-Konstruktionen, vgl. auch 8.2. Eine Valenzdarstellung für den Beispielsatz (65) ist (66).

(65) Emil sah Erna weggehen.

(66)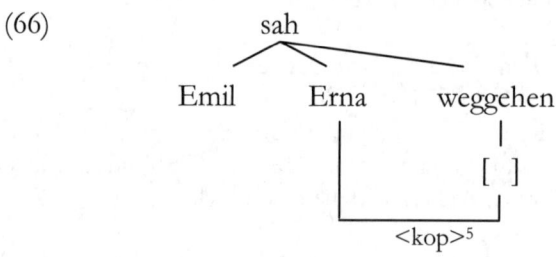

---

5 Zur Darstellungsweise vgl. 7.2. Ob statt <kop> hier <bew> (bewege!) stehen sollte, darüber kann man streiten, vgl. auch 8.2 *(small clause analysis)*.

7.4 Objektsprädikativ: *AcI*-Konstruktionen

In der Satzgliedanalyse des Satzes (66) ist folglich *Erna* Objekt und *weggehen* Objektsprädikativ. Statt des Adjektivs oder Substantivs steht also in *AcI*-Konstruktionen der Infinitiv als Objektsprädikativum.[6] Es gibt im Deutschen einige solcher Verben. Diese werden in Analogie zum Lateinischen *AcI*-Verben genannt *(accusativus cum infinitivo)*. Sie regieren neben dem Infinitiv einen Akkusativ.

(67) Emil sah/hörte/fühlte/spürte/ließ Erna weggehen.

Bei *sehen, hören, fühlen, spüren* handelt es sich um Wahrnehmungsverben *(verba sentiendi)*. Andere Wahrnehmungsverben, wie *empfinden, bemerken, wahrnehmen* erlauben keinen *AcI*. Auch neben *lassen* gibt es kein *veranlassen, erlauben, zwingen* usw. mit *AcI*. Dieser Umstand verweist darauf, dass es sich beim *AcI* im Deutschen um einen nicht mehr produktiven Randbereich handelt, um ein Relikt früherer Sprachzustände. Der *AcI* im Lateinischen ist wesentlich fester im Sprachsystem verankert.

Zu diesem Befund gehört, dass der *AcI* zwar bei einigen weiteren Verben möglich ist, der Infinitiv aber nur zu wenigen Verben gebildet werden kann:

(68) a. Er hat etwas dort stehen/sitzen/liegen.
b. Er hat dort ein Pferd laufen.

Umgangssprachlich tritt bei den Konstruktionen (68) *zu* hinzu:

(69) a. Er hat dort einen Schrank zu stehen.
b. Er hat dort ein Pferd zu laufen.

---

6 Zur Einbeziehung eines weiteren Akkusativs und weiterer syntaktischer Einheiten, die vom Infinitiv abhängen, vgl. 8.2.

Das heißt, die Konstruktion wird von den Sprechern als die häufigere und typischere Infinitivkonstruktion + *zu* + Infinitiv reanalysiert. Auch diese betrachten wir als Objektsprädikativ.

Auf nur noch wenige Kollokationen beschränkt ist auch *machen* + Infinitiv. Es wirkt veraltet:

(70) Emil macht jemanden weinen/lachen/zittern/etwas glauben.

Auch *finden* + Infinitiv ist in der Wahl der abhängigen Verben beschränkt, vgl. (71).

(71) a. Er fand das Buch auf dem Tisch liegen.
 b. Er fand sie auf dem Stuhl sitzen.
 b. ?Er fand sie auf den Zug warten.

7.5 Objektsprädikativ: *AcI*-ähnliche Konstruktionen

Mit Bausewein (1990) setzen wir gesondert *AcI*-ähnliche Konstruktionen an. Wir betrachten die darin vorkommenden abhängigen Adjektive oder Substantive ebenfalls als Objektsprädikative. Die *AcI*-ähnlichen Konstruktionen gehen wahrscheinlich auf Konstruktionen mit *sein* im Infinitiv zurück, vgl. Ebert (1976: 126). In der Gegenwartssprache ist eine Hinzufügung von *zu* + *sein* oft nicht mehr möglich, vgl. (72) und (73):

(72) a. Emil fühlte sich verraten.
    b. Er glaubte sich seiner Sache sicher.
    c. Er wähnte sich beobachtet.
(73) b. Er glaubte seiner Sache sicher *zu sein*.
    d. Er wähnte beobachtet *zu sein*.

Die Partizipien und Adjektive sind bei diesen Verben nicht weglassbar. Ihre Obligatheit spricht dafür, dass es sich um Objektsprädikative und nicht um freie Prädikative handelt.

7.6 Freies Prädikativ

Subjektsprädikative und Objektsprädikative sind Argumente. Freie Prädikative sind Modifikatoren. Ihre Abgrenzung zu den Adverbialbestimmungen ist verglichen mit der Abgrenzung der Objektsprädikativa zu Objekten weniger zwingend. Aber eine Entscheidung zieht die andere nach sich.

Wir gehen von einem charakteristischen Beispielpaar aus:

(74) a. Emma trinkt den Kaffee *schnell*.
    b. Emma trinkt den Kaffee *heiß*.

Zwischen (74a) und (74b) ist kein formaler Unterschied zu erkennen. Auch Erstposition (75) ist gleichermaßen möglich.

(75) a. *Schnell* trinkt Emma den Kaffee.
    b. *Heiß* trinkt Emma den Kaffee.

Eine Differenz kommt aber in (76) zum Vorschein.

(76) a. Emil trinkt *schnell* den Kaffee.
    b. ?Emil trinkt *heiß* den Kaffee.

Der Satz (76b) wirkt grammatisch abweichend. Denn der Sinnzusammenhang fordert, dass man *heiß* in (76b) prädikativ auf *Kaffee* bezieht. Dann aber müsste das Adjektiv *heiß* seinem Bezugswort (dem logischen Subjekt) nachgestellt werden. Vergleichen wir (77):

(77) a. Die Freunde trugen Emil *betrunken* fort.
   b. Die Freunde trugen *betrunken* Emil fort.

Das Adjektiv *betrunken* in (77) ist ebenfalls freies Prädikativ. Es kann sich aber auch auf das Subjekt beziehen.

Wir würden *heiß* in (76b) so verstehen, wie es uns die formalsyntaktische Struktur von (76b) aufgibt, wenn wir *heiß* als Zustand von Emil während des Trinkens interpretieren würden, beispielsweise in übertragenem Sinne wie *heiß darauf sein, begierig*.

Wir können das Spiel noch weiter treiben und Verwendungen erfinden, in denen *heiß* oder auch *schwarz* zu allem werden könnte, was hier in Frage kommt: einfache Adverbialbestimmung (78a), freies Prädikativ (78b) oder Objektsprädikativ (78c).

(78) a. Emma trinkt den Kaffee *heiß/schwarz*. – Im Sinne von *heiß = hastig* und von *schwarz = illegal*.
   b. Emil trinkt den Kaffee *heiß/schwarz*. – Er mag es, dass der Kaffee beim Trinken heiß bzw. schwarz ist.
   c. Emil trinkt den Kaffee *heiß/schwarz*. – Er bewerkstelligt es, dass der Kaffee durch das Trinken heiß bzw. schwarz wird.

Mit anderen Worten: Es sind pragmatische und semantische Faktoren, die uns auf die eine oder andere Lesart führen.

7.6 Freies Prädikativ

Wie können wir aber die unterschiedlichen Anforderungen an die Interpretation von *schnell* in (79a) und *heiß* in (79b) erklären?

(79) a. Egon trinkt den Kaffee schnell.
b. Egon trinkt den Kaffee heiß.

Die Adjektive *schnell* und *heiß* sind in morphologischer Hinsicht Adjektive und in syntaktischer Hinsicht in diesem Kontext Adverbien. Ein frei im Satz vorkommendes Adjektiv wie *schnell* oder *heiß* muss vom Verb abhängen und folglich auf das Prädikat bezogen werden. Insofern handelt es sich um Modifikatoren. Diese Adjektive bringen jedoch ihre Valenz mit in den Satz hinein. Jeder Sprecher/Hörer des Deutschen weiß, dass sich *schnell* normalerweise auf Vorgänge bezieht und *heiß* auf Dinge. Dieses Wissen gehört zur Valenz der beiden Adjektive. Wenn die Adjektive entgegen ihrer Valenz verwandt werden, hat ein Hörer zwei Optionen. Er weist den Satz als Nonsens zurück, oder er versucht, die Bedeutungen der Wörter des betreffenden Satzes einander anzupassen. Man spricht in solchen Fällen von *konzeptueller Anpassung*, vgl. (80).

(80) a. Nach dem *schnellen Tor* in der vierten Minute fand Ecuador sich mit dem zweiten Platz ab.
b. Emil ärgerte sich über dieses Spiel.

Ein Tor kann selbst nicht schnell sein. Man kann sich auch nicht über ein Spiel als solches ärgern. Aber ein Tor kann man schnell *schießen* oder *kassieren*. Ein Spiel kann schlecht sein oder verloren werden, und darüber kann man sich ärgern. Der Hörer muss sich das in Gedanken ergänzen, bzw. er muss voraussetzen, dass Emil sich darüber ärgert, dass das Spiel schlecht, unfair, langweilig war, dass es verloren wurde oder auch überhaupt nur stattfand.

In (80b) bezieht sich *heiß* eindeutig auf *trinkt*. Im Unterschied zu *schnell* setzt es aber semantisch den Bezug auf ein Ding voraus. Diesen Bezug muss der Hörer herstellen. Er muss außerdem *heiß* konzeptuell so anpassen, dass es sich auf *trinkt* beziehen kann, auch wenn dieser Umweg nur konzeptuell, aber nicht syntaktisch wie in (81) durch entsprechende Wörter hergestellt wird.

(81) Egon trinkt den Kaffee *unter der Bedingung,* dass der Kaffee heiß ist.
Egon trinkt den Kaffee *dann, wenn* er heiß ist.

Aus der Abhängigkeit vom Prädikat resultiert, dass bei freien Prädikativa im Unterschied zu Attributen der Bezug auf das entsprechende Ding (oder die entsprechende Person) als zeitlich begrenzt gültig aufgefasst werden muss, weil das Geschehen, das durch das Prädikat ausgedrückt wird, zeitlich begrenzt ist. Das ist ein sekundärer Umstand. Dieser wird in Grammatiken häufig aber als primäres Kriterium für die Definition des freien Prädikativs herangezogen, z. B. bei Helbig/Buscha (2001: 464f.).

Durch die konzeptuelle Anpassung erhält das Adjektiv *heiß* ad hoc eine weitere Leerstelle über seine originäre Valenz hinaus. Diese ad-hoc-Zuweisung entsteht durch den syntaktischen Bezug auf *trinkt*. Originär hat das Adjektiv *heiß* Valenz nur in Bezug auf eine Dingbezeichnung. Läge nur dieser originäre Valenzbezug vor, dann müsste es sich um einen attributiven Gebrauch handeln wie in (82).

(82) a. Egon trinkt den heißen Kaffee.
 b. Der heiße Egon trinkt den Kaffee.

Die Notwendigkeit konzeptueller Anpassungen hat stets einen stilistischen Wert. Beispielsweise sind Metaphern konzeptuelle Anpassungen. Der stilistische Reiz von Konstruktionen mit freien Prädikativa besteht darin, dass die semantischen Bezüge in der Schwebe bleiben, weil sie syntaktisch nicht genau vorgeschrieben sind.

Partizipialkonstruktionen
Partizipialkonstruktionen sind typischerweise *freie Prädikative* (83a) oder Attribute (83b).

(83) a. Gerade aus dem Krankenhaus entlassen, spielt Karlchen schon wieder Fußball.
 b. Karlchen, gerade aus dem Krankenhaus entlassen, spielt schon wieder Fußball.

Im Unterschied zu originären Adjektiven und *nicht erweiterten* Partizipien wie *betrunken* in (77) ist es in der Tendenz grammatisch abweichend, wenn ein Sprecher Partizipialkonstruktionen als freie Prädikativa auf das Objekt bezieht, vgl. (84), Beispiel nach Duden (2005: 867) und Wustman (1908: 171):

(84) a. Vor Kälte heftig zitternd, gab mir die Mutter eine warme Decke.
 b. Angefüllt mit edelm Rheinwein, überreiche ich Eurer Majestät diesen Becher.

Es scheint syntaktisch vorgegeben zu sein, dass sich Partizipialkonstruktionen als freie Prädikativa auf das Subjekt beziehen. Wenn diese syntaktische Bedingung nicht eingehalten wird, entsteht ein nicht beabsichtigter und gegebenenfalls komischer Sinneffekt.

Wir haben darauf verwiesen, vgl. Kapitel 6, dass man Adverbialbestimmungen traditionell in Temporal-, Lokal-, Kausalbestimmungen usw. einteilt. In der Elementarversion gehören freie Prädikativa und mit ihnen satzwertige Partizipialkonstruktionen zu den Adverbialbestimmungen. Die Einteilung in die semantischen Untergruppen wird gewöhnlich beibehalten. Um das tun zu können, muss man die Unterscheidung auf Grund von pragmatischen Implikaturen vornehmen, da Partizipialkonstruktionen normalerweise keine Konjunktionen besitzen, die die betreffende Bedeutung tragen. Eine Ausnahme ist die Konjunktion *obgleich/obwohl*, vgl.:

(85) Obwohl gerade aus dem Krankenhaus entlassen, spielt Karlchen schon wieder Fußball.

Man legt mit der Bestimmung als temporal, kausal usw. etwas in die Analyse hinein, was semantisch nicht vorhanden ist. So verfahren auch Helbig/Buscha (2001: 585ff.) zusätzlich zu einer Qualifizierung der betreffenden Partizipialkonstruktionen als „nebenprädikativ".

7.7 Zusammenfassung

Prädikativa als Satzglieder stellen eine Erweiterung gegenüber der Standardversion der Satzgliedanalyse dar. Wir unterscheiden zwischen Subjektsprädikativ, Objektsprädikativ und freiem Prädikativ. Einige Verben fordern in ihrer Valenz Subjekts- und Objektsprädikativa. Diese Prädikativa sind also Ergänzungen (Argumente). Freie Prädikative sind nicht valenzgefordert und folglich Angaben (Modifikatoren). Prädikativa selbst hängen wie die anderen Satzglieder vom Prädikat ab.

Die Besonderheit aller Prädikativa ist der zusätzliche semantische Bezug auf das Subjekt oder Objekt des Satzes. Subjektsprädikativa beziehen sich semantisch auf das Subjekt, Objektsprädikativa auf das Objekt und freie Prädikativa auf das Subjekt oder Objekt. Welcher Bezug zu wählen ist, wird bei freien Prädikativa pragmatisch gesteuert. Bei Partizipialkonstruktionen als freie Prädikativa liegt jedoch der Bezug auf das Subjekt fest. Infinitive in *AcI*-Konstruktionen und Adjektive und Substantive in *AcI*-ähnlichen Konstruktionen fassen wir ebenfalls als Objektsprädikativa auf.

8 Komplexe Prädikate

Wir unterscheiden zwischen einfachen und komplexen Prädikaten. Einfache Prädikate sind Verben (finite Verben, Infinitive und Partizipien) in Prädikatfunktion. Schwierigkeiten resultieren vor allem daraus, dass es neben einfachen Prädikaten auch komplexe (zusammengesetzte) Prädikate gibt.

Komplexe Prädikate entstehen diachron dadurch, dass syntaktische Einheiten (Infinitive, Partizipien II, Substantive und auch substantivische oder präpositionale Wortgruppe) in das Prädikat inkorporiert werden. Komplexe Prädikate gehen also auf einfachere syntaktische Verhältnisse zurück: einfaches Prädikat + Objekt, einfaches Prädikat + Objektsprädikativ, einfaches Prädikat + Direktivum. Es entstehen Konstruktionen, die zwar noch äußerlich aussehen wie syntaktische Konstruktionen, die jedoch von den Sprechern (und den Linguisten) wie morphologische Gebilde bewertet werden. So werden z. B. analytische Tempusformen wie das Perfekt analog zu synthetischen (z. B. zum Präteritum) analysiert.

Da die ursprünglichen Verhältnisse auch in den heutigen Formen noch durchscheinen, ist eine syntaktische Analyse in die entsprechenden Satzglieder stets möglich und für bestimmte Explikationen auch sinnvoll. Daraus folgt, dass eine Analyse nach den ursprünglichen Satzgliedern nicht einfach ein „Fehler" ist.

Diachrone Umstrukturierungen dieser Art werden traditionell *Gliederungsverschiebung* genannt. Heute spricht man von *Reanalyse* oder *Restrukturierung*. Der Oberbegriff ist *Grammatikalisierung*. In der Grammatikalisierungsforschung wird der Übergang von Syntax in Morphologie sprach- übergreifend untersucht, vgl. Diewald (1997). Grammatikalisierung zu komplexen Prädikaten findet statt, wenn regierende Vollverben zu untergeordneten Hilfsverben umgedeutet werden, vgl. 8.1 – 8.4. Es entstehen in der Tendenz neue Verbformen. Daneben gibt es auch Prozesse der Lexikalisierung. Bei Lexikalisierung wird ein Satzglied zu einem unselbständigen Verbbegleiter herabgestuft, vgl. 8.5 – 8.8. Es entstehen in der Tendenz nicht neue Verbformen, sondern neue Verben.

Das sind Prozesse, in denen Analogien eine große Rolle spielen. Zunächst entwickelten sich z.B. Passivformen als morphologische Amalgame aus syntaktischen Konstruktionen (Kopulakonstruktionen), also aus *werden* + adjektivischem Partizip II als Subjektsprädikativ. Dann wurde dieses nunmehr morphologische Verfahren analogisch ausgeweitet. Denn die heute möglichen Passivbildungen sind nicht alle individuell auf eine entsprechende syntaktische Konstruktion zurückzuführen. Das unpersönliche Passiv geht insgesamt nicht auf einen eigenen syntaktischen Vorzustand zurück, sondern ist eine (spätere) analogische Ausweitung des persönlichen Passivs, vgl. Welke (2002).

Ein Indiz des Übergangscharakters ist es, dass alle Hilfsverben als Vollverben verwendet werden können und *sein* und *werden* in einer konkreteren Bedeutung mit nominalem Subjektsprädikativ, vgl.:

8 Komplexe Prädikate

(1) a. Er will kommen.   Er will das.
                            Er will, dass du kommst.
    b. Er hat gearbeitet.   Er hat Geld.
    c. Er scheint zu arbeiten. Die Sonne scheint.
    d. Er stellt das in Abrede. Er stellt das in den Schrank.
    e. Er ist gekommen.   Er ist gesund.
    f. Er wird kommen.   Er wird krank.

Wir teilen die Konstruktionen, die in den Grammatiken als komplexe Prädikate angesehen werden, hinsichtlich der syntaktischen Auflösbarkeit in *fünf Gruppen* ein.

Zur *ersten Gruppe* gehören Bildungen, die wir im Rahmen unserer Satzgliedanalysen als alternativlos komplex einstufen. Das sind:

- die, analytischen Verbformen, und zwar die analytischen Tempora und das Vorgangspassiv sowie *würde* + Infinitiv
- die sechs Modalverben + Infinitiv: *können, müssen, mögen, wollen, sollen, dürfen*
- Medialverben – Reflexive Verben sind Medialverben, wenn diese nicht vollsemantisch reflexiv (rückbezüglich) verstanden werden.
- der prototypische Kern der Modalitätsverben: *brauchen, scheinen, pflegen* + Infinitiv und außerdem *drohen, suchen* in bestimmten Varianten, vgl. (20) und (21)
- Partikelverben, z. B. *anfangen, aufhören, zustimmen* und analoge Zusammenschreibungen

Dennoch kann für spezielle Zwecke eine syntaktische Analyse hilfreich sein. Man spricht dann von kompositionaler Analyse.

Die *zweite Gruppe* bilden Einheiten, die wir primär als komplexe Prädikate analysieren. Hier ist aber auch von Fall zu Fall eine Analyse in Satzglieder möglich. Dazu gehören:

- reflexive Verben in wörtlicher rückbezüglicher Bedeutung
- Rezipientenpassiv, insbesondere bei Widersprüchen zur ursprünglichen lexikalischen Bedeutung von *bekommen, erhalten, kriegen*

Die *dritte Gruppe* konstituiert sich aus Konstruktionen, die wir in diesem Buch syntaktisch auflösen, deren Zusammenfassung zu komplexen Prädikaten aber möglich ist. Das sind:

- weitere Verben, die wie Modalitätsverben im aktuellen Fall kohärent mit *zu* + Infinitiv konstruiert sind
- *AcI*-Konstruktionen – Die hier auftretenden Infinitive zählen wir zu den Objektsprädikativa, vgl. Kapitel 7.4

Zur *vierten* Gruppe rechnen wir Idiomatisierungen aus Verb (Prädikat) + Objekt, Direktivum oder Adverbialbestimmung. Hier setzen wir die Grenze entsprechend dem Grad der mutmaßlichen Idiomatisierung.

- Idiomatisierungen lösen wir syntaktisch auf, wenn wir die ursprüngliche wörtliche Bedeutung zu Grunde legen oder wenn wir meinen, dass man im betreffenden Fall (noch) nicht von Idiomatisierung sprechen sollte.
- Idiomatisierungen analysieren wir als komplexe Prädikate, wenn wir die übertragene Bedeutung zu Grunde legen.

Zur *fünften* Gruppe zählen wir diejenigen Konstruktionen, die in der Elementarversion, aber nicht in der erweiterten Version der Satzgliedanalyse als komplexe Prädikate betrachtet werden.

- Kopulakonstruktionen, d. h. Kopula + Subjektsprädikativ einschließlich Zustandspassiv
- Verb + adjektivisches Objektsprädikativ

Es handelt sich also – mit Ausnahme der fünften Gruppe – um Übergänge, Übergänge von Syntax in Morphologie oder von Syntax in Lexik. Dabei wird (in Begriffen der Dependenz ausgedrückt) das regierende Verb zum Hilfsverb, oder ein Dependens des Verbs wird untergeordneter Prädikatbestandteil. Stets findet eine Gliederungsverschiebung (Reanalyse, Restrukturierung) statt.

Es folgen einige Bemerkungen zu Abgrenzungsfragen. Zur *ersten* Gruppe der Prädikate, die unzweifelhaft Hilfsverbkonstruktionen sind, merken wir an, dass auch diese mit einer gewissen Berechtigung syntaktisch analysiert werden können, vgl. (2).

(2) a. Emil kann *nicht* laufen.
  b. Emil kann *schnell* laufen.
  c. Das kann stimmen, aber auch *nicht* stimmen.

Normalerweise wird man [*kann laufen*] als komplexes Prädikat analysieren, nicht nur in der Satzgliedanalyse. Dennoch sind Reste von syntaktischer Kompositionalität vorhanden. Man kann sich nämlich fragen, worauf sich die Adverbien in (2) beziehen. In (2a) gehört die Negation zu *können*. Es geht um ein Nicht-Können. Erst über *können* bezieht sich die Negation auch auf *laufen*. In (2b) bezieht sich *schnell* jedoch nur auf *laufen*. Es geht darum, dass jemand es vermag, *schnell* zu laufen. Es geht nicht um ein schnelles Können. In (2c) bezieht sich die Negation ausnahmsweise auf den Infinitiv *stimmen*. Es geht um ein Nicht-Stimmen. Beim deutschen Modalverb *können* bezieht sich die Negation aber normalerweise auf das Modalverb.

Im Deutschen gehört die Negation typischerweise zum Modalverb *müssen*, im Englischen bezieht sie sich auf den Infinitiv, vgl. (3).

(3) a. Er muss nicht gehen. (= nicht notwendig)
 b. He must not go. (= notwendig, dass nicht)

Eine alternative oder gleichzeitige Analyse von Modalverben als syntaktische Konstruktionen bieten beschreibende Grammatiken meist nicht an. Die Satzgliedanalyse als Beschreibungsinstrument erlaubt aber die syntaktische Auflösung, vgl. (4).

(4) Er muss sein Auto verkaufen.

(5)

	a.	b.
Er	S	S
muss	P_1	P
sein Auto	O	O ⎫ O
verkaufen	P_2	P ⎭

In (5b) analysieren wir den Infinitiv mit seinem Objekt syntaktisch, und zwar wie eine Infinitivkonstruktion, vgl. (6) und die dazu gehörige Analyse (7).

(6) Es ist notwendig, das Auto zu verkaufen.

(7) Es   PL_S
    ist   P
    notwendig   SP
    das Auto   O ⎫ S
    zu verkaufen.   P ⎭

Als komplexe Prädikate muss man die Modalverbkonstruktion *gegen* die ursprüngliche syntaktische Struktur analysieren. Denn ein übergeordnetes finites Verb ist typischerweise auch das übergeordnete Prädikat. Im morphologischen Amalgam (4) kehrt sich das semantische Verhältnis um. Die Sprecher/Hörer empfinden den Infinitiv als das eigentliche Prädikat und bewerten das Modalverb semantisch – entgegen der ursprünglichen, in der Modalverbkonstruktion noch sichtbaren syntaktischen Struktur – nicht mehr als übergeordnetes Prädikat, sondern als untergeordnet. Es modifiziert jetzt den Infinitiv wie ein Adverb, vgl. (8).

(8) a. Das *kann* stimmen.
    b. Das stimmt *vielleicht*.

Die Satzgliedanalyse stellt die Möglichkeit unterschiedlicher Analysen bereit. Es ist eine im Einzelnen empirisch zu beantwortende Frage, welche der Analysevarianten dem diachronen Entwicklungsstand der Konstruktion angemessene ist oder ob die alternative Analyse eine weiter gehende Erklärung ermöglicht. So ist es in der neueren Tempustheorie üblich, das Perfekt „kompositional" zu analysieren, d. h. trotz seiner Morphologisierung es semantisch und damit gleichsam syntaktisch aufzulösen, vgl. Welke (2005).

Fälle, die zur *zweiten Gruppe* gehören, besitzen bestimmte Parallelformen, die noch eindeutig syntaktisch aus mehreren Satzgliedern zusammengesetzt sind bzw. so aufgefasst werden können: als zwei Prädikate (9), oder als Prädikat + Objektsprädikativ (10) und (11), als Prädikat + Objekt (12) und (13), als Prädikat + Direktivum (14) und (15).

(9) a. komplexes Prädikat und Modalitätsverb: *Der Felsen drohte auf die Autobahn zu stürzen.*
  b. zwei Prädikate: Er *drohte* (damit), ihn zu *verklagen.*
(10) a. Perfekt: *Die Wasserleitung ist gestern zugefroren.*
  b. Prädikat + Subjektsprädikativ: *Die Wasserleitung ist total zugefroren.*
(11) a. Perfekt: *Sie hat den Ring durch die Nase gezogen.* (Auch als Prädikat + Objektsprädikativ lesbar.)
  b. Prädikat + Objektsprädikativ: Die Kuh *hat* einen Ring durch die Nase *gezogen*. (Formal auch als Perfekt analysierbar, aber dann mit der gegen das Weltwissen sprechenden Bedeutung, dass die Kuh das selbst getan hat.)
(12) a. Medialverb bzw. reflexives Verb: Emil *freut sich/ ärgert sich. Emil rasiert sich.*
  b. Prädikat + Objekt: Emil *bemitleidet sich. Emil rasiert sich.*
(13) a. Funktionsverbgefüge (Streckform): *Emil legt Wert auf die Tatsache, dass das so ist.*
  b. Prädikat + Objekt: *Emil legt das Buch auf den Tisch.*
(14) a. Funktionsverbgefüge (Streckform): Emil *stellt* ihm das Auto *zur Verfügung.*
  b. Prädikat + Direktivum: Emil *stellt* das Auto *in die Garage.*
(15) a. Trennbar zusammengesetztes Verb (Partikelverb): *Emil legt das Buch hin.*
  b. Prädikat + Direktivum: Emil legt das Buch *hierhin.*

Im Folgenden besprechen wir einige Abgrenzungsprobleme. Sie sind entschärft, weil wir Alternativen zulassen.

Wir gehen so vor, dass wir, wie oben bereits angedeutet, eine *weitere Einteilung* vornehmen. Wir unterscheiden zum einen komplexe Prädikate, bei denen der finite Teil, d. h. das ursprüngliche Prädikat, zu einem Hilfsverb herabgestuft wird. Das in das komplexe Prädikat inkorporierte ursprüngliche Satzglied (das Direktivum, das Objekt oder die Adverbialbestimmung) wird zum eigentlichen Kern des Prädikats. Das sind die Konstruktionen mit temporalen Hilfsverben (*haben, sein, werden*), Passiv-Hilfsverben (*werden, bekommen*), modalen Hilfsverben (*wollen, können, sollen, ...*), Modalitätsverben (*scheinen, pflegen, brauchen, ...*) und Funktionsverben (*stellen, gelangen, leisten, ...*). Wir besprechen einzelne Abgrenzungsprobleme in den Abschnitten 8.1 – 8.4.

Zum anderen gibt es komplexe Prädikate, bei denen das inkorporierte ursprüngliche Direktivum oder Objekt oder die ursprüngliche Adverbialbestimmung zu einem untergeordneten nunmehr modifizierenden Bestandteil des komplexen Prädikats wird. Dazu gehören die *Partikelverben* (*abgeben, aufgeben, zurückgeben*), die komplexen Prädikate mit konkreten Substantiven (*auf die lange Bank schieben, Eisenbahn fahren, Rad fahren, Eis laufen*) bzw. Verben mit inkorporiertem konkreten Substantiv (*radfahren, eislaufen*) und die Medialverben (*sich biegen, sich ärgern*) vgl. 8.5 – 8.8.

Einer der beiden Bestandteile der ursprünglichen syntaktischen Konstruktion wird Kern des komplexen Prädikats. Wenn der hinzukommende Bestandteil auf ein *Verb* zurückgeht, wird dieser Kern des Prädikats. Das ursprüngliche einfache Prädikat wird dann Hilfsverb.

Ist der inkorporierte Prädikatsteil *nicht verbal*, so wird er zu einem modifizierenden Bestandteil herabgedrückt.

8.1 Verben mit Infinitiv + *zu*: Modalitätsverben

Der Kreis der Verben mit Infinitiv + *zu*, die man in bestimmten Verwendungen als Modalitätsverben auffassen kann, ist relativ offen. Es gibt einige, die man bei einem Infinitiv + *zu* generell als Hilfsverben einstufen sollte, was zur Folge hat, dass sie zusammen mit dem Infinitiv stets ein komplexes Prädikate bilden. Den prototypischen Kern der Modalitätsverben bilden die Verben *scheinen, pflegen, brauchen*. Hinzu kommen *drohen* und *suchen* in entsprechenden Distributionen. Ein formales Kriterium der Abgrenzung greift auf Wortstellungsunterschiede zurück, die man, nach Bech (1983), als Inkohärenz versus Kohärenz bezeichnet, und auf einige weitere Faktoren, die man damit in Zusammenhang bringen kann, vgl. Helbig/Buscha (1987: 125f.).

Mit Kohärenz/Inkohärenz bezeichnet man die Einklammerung/Ausklammerung von abhängigen Infinitiven oder Partizipien in den prädikativen Rahmen. Um eine kohärente Konstruktion handelt es sich, wenn ein Infinitiv (mit seinen Objekten und Adverbialbestimmungen) innerhalb der Satzklammer, im so genannten Mittelfeld, steht, vgl. (16a) und (17a). Die Konstruktion ist inkohärent, wenn der Infinitiv ausgeklammert wird, vgl. (16b) und (17b).

(16) a. ..., als er auszureißen versuchte.
     b. ..., als er versuchte auszureißen.
(17) a. ..., als er Egon von seinem Vorhaben zu überzeugen versuchte.
     b. ...., als er versuchte, Egon von seinem Vorhaben zu überzeugen.

Normalerweise stehen alle syntaktischen Einheiten, die zu einem komplexen Prädikat als Argumente und Modifikatoren hinzukommen, im Mittelfeld, mit Ausnahme des Satz-

gliedes, das im Aussagesatz im Vorfeld steht. Ausgeklammert (extraponiert), im sogenannten Nachfeld, stehen Einheiten, die man aus stilistischen Gründen hervorheben will (stilistische Ausklammerung) oder Nebensätze und *satzwertige* Gebilde (grammatische Ausklammerung), vgl. auch 3.5.2.
Inkohärenz kann man folglich als ein Indiz für Satzwertigkeit ansehen und Kohärenz als ein Indiz für das Vorliegen eines komplexen Prädikats. Das lässt sich an dem Verb *drohen* demonstrieren, vgl.:

(18) a. ...wenn Emil Egon anzuzeigen droht.
    b. ... wenn Emil droht, Egon anzuzeigen.
(19) a. ...wenn die Brücke einzustürzen droht.
    b. *... wenn die Brücke droht einzustürzen.

In (18) ist *drohen* Vollverb und selbständiges Prädikat, in (19) ist es Hilfsverb und Teil des komplexen Prädikats. Das zeigen die Versuche, das Verb jeweils anders, in inkohärenter Weise (18b) und (19b), zu verwenden. Das gelingt im Falle von (18), aber nicht im Falle von (19).

Das Beispiel (20) zeigt, dass *versuchen* als Vollverb analysiert werden sollte und *suchen* in der Bedeutung von *versuchen* als Modalitätsverb.

(20) a. ... wenn Emil versucht, dich zu überreden.
    b. *... wenn Emil sucht, dich zu überreden.

Man kann mit Gallmann (2005: 858ff.), Kohärenz unmittelbar als Kriterium für das Vorliegen komplexer Prädikate benutzen. Dann bilden alle Verben, die einfache Infinitive regieren, und nicht nur die Modalverben komplexe Prädikate. Das wäre im Rahmen unserer Satzgliedanalyse noch kein Problem. Wir müssten einfach festlegen, dass *sehen, fühlen, hören, lassen,...* + Infinitiv auf Grund dieses Kriteriums komplexe Prädikate sind.

Bei *drohen* ergibt sich, dass es im Falle der Inkohärenz selbständiges Prädikat wäre und im Falle der Kohärenz nicht. Offen bleibt hier nur, wie man sich entscheiden soll, wenn kein prädikativer Rahmen vorliegt, vgl. (21).

(21) a. Emil droht, Egon anzuzeigen.
 Die Brücke droht einzustürzen.

Wir müssten einen prädikativen Rahmen konstruieren, z. B. durch Transformation in einen Nebensatz, oder wir müssten eine der anderen Proben anwenden, die bei Helbig/Buscha (1987: 125f.) erläutert werden. Wir können das aber auch ohne das formale Indiz der Einklammerung bzw. Ausklammerung oder andere abgeleitete Kriterien entscheiden, weil *drohen* jeweils eine ganz andere Bedeutung hat: eine konkrete Vollverb-Bedeutung oder eine abstrakte Hilfsverb-Bedeutung.

Bei dem Gros der Verben mit Infinitiv + *zu* hätten wir jedoch mit diesem Verfahren ein Problem. Denn diese Verben können *ohne* Bedeutungsunterschied sowohl kohärent als auch inkohärent verwendet werden. Wir müssten also ein solches Verb entsprechend der aktuell vorliegenden Wortfolge mal als Teil des komplexen Prädikats ansehen, mal als selbständiges Prädikat:

(22) a. ... da Emil Berlin bald zu besuchen empfiehlt.
 b. ... da Emil empfiehlt, bald Berlin zu besuchen.

Auch das wäre noch relativ leicht zu bewältigen. Die Entscheidung wird aber weiter erschwert, wenn kein prädikativer Rahmen vorliegt wie in (22c).

(22) c. Emil empfiehlt, Berlin bald zu besuchen.

Hier müssten wir auf ein anderes Kriterium für Kohärenz ausweichen. Es wäre beispielsweise zu entscheiden, ob nach dem übergeordneten Verb eine Sprechpause wahrscheinlich ist.[1] Die Anwendung dieses Kriteriums führt jedoch oft nicht zu klaren Ergebnissen.

Wir fassen das Kriterium der Kohärenz/Inkohärenz daher enger. Komplexe Prädikate setzten wir obligatorisch nur bei Verben an, die *stets* kohärent konstruieren. Das sind unsere oben genannten sechs Modalitätsverben im engeren Sinne.

Wir analysieren also [*bald Berlin zu besuchen*] sowohl in (22a) als auch in (22b) und natürlich auch in (22c) als Objekt.

Die Stellung links vom Verb ist im Nebensatz grundsätzlich die Normalstellung. Nur Nebensätze und Infinitivkonstruktionen werden aus syntaktischen Gründen ausgeklammert. Diese können aber auch stets im Mittelfeld, also vor dem übergeordneten Verb, stehen.

Kohärenz ist zweifellos Indiz der engeren Zusammengehörigkeit. Wir stellen daher frei, ob man dann, wenn Kohärenz vorliegt, ein komplexes Prädikat ansetzt.

Auf jeden Fall empfinden die Sprecher die Bindung noch nicht ganz eng, wenn sie ein und dasselbe Verb einmal kohärent und ein anderes Mal inkohärent konstruieren. Das ist die Begründung dafür, dass wir nur obligatorisch kohärente Konstruktionen als obligatorisch komplexe Prädikate einstufen.

---

1 Daraus folgte im DDR-Duden auch eine Komma-Regel nach der Entsprechung: Hilfsverbcharakter – keine Sprechpause, kein Komma, vgl. Jung (1967: 190).

Das Modalitätsverb *brauchen* kann in Analogie zu den Modalverben auch ohne *zu* verwendet werden. Die Konstruktion bleibt in dieser Verwendung kohärent und das Ganze komplexes Prädikat.

(23) a. ... dass du nicht kommen brauchst.
  b. *... dass du nicht brauchst kommen.
(24) a. ... Dass du nicht kommen kannst.
  b. *... dass du nicht kannst kommen.

8.2 Verben mit einfachem Infinitiv und *AcI*-Verben

Verben mit einfachem Infinitiv konstruieren kohärent. Wir analysieren im Wesentlichen jedoch nur Modalverben + Infinitive als komplexe Prädikate. Hinzu kommt *brauchen* mit einfachem Infinitiv.

Es gibt aber weitere Verben mit einfachem Infinitiv. Das sind Verben, die neben dem Infinitiv noch ein Akkusativobjekt regieren, die so genannten *AcI*-Verben, vgl. Kapitel 7.4.

AcI-Verben sind Modalverben ähnlich. Wie diese bilden sie kohärente Konstruktionen, vgl.:

(25) a. ... da er auf jeden Fall kommen will.
  b. *... da er will auf jeden Fall kommen.

(26) a. ... da er ihn auf jeden Fall kommen sieht.
  b. *... da er sieht ihn auf jeden Fall kommen.

Wie die Modalverben können sie mit dem so genannten Ersatzinfinitiv stehen:

(27) a. Er hat kommen sollen.
  b. *Er hat kommen gesollt.

(28) a. Er hat sie kommen sehen.
b. *Er hat sie kommen gesehen.

Dennoch analysieren wir *AcI*-Verben + Infinitiv nicht als komplexe Prädikate. Die Gründe sind:
Die den Infinitiv regierenden Verben (*sehen, hören, fühlen* usw. und nicht-kausatives *lassen*) bleiben *semantisch* übergeordnet. Sie behalten ihre volle lexikalische Bedeutung. Das spricht gegen einen Hilfsverbstatus. Ferner regieren die *AcI*-Verben nicht nur formalsyntaktisch, sondern auch semantisch das Akkusativobjekt, vgl. (29a) im Unterschied zu der Verwendung von *sehen* in (29b), wo *sehen* den Nebensatz insgesamt regiert und *Emil* Subjekt zu *ruft* ist.

(29) a. Ich sehe Emil Anton rufen.
b. Ich sehe, dass Emil Anton ruft.

Schließlich ist ein zweiter Akkusativ, also *Anton* in (29a), syntaktisch und semantisch von *rufen* abhängig. Den Sätzen (29a,b) kann die gleiche Situation zu Grunde liegen. In (29a) bezieht sich das Sehen jedoch im Unterschied zu (29b) auch auf *Emil* selbst, zu umschreiben etwa als:

(30) Ich sehe Emil Anton *rufend*. Ich sehe Emil *als einen Anton Rufenden*.

Fasst man jedoch *sehen* nicht konkret auf, sondern im übertragenen Sinne, dann ist der *AcI* nicht möglich wie bei *voraussagen* oder *meinen*, vgl. (31).

(31) a. *Ich sage voraus/meine Emil kommen.
b. Ich sage voraus/meine, dass Emil kommt.

8.2 Verben mit einfachem Infinitiv und *AcI*-Verben

Wir betrachten mit Bausewein (1990) *AcI*-Verben als Verben mit Objektsprädikativ, vgl. 7.4.

Eine Ausnahme macht *lassen*. Es tritt in einer kausativen (32a) und in einer nicht-kausativen Variante (32b) auf.

(32) a. Er lässt Emil gehen.
   b. Er lässt die Suppe stehen.

Die Auswahl der Bedeutungsvarianten von *lassen* wird pragmatisch gesteuert. In der kausativen Variante bedeutet *lassen* ‚Veranlassung' oder ‚Erlaubnis'. Die kausative Variante ist eine deutlich abstrahierte Bedeutung, wie sie auch für Hilfsverben typisch ist. In dieser Variante ist das kausative *lassen* den Modalverben näher als das nicht-kausatitve *lassen* und andere *AcI*-Verben. Wir setzen für die kausative Variante also ein komplexes Prädikat an.

Bausewein (190: 228ff.). stellt eine Skala der Modalverbhaftigkeit auf: Modalverben – kausatives *lassen* – nicht kausatives *lassen* – Verba sentiendi (*sehen, hören, fühlen*). Das kann man auch als eine Skala deuten, die von komplexen Prädikaten zu syntaktisch aufgelösten Konstruktionen reicht, mit kausativem *lassen* + Infinitiv als komplexem Prädikat.

Satzwertigkeit der *AcI*-Konstruktionen ist in der so genannte *small clause analysis* behauptet worden, vgl. dazu z. B. Bausewein (1990). In Satzgliedtermini ausgedrückt, müssten wir den Satz (29a) dann analog zu (29b) analysieren, also wie einen Nebensatz oder eine Infinitivkonstruktion (33):

(33) Ich   S
    sehe   P
    Emil   S ⎫
    Anton   O ⎬ O
    rufen. P ⎭

Nun konstruieren aber *AcI*-Verben eindeutig kohärent. Die *AcI*-Konstruktion ist folglich nicht satzwertig. Diesen Umstand übergeht die *small-clause*-Analyse. Sie muss außerdem die in der Satzgliedanalyse übliche Festlegung überschreiten und ein grammatisches *Objekt* (Akkusativobjekt) nicht nur als ein zusätzlich *logisches* Subjekt, sondern ausschließlich als grammatisches *Subjekt* deklarieren.[2]

Wir schlagen für den Satz (29a) die Analyse (34) vor.

(34) Ich   S
     sehe   P
     Emil   O
     Anton   O ⎱ OP
     rufen.   P ⎰

Aber auch diese Analyse bleibt problematisch. Das ergibt sich aus dem zweiten Akkusativobjekt oder anderen vom Infinitiv abhängigen Satzgliedern, z. B. in (35).

(35) Ich   S
     sehe   P
     ihn   O
     langsam   AB ⎱
     auf die Leiter D   ⎬ OP
     steigen.   P   ⎰

---

[2] Die *AcI*-Verben werden daher in der generativen Grammatik auch *ECM*-Verben (*exceptional case marking*) genannt. Das sind Verben, die ausnahmsweise in eine abhängige satzwertige Struktur hineinregieren und den Akkusativ dort verlangen, wo eigentlich der Nominativ stehen sollte, in einer Infinitivkonstruktion aber nicht stehen kann.

Die Analysen (34) und (35) geben richtig wieder, dass die betreffenden Satzglieder syntaktisch und semantisch allein vom Infinitiv abhängen. Dies ist aber wie bei der *small clause analysis* (33) mit dem Nachteil verbunden, dass das Objektsprädikativ als satzwertig erscheint. Wollten wir das umgehen, müssten wir sie als Attribute zum Infinitiv analysieren.

Das aber wäre ein noch größerer Nachteil bzw. Widerspruch. Denn anders als Partizipien bleiben Infinitive, sofern sie nicht substantiviert werden, verbal. Attribute können wir hier also auf keinen Fall annehmen. Bei Adjektiven und Substantiven als Objektsprädikativa ergibt sich dieses Problem nicht.

Wir müssen den Widerspruch in Kauf nehmen, den die Analysen (34) und (35) mit sich bringen. Die einzige Alternative wäre die Analyse der *AcI*-Verben zusammen mit den Infinitiven als komplexe Prädikate. Dem aber widerspricht deren klare Kompositionalität.

8.3 Perfekt und Passiv

Perfekt und *Vorgangspassiv* (*werden*-Passiv) sind analytische Verbformen und daher komplexe Prädikate. Der Status des *Rezipientenpassivs* und des *Zustandspassivs* ist umstritten. Alle „Passiv" genannten Formen sind in einer gewissen Weise „passivisch", vgl. Welke (2002). Sie enthalten ein Partizip II, das im prototypischen Fall eine „passivische", d. h. zur aktivischen finiten Verbform *konverse* Struktur aufweist.[3]

---

[3] Ein Prädikat p' ist konvers zu einem Prädikat p, wenn die Argumente von p' in entgegengesetzter Richtung zu p einander folgen. Konverse Prädikate sind z.B. „<" und „>": „a < b ≡ b > a". (Die Aussage „a ist kleiner als b" ist äquivalent zu der Aussage „b ist größer als a".)

Die analytischen Verbformen sind aus syntaktischen Strukturen entstanden, sie haben also Reanalysen (Gliederungsverschiebungen) durchgemacht. Das betrifft nicht die einzelne Verbform, sondern den *Typ*, z. B. den Typ ‚Vorgangspassiv'. Die Auflösung des komplexen Prädikats in seine syntaktischen Bestandteile gibt den syntaktischen Vorzustand wieder.

8.3.1 Perfekt

Neben den heutigen analytischen Formen gibt es stets solche, bei denen der syntaktische Vorzustand bewahrt ist. Hier dürften also, streng genommen, keine komplexen Prädikate, also auch keine Verbformen, angesetzt werden. Das betrifft bestimmte Formen und Verwendungsweisen des *sein*-Perfekts, vgl. (36).

(36) a. Die Wasserleitung ist zugefroren.
 b. Die Wasserleitung ist bereits vor drei Tagen zugefroren.

In (36a) können wir die Form [*ist zugefroren*] entweder als komplexes Prädikat (Perfekt) oder als Prädikat + Subjektsprädikativ analysieren. Denn der Satz (36a) bedeutet entweder (37a) und ist dann eine syntaktische Konstruktion aus Prädikat+ Subjektsprädikativ, oder er bedeutet (37b) und enthält eine Perfektform.

(37) a. Zur Zeit besteht ein Nachzustand von Zufrieren.
 b. Ein Vorgang des Zufrierens fand in der Vergangenheit statt.

Im Falle von (36b) ist nur die Analyse als komplexes Prädikat (Verbform) möglich. Denn die Adverbialbestimmung [*vor drei Tagen*] passt nicht zum Verb *ist* für sich genommen, da dieses im Präsens steht, wohl aber zur analytischen Verbform ‚Perfekt' [*ist zugefroren*] mit seiner Bedeutung ‚Vergangenheit', vgl. Welke (2005).

Beim *haben*-Perfekt ist die Differenz noch deutlicher. Die Form *haben* + Partizip II in (38a) kann man als Perfekt im Sinne von (38b) oder als eine syntaktische Konstruktion analysieren im Sinne von (38c) analysieren. In der Bedeutungsvariante (38c) bewahrt das Partizip II seine ursprüngliche passivische Bedeutung und ist als Objektsprädikativ zu analysieren.

(38) a. Egon hat den Arm umwickelt.
 b. Egon umwickelte den Arm.
 c. Egon hat einen Arm, der umwickelt worden ist.

In (39a) muss man die Konstruktion aus pragmatischen Gründen als Prädikat + Objektsprädikativ auffassen, da sich Kühe nicht selbst einen Ring durch die Nase ziehen können. Der Satz (39b) ist dagegen wieder ambig.

(39) a. Die Kuh hat einen Ring durch die Nase gezogen.
 b. Emil hat einen Ring durch die Nase gezogen.

8.3.2 Rezipientenpassiv

Neben das Vorgangspassiv (*werden*-Passiv) werden in den Grammatiken häufig noch ein *Rezipientenpassiv* (*bekommen*-Passiv, *Adressatenpassiv*) und ein *Zustandspassiv* gestellt.

Beim persönlichen Vorgangspassiv wird das Akkusativobjekt zum Subjekt vorgestuft (promoviert), beim *Repizientenpassiv* (38b) das Dativobjekt.

(40) a. Der Zahnarzt zieht *Emil* den Zahn.
b. *Emil* bekommt/erhält/kriegt den Zahn gezogen.

Einem Akkusativobjekt ist typischerweise die semantische Rolle ‚Patiens' zugeordnet, einem Dativobjekt die semantische Rolle ‚Rezipient' (‚Adressat'), daher der Name. Der Status des Rezipientenpassivs als Verbform ist umstritten. Die Zuordnung hängt davon ab, für wie fortgeschritten man die Grammatikalisierung einschätzt. Es gibt Sprecher, die Sätze wie (41) akzeptieren.

(41) a. Egon bekam die Lizenz entzogen.
b. Egon bekam das Fahrrad geklaut.

Denn die originäre lexikalische Bedeutung von *ziehen* oder *klauen* steht im Widerspruch zur originären Bedeutung von *bekommen*. Wenn Sprecher die Bildungen (41) als gelungen akzeptieren, kann man daraus schließen, dass sie die entsprechenden Formen als komplexe Prädikate und als analytische Verbformen (Rezipientenpassiv) auffassen mit dem finiten Verb als verblasstem Hilfsverb.

8.3.3 Zustandspassiv

Der Terminus *Zustandspassiv* könnte wegen der Parallele zu *Vorgangspassiv* eine Analyse als analytische Verbform und damit komplexes Prädikat suggerieren. Diese Form hat aber ihren Status als syntaktische Konstruktion bewahrt. Formen wie (42) sind also als Prädikat + Subjektsprädikativum zu analysieren, vgl. Maienborn (2007), Welke (2007).

(42) a. Die Kiste ist zugenagelt.
b. Der Kater ist gut gefüttert.

8.4 Funktionsverbgefüge

Besonders kompliziert ist die Ausgrenzung von komplexen Prädikaten in Form von *Funktionsverbgefügen* oder *Streckformen*. Funktionsverbgefüge entstehen aus Prädikat + Direktivum (43), aus Prädikat + Akkusativobjekt (44) und aus Prädikat +statischem Lokal (45).

(43) a. Er stellt ihm das Buch *zur Verfügung*.
 b. Er stellt seine Thesen *unter Beweis*.
 c. Das Stück gelangte 1949 *zur Aufführung*.
(44) a. Er legte *Wert* auf die Feststellung, dass ...
 b. Er leistet gern *Hilfe* beim Umzug.
(45) a. Er steht *in Verbindung* zu jemandem.
 b. Er hält den Laden *in Schwung*.

Bei den Substantiven, die den Kern des Direktivums, des Objekts oder der Adverbialbestimmung bilden, handelt es sich um Substantive, die aus Verben abgeleitet worden sind (um Verbalsubstantive) oder um Substantive, die aus Adjektiven abgeleitet worden sind.[4] Wie bei den bislang erläuterten Hilfsverbkonstruktionen verliert das Verb seine Vollverbbedeutung und erhält eine abstraktere Hilfsverbbedeutung.
Kriterien der Unterscheidung von Funktionsverbgefügen gegenüber syntaktischen Konstruktionen aus Prädikat + Direktivum/Objekt/AB sind nach Gallmann (2005: 425, 870) folgende Einschränkungen:

- keine freie Wahl des Artikels bzw. determinierender Pronomina
- Verneinung durch *nicht* (und nicht *kein*) bei präpositionalen Funktionsverbgefügen

---

4 Wir beschränken uns auf die Diskussion von Verbalsubstantiven.

- Attribute nur eingeschränkt möglich
- Nichtersetzbarkeit des Substantivs durch ein Pronomen oder Pro-Adverb

Beispiele nach Gallmann (2005: 870):

(46) a. Wir müssen diesem Umstand Rechnung tragen.
 b. Wir müssen diesem Umstand *eine/*die/*keine Rechnung tragen.
 c. Wir müssen diesem Umstand *(eine/die/keine) *große Rechnung tragen.
 d. Wir müssen diesem Umstand Rechnung tragen. *Sie ist sehr hoch.

Die Restriktionen verweisen darauf, dass die Substantive *nicht* referentiell verwendet werden. Das heißt, sie werden nicht in der originären syntaktischen Funktion von Substantiven verwendet, um etwas zu benennen, das dann auch durch Pronomina vertretbar oder durch Artikel und Pronomina determinierbar ist, sondern prädikativ.

Wie bei anderen Hilfsverbkonstruktionen geht die spezifische Prädikation vom Verb auf den nunmehrigen Prädikatsbestandteil über. Dieser ist als Kern geeignet, da es sich um Substantive handelt, die aus Verben oder Adjektiven abgeleitet worden sind. Das übergeordnete Verb erhält als Hilfsverb – im Widerspruch zur ursprünglichen syntaktischen Struktur – eine modifizierende Funktion. Zum Beispiel drückt es aspektuale Nuancen aus:

(47) a. Er führte das Stück auf. *(imperfektiv)*
 b. Er brachte das Stück zur Aufführung. *(perfektiv)*

(48) a. Er diskutierte etwas. *(imperfektiv)*
 b. Er stellte etwas zur Diskussion. *(perfektiv)*

8.4 Funktionsverbgefüge

Wir halten folgende Verfeinerung der Kriterien Gallmanns für möglich:

- Die Determinatorwahl ist eingeschränkt und verbunden mit der Unmöglichkeit bzw. starken Einschränkung von Attributen. Für *präpositionale* Funktionsverbgefüge ist neben Artikellosigkeit die Wahl von Präpositionaldeterminatoren wie *ins, zur, zum* typisch.
- Erst bei der Wahl anderer Determinatoren werden Attribute möglich.

Abhängig von den genannten Kriterien kann man sich im Einzelnen für die Analyse als komplexes Prädikat (a) oder Prädikat + Direktivum, Objekt oder Adverbialbestimmung entscheiden (b), vgl.:

(49) a. Etwas gelangt zur Durchführung.
  b. Etwas gelangt zur beschleunigten Durchführung.
(50) a. Das findet nicht Berücksichtigung.
  b. Das findet keine weitere Berücksichtigung.
(51) a. Das bleibt in Erinnerung.
  b. Das bleibt in meiner Erinnerung.

Bei *akkusativischen* Funktionsverbgefügen gilt auch die geänderte weichere Formulierung der Restriktion nur bedingt:

(52) a. Er leistet Widerstand/großen Widerstand.
  b. Er leistet einen Beitrag/einen großen Beitrag.

Die bei Gallmann (2005: 426) aufgeführten akkusativischen Funktionsverbgefüge sind nach seinen Kriterien nicht von syntaktischen Fügungen zu unterscheiden, vgl.:

(53) a. ein Versprechen geben – das Versprechen geben, ein aufrichtige Versprechen geben
b. einen Befehl erteilen – den Befehl erteilen, einen strikten Befehl erteilen
c. (die/eine) Antwort bekommen – die nichtsagende Antwort bekommen, eine nichtssagende Antwort bekommen

Die Abgrenzung wird ferner dadurch mitbedingt, dass weitere Gesichtspunkte hinzukommen.

- Der Kreis der Verben, die als Funktionsverben in Frage kommen, ist begrenzt.
- Es gibt nur eine relativ geringe Zahl von Kollokationen, die bei den einzelnen Funktionsverben im Gebrauch sind. Das heißt, es gibt eine gewisse Idiomatisierung, vgl. (54).

(54) a. in Anspruch nehmen/*ziehen – ins Vertrauen ziehen/*nehmen
b. Nachsicht üben/*leisten – Hilfe leisten/*üben

Bei besonders stark idiomatisierten Fügungen und bei Fügungen, die den oben genannten Restriktionen besonders deutlich unterworfen sind, geben wir der Analyse als komplexes Prädikat den Vorzug. Bei Zweifelsfällen plädieren wir für die syntaktische Auflösung.

8.4.1 Attributkriterium (Umstellprobe)

Vom Standpunkt der Satzgliedanalyse aus ist die Umstellprobe von besonderer Relevanz. Die Umstellprobe kann gegen die Möglichkeit sprechen, ein komplexes Prädikat anzusetzen. Im letzteren Fall ergibt sich eine Attributlesart. Oft ermöglicht erst die Umstellprobe die Entscheidung.

Bei den substantivischen Bestandteilen der Funktionsverbgefüge handelt es sich um Verbalsubstantive oder um Adjektivableitungen. Diese haben daher eine Valenz. Es ist nun in der Satzgliedanalyse zu entscheiden, ob die jeweilige Ergänzung des Substantivs als Satzglied oder als Attribut aufzufassen ist. Das ist von Belang bei Ergänzungen, die rechts vom Substantiv stehen. Links stehende Ergänzungen können nicht Attribute sein, da nicht-adjektivische Attribute rechts vom Substantiv stehen, vgl.:

(55) a. Emil stellt Egon sein Auto *zur Verfügung*.
 b. *Sein Auto zur Verfügung* stellt Emil Egon.

Eine Umstellprobe ergibt zwar (55b). Aber das ist kein Indiz dafür, dass [*sein Auto zur Verfügung*] eine normale substantivische Wortgruppe ist mit *Verfügung* als Kern. Eine solche Wortgruppe müsste so aussehen, vgl.:

(56) *Zur Verfügung des Autos stellte Emil Egon.

Vielmehr handelt es sich um die Voranstellung des infiniten Bestandteils des komplexen Prädikats zusammen mit einer dazu gehörenden Ergänzung wie in (57).

(57) *Sein Auto verkauft* hat Emil.

Relevant wird die Attributprobe bei rechts stehenden syntaktischen Einheiten. Das sind präpositionale Wortgruppen, und Nebensätze oder Infinitivkonstruktionen, weil diese rechts vom substantivischen Valenzträger stehen, vgl.:

(58) Die Hoffnung auf Erfolg beflügelte ihn.
(59) Die Hoffnung, dass er Erfolg hat, beflügelte ihn.

Wir beziehen uns im Folgenden auf Beispiele für Funktionsverbgefüge, die wir bei Helbig/Buscha (2001) und Gallmann (2005) finden. Die Auflistung in den beiden Grammatiken sagt nicht automatisch, dass man allein mit den Kriterien der Satzgliedanalyse Funktionsverbgefüge zweifelsfrei erkennen kann. Eine Umstellprobe bringt jedoch erst einmal Klarheit. Offen müssen wir aber lassen, welche *anderen* Kriterien dafür sprechen könnten, dass es sich um Funktionsverbgefüge handeln könnte, auch wenn aus der Umstellprobe eigentlich folgt, dass kein Funktionsverbgefüge vorliegt.

Wir gliedern wieder nach *präpositionalen* und *akkusativischen* Funktionsverbgefügen.

8.4.2 Präpositionales Funktionsverbgefüge

Bei Konstruktionen, die man als präpositionalen Funktionsverbgefügen ansehen könnte, scheint die Umstellprobe meist gegen die Attributlesart zu sprechen. Die Umstellprobe bestätigt in diesem Fall den Status als Funktionsverbgefüge, also als komplexes Prädikat, und schließt die syntaktische Auflösung und die Attributlesart aus. Abhängige Nebensätze oder Infinitivkonstruktionen müssen als Objekte bestimmt werden, vgl. (60).

(60) Emil *stellt zur Diskussion*, ob sie sich an der Transaktion beteiligen wollen.

Die Umstellprobe ergibt:

(61) a. *Ob sie sich an der Transaktion beteiligen wollen*, stellt Emil zur Diskussion.
b. *Zur Diskussion* stellt Emil, ob sie sich an der Transaktion beteiligen wollen.
c. **Zur Diskussion, ob sie sich an der Transaktion beteiligen wollen*, stellt Emil.

Die Umstellprobe weist die Nebensätze als Satzglieder aus. Da sie valenzgefordert sind, handelt es sich um Objekte. Der Probe (61c) zufolge kann der Nebensatz nicht als Attribut zu *Diskussion* aufgefasst werden, vgl. auch:

(62) a. Emil *zieht in Betracht*, teilzunehmen.
b. **In Betracht teilzunehmen* zieht Emil.

Es gibt aber Fälle, in denen die syntaktische Auflösung und damit ein attributiver Bezug möglich ist, vgl.:

(63) a. Sie *sind in Verhandlungen getreten* darüber, ob sie streiken sollen.
b. *Darüber, ob sie streiken sollen*, sind sie in Verhandlungen getreten.
c. *In Verhandlungen darüber, ob sie streiken sollen*, sind sie getreten.

Die Umstellprobe ergibt beide Möglichkeiten. Der Nebensatz kann als Objekt aufgefasst werden. Er kann aber auch als Attribut gedeutet werden. Das Pronominaladverb *darüber* gehört als Platzhalter zum Nebensatz. Es ist Platzhalter für ein Objekt oder für ein Attribut, abhängig davon, wie wir den Nebensatz auffassen. Für die Satzgliedanalyse ergibt sich, dass man koppeln muss:

- Analysiert man den Nebensatz als Objekt, dann muss man ein komplexes Prädikat ansetzen.
- Analysiert man den Nebensatz als Attribut, dann muss man syntaktisch auflösen in Prädikat + Direktivum bzw. Objekt.

Warum muss man bei einer Objektlesart ein komplexes Prädikat ansetzen? Die Antwort ergibt sich aus der Abhängigkeit bzw. Valenz.

Wollten wir das mutmaßlich komplexe Prädikat syntaktisch auflösen und die Objektlesart beibehalten, dann müsste der Nebensatz in (63) vom Verb (Prädikat) [*sind getreten*] abhängen. Das Verb *treten* regiert jedoch kein solches Objekt. Vielmehr ist der Nebensatz von *Verhandlungen* abhängig. Beziehen wir ihn auf *Verhandlungen* allein, erhalten wir die Attributlesart. Der Nebensatz ist aber erststellenfähig. Daraus folgt, dass er als Objekt auf ein komplexes Prädikat [*in Verhandlungen treten*] zu beziehen ist.

Im Umkehrschluss ist das auch ein Argument für die Annahme eines komplexen Prädikats.

Daraus wiederum folgt, dass die Auffassung von [*in Verhandlungen treten*] als komplexes Prädikat nicht aus Gesichtspunkten der Satzgliedanalyse allein folgt, sondern aus zusätzlichen, weitergehenden Annahmen, nämlich aus Gesichtspunkten der Valenz.

Die syntaktische Auflösbarkeit dürfte mit dem Grad an Konkretheit zusammenhängen, den man den Bezügen unterstellen kann. Die Wortgruppe [*in Verhandlungen treten*] ist anschaulicher lokal interpretierbar als die Wortgruppe [*zur Diskussion stellen*]. Letztere ist nicht auflösbar. Die syntakti-

8.4 Funktionsverbgefüge

sche Auflösbarkeit ist damit auch ein Gradmesser für die Festigkeit des Funktionsverbgefüges, d.h. für den Grad seiner Grammatikalisierung.

Die oben vorgetragenen Valenzgesichtspunkte gelten auch für [*zur Diskussion stellen*] in (60). Der Nebensatz hängt nicht von *stellen* ab, sondern von [*zur Diskussion*]. Die Umstellprobe erlaubt aber nicht die Attributlesart. Da die Umstellprobe die Objektlesart erfordert, muss [*zur Diskussion stellen*] ein komplexes Prädikat sein.

Ein anderes Bild ergibt sich, wenn neben dem Nebensatz noch ein zweites Objekt wie z. B. [*die Frage*] vorkommt, vgl.:

(64) a. Emil *stellt* die Frage *zur Diskussion*, ob sie sich beteiligen wollen.
 b. *Die Frage, ob sie sich beteiligen wollen*, stellt Emil zur Diskussion.
 c: ?*Zur Diskussion, ob sie sich beteiligen wollen*, stellt Emil die Frage.

Man kann, wie die Umstellprobe zeigt, den Nebensatz auf *Frage* beziehen. Statt des Nebensatzes ist dann die substantivische Wortgruppe [*die Frage, ob sie sich beteiligen wollen*] Objekt.

Die Grammatikalität von (64c) erscheint unklar. Tendenziell verweist das auf syntaktische Auflösung. Die etwas bessere Akzeptabilität führen wir darauf zurück, dass die Struktur in diesem *Retortensatz* unübersichtlich wird, so dass seine Grammatikalität nicht sicher zu beurteilen ist.

8.4.3 Akkusativisches Funktionsverbgefüge

Ein großer Teil der bei Gallmann (2005: 426) aufgeführten akkusativischen Funktionsverbgefüge lässt nur die Attributlesart zu und erfordert also die syntaktische Auflösung. Die Sätze (65a) – (67a) enthalten nach den Kriterien der Satzgliedanalyse also keine komplexen Prädikate, vgl.:

(65) a. Er gab ein/das Versprechen, ihn bald zu besuchen.
    b. ?Ihn bald zu besuchen, gab er ein/das Versprechen.

(66) a. Er erteilte einen/den Befehl, die Stadt zu räumen.
    b. ?Die Stadt zu räumen, erteilte er einen/den Befehl.
(67) a. Er bekam (die/eine) Antwort, dass alles noch offen sei.
    b. ?Dass alles noch offen sei, bekam er (eine/die) Antwort.

Möglich ist unter Gesichtspunkten der Satzgliedanalyse nur die syntaktische Auflösung in Prädikat + Objekt, mit einem Objekt, das ein Attribut enthält (68).

(68) Er   S
     gab   P
     ihm   O
     das Versprechen ⎤
     aufzupassen.   ⎦ O

Das ist das Ergebnis der Satzgliedanalyse. Damit soll nicht gesagt sein, dass der Status als Funktionsverbgefüge sich nicht anderweitig rechtfertigen lässt.

In Einzelfällen ist sowohl die Interpretation als komplexes Prädikat als auch die syntaktische Auflösung möglich:

(69) a. Er *gab* ihm *den Rat* zu verduften.
 b. *Zu verduften*, gab er ihm den Rat.
 c. *Den Rat, zu verduften*, gab er ihm.

Die Analysierbarkeit als komplexes Prädikat hängt, wie wir festgestellt haben, mit dem Auftreten eines Artikels zusammen. Kann das betreffende Substantiv ohne Artikel stehen, ist die Analyse als komplexes Prädikat möglich. Steht das Substantiv mit Artikel oder muss es mit Artikel stehen, ist die Analyse als Objekt oft nicht möglich, also auch nicht die Analyse als komplexes Prädikat.

Anmerkung
Bei Gallmann (2005: 426), finden sich fünf Gruppen von akkusativischen Funktionsverbgefügen:

leisten, machen, erheben, üben, führen, nehmen
Angegeben werden bis auf ein Beispiel nur artikellose Substantive. Die Substantive lassen sich stets als Objekte auffassen, also die Fügungen als komplexe Prädikate, vgl. (70b). Aber auch die syntaktische Auflösung ist möglich, vgl. (70c):

(70) a. Er *übt Kritik* daran, dass das so ist.
 b. *Daran, dass das so ist*, übt er Kritik. (Objekt)
 c. *Kritik daran, dass das so ist*, über er. (Attribut)

geben, erteilen
Die Beispielsubstantive stehen stets mit dem unbestimmten Artikel. Der Anschluss eines Nebensatzes als Objekt ist nicht möglich. Diese komplexen Prädikate lassen überhaupt kein weiteres Argument neben dem Subjekt zu. Das Attributkriterium ist also nicht anwendbar, vgl.:

(71) a. ?Er *gab eine Antwort*, dass er kommt.
 b. ?Er *erteilte einen Rat*, nicht zu kommen.

Die Substantive erlauben eine Ergänzung, sind aber mit bestimmtem Artikel nicht als Kerne von komplexen Prädikaten analysierbar:

(72) a. Er *gab die Antwort*, dass er kommt.
 b. **Dass er kommt*, gab er die Antwort.
 c. *Die Antwort, dass er kommt*, gab er.
(73) a. Er *erteilte den Rat*, nicht zu kommen.
 b. **Nicht zu kommen*, erteilte er den Rat.
 c. *Den Rat, nicht zu kommen*, erteilt er.

Nach dem Kriterium der Umstellprobe handelt es sich folglich nicht um Funktionsverbgefüge, sondern um Prädikate + Objekte.

finden, erfahren, genießen
Diese Verben können persönlich (mit einem persönlichen Subjekt) oder unpersönlich verwendet werden. Im persönlichen Gebrauch werden Ergänzungen des Substantivs meist nicht realisiert, vgl.:

(74) Jemand *findet/erfährt/genießt Anerkennung*.

Präpositionalphrasen mit *in* oder *für* bzw. entsprechende Platzhalter mit Nebensatz oder Infinitivkonstruktion können angeschlossen werden, vgl.:

(75) Emil *erfährt Anerkennung* für seine Zivilcourage/dafür, dass er Zivilcourage bewiesen hat.

Sowohl die Analyse als komplexes Prädikat mit der angeschlossenen Ergänzung als Objekt, vgl. (76a) als auch die syntaktische Auflösung mit der angeschlossenen Ergänzung als Attribut, vgl. (76b) ist möglich:

(76) a. *Für seine Zivilcourage/Dafür, dass er Zivilcourage bewiesen hat*, erfährt Emil Anerkennung.
b. *Anerkennung für seine Zivilcourage/dafür, dass er Zivilcourage bewiesen hat*, erfährt Emil Anerkennung.

Bei unpersönlichem Gebrauch ist ein Nebensatz oder eine Infinitivkonstruktion oder eine substantivische Wortgruppe Subjekt.

(77) *Emils Zivilcourage/dass Emil Zivilcourage bewiesen hat* findet Anerkennung.

Die Frage nach der Attributlesart ist hier gegenstandslos. Von der Satzgliedanalyse aus kann man nicht entscheiden, ob [*findet Anerkennung*] als komplexes Prädikat oder als Prädikat + Objekt zu analysieren ist. Man sollte beide Auffassungen zulassen. Man kann weitere von der Satzgliedanalyse unabhängige Kriterien für Funktionsverbgefüge finden.

bekommen, erhalten
Die Substantivbeispiele sind mit einer Ausnahme mit bestimmtem oder unbestimmtem Artikel versehen, z. B.:

(78) Er *bekam die Antwort*, dass sie abgereist ist.

Der Nebensatz ist nach der Umstellprobe nicht als Objekte zu analysieren, sondern nur als Attribut. Wir können also nach dem Kriterium der Umstellprobe kein komplexes Prädikat ansetzen, sondern müssen syntaktisch auflösen, vgl. (79).

(79) a. ***Dass sie abgereist ist*, bekam er die Antwort.
b. *Die Antwort, dass sie abgereist ist*, bekam er.

Wie stets sollte man bei den Proben darauf achten, dass man nicht unter der Hand weitere Änderungen vornimmt. So liegen die Dinge z. B. bei (80) anders.

(80) Er bekam *als* Antwort, dass sie abgereist ist.

Hier ist [*als Antwort*] Objektsprädikativ, und der Nebensatz ist Objekt. Ein komplexes Prädikat liegt nicht vor. Die Attributauffassung ist nicht möglich, vgl.:

(81) a. Er bekam als Antwort, dass sie abgereist ist.
 b. *Dass sie abgereist ist*, bekam er als Antwort.
 c. *Als Antwort* bekam er, dass sie abgereist ist.
 d. **Als Antwort, dass sie abgereist ist*, bekam er.

haben
Gallmann gibt Substantive mit bestimmtem oder unbestimmtem Artikel an. Nach dem Attributkriterium handelt es sich nicht um komplexe Prädikate, vgl. (82).

(82) a. Ich habe die Hoffnung, dass es gelingt.
 b. *Dass es gelingt, habe ich die Hoffnung.
 c. *Die Hoffnung, dass es gelingt*, habe ich.

Wiederum anders zu beurteilen ist (83).

(83) Dass es gelingt, *die* Hoffnung habe ich.

Diese Wortfolge ist der Mündlichkeit geschuldet. Der Sprecher beginnt mit dem einzuordnenden Nebensatz, muss dann aber neu einsetzen, vgl. auch 3.5.5.

8.4.4 Zusammenfassung

Bei funktionsverbverdächtigen Konstruktionen gibt es eine breite Grauzone zwischen syntaktischer und morphologischer Analyse (zwischen syntaktischer Auflösung in Prädikat + Direktivum/Akkusativobjekt und Zusammenfassung zu einem komplexen Prädikat). Einschlägig sind die von Gallmann, vgl. oben, genannten Kriterien:

- keine freie Wahl des Artikels bzw. determinierender Pronomina
- Verneinung durch *nicht* (und nicht *kein*) bei präpositionalen Funktionsverbgefügen
- Attribute nur eingeschränkt möglich
- Nichtersetzbarkeit des Substantivs durch ein Pronomen oder Pro-Adverb
-

Aus der Perspektive der Satzgliedanalyse ist die Umstellprobe das wichtigste Kriterium. Die Umstellprobe bezieht sich auf weitere abhängige syntaktische Einheiten und prüft deren Abhängigkeit vom Verb oder dem Direktivum. Die Umstellprobe kann zu unterschiedlichen Ergebnissen führen:

1. Die fragliche syntaktische Einheit lässt sich als Objekt identifizieren. Aus der Objektlesart folgt die Analyse als komplexes Prädikat.
2. Die syntaktische Einheit ist Attribut. Aus der Attributlesart folgt die syntaktische Auflösung. Denn Funktionsverbgefüge enthalten typischerweise keine Attribute.
3. Die Umstellprobe erlaubt beide Interpretationen. Es liegt eine strukturelle Ambiguität vor.

8.5 Partikelverben

In den vorangegangenen Abschnitten 8.1 – 8.4 haben wir die Fälle besprochen, in denen das ursprüngliche Prädikat zum untergeordneten modifizierenden Bestandteil des komplexen Prädikats wird. In den folgenden Abschnitten 8.5 – 8.7 geht es um den entgegengesetzten Vorgang. Die inkorporierten Bestandteile des komplexen Prädikats werden zu untergeordneten modifizierenden Komponenten des Gesamtprädikats.

Wir beginnen mit den Partikelverben. So werden Verben wie *aufhören, anfangen, zusehen* in der neueren Wortbildungslehre genannt. Partikelverben unterscheiden sich u. a. durch die Trennbarkeit von den Präfixverben, vgl. z. B. (84b).

(84) a. ... weil er zusieht. Er sieht zu.
b. ... weil er etwas besichtigt. Er besichtigt etwas.

Zumeist werden Gebilde wie *zusehen, aufhören* trotz der Trennbarkeit als Wörter und nicht als syntaktische Konstruktionen angesehen. „Trennbare Verben" sind Verben, die *ausnahmsweise* getrennt werden können. Trennung ist etwas Syntaktisches. Wieder haben wir es mit Übergängen zu tun. Traditionell wird auch von Halbpräfixen (Halbaffixen) oder Präfixoiden (Affixoiden) gesprochen. Man bewertet den Grad des erreichten Übergangs von der syntaktischen Konstruktion zum Wort und betrachtet Gebilde wie *aufhören, hört ... auf* als Wörter und nicht als syntaktische Konstruktionen, obwohl Eigenschaften wie die Trennbarkeit gegen den Wortstatus sprechen.

Wir fügen hinzu, dass wir der Orthographie nicht automatisch Glauben schenken müssen, insbesondere wenn wir an die zahlreichen Streitfälle über Getrennt- und Zusammenschreibung denken und die Verunsicherungen durch die Rechtschreibreform.

Auch geben die orthographischen Regeln die sprachlichen Gegebenheiten nicht unbedingt richtig wieder. Die Orthographiereform versucht scharfe Abgrenzungen (Regeln) festzusetzen. In den zu Grunde liegenden syntaktischen und morphologischen Gegebenheiten sind die Grenzen jedoch unscharf. Aus diesem Grunde ist der Status der Partikelverben sowie des Kreises der Gebilde, die als solche gelten sollten, umstritten. Man könnte durchaus auch gegen die Rechtschreibung ein orthographisches Wort syntaktisch zerlegen und es beispielsweise als Prädikat + Direktivum analysieren.

Zu bedenken ist in diesem Zusammenhang, dass Verben nicht nur mit Partikeln wie *auf, bei, an, zu*, zusammengeschrieben werden, die als eigenständige Wörter vor allem *Präpositionen* sind, sondern auch mit *hinauf, herunter, zusammen, zurück* usw., die als eigenständige Wörter *Adverbien* sind. An dieser Praxis hat die Rechtschreibreform nicht gerüttelt, obwohl sie in andere Bereiche eingegriffen hat und frühere Zusammenschreibungen mit dem Ziel der Vereinfachung für den Schreiber rückgängig gemacht hat. Es ist zu vermuten, dass viele Schreiber nunmehr schließen, dass sie Bildungen mit *hinauf, weiter, zusammen* usw. getrennt schreiben müssen und Schreibungen wie (85) produzieren, die gegen die alte und die neue Regel verstoßen.

(85) a. Ich will hinauf gehen.
 b. Ich will weiter erzählen.
 c. Man muss das zusammen schreiben.

Hier könnten wir mit unseren Satzgliedanalysen eingreifen und unabhängig von der Schreibung syntaktisch zerlegen in Prädikat + Direktivum bzw. Objektsprädikativ. Wir würden damit zum Ausdruck bringen, dass diese Konstruktionen dem syntaktischen Vorzustand näher sind als etwa (86).

(86) Ich höre jetzt auf./Ich will jetzt aufhören.

Denn das Verb *aufhören* kann nicht unmittelbar auf einen syntaktischen Vorzustand zurückgehen.

Man kann dennoch an Verwendungen wie (87) erkennen, dass man die Partikel in dem Wortbildungstyp der Partikelverben als eine spezifische Verkürzung eines Direktivums auffassen kann.

(87) Ich lege ein frisches Tischtuch *auf.* – Ich lege ein frisches Tischtuch *auf den Tisch.*
Ich lege noch etwas *zu.* – Ich lege noch etwas *zu dem anderen.*

Wir wollen noch ein Weiteres hinzufügen: In diachron orientierten älteren Wortbildungslehren wurden Verben wie *aufhören, zuhören* als Komposita behandelt, da *auf* und *zu* im Unterschied etwa zu den Präfixen *be-* oder *ver-* (noch) als Wörter vorkommen, mit Hinweis auf den Übergang zur Derivation (Stichwort: Halbaffix), z.B. bei Henzen (1965). Donalies (2005: 28ff.) betrachtet neuerlich Partikelverben nicht als Wörter, sondern als (syntaktische) ‚Präverbfügungen'. Eine Folgerung daraus wäre, dass man den Partikelverben den Status als komplexe Prädikate aberkennen müsste und sie syntaktisch in Prädikat + Direktivum aufzu- lösen hätte.

Zusammenfassung
Ein Reflex des Wortstatus ist die Orthographie. Wenn etwas zusammengeschrieben wird, wird es als Wort angesehen. Wenn aber etwas als Wort angesehen wird, dann auch als einheitliches Prädikat. Wir folgen in unseren Satzgliedanalysen den orthographischen Regeln und auch der aktuellen Schreibung.

Wir haben aber auch auf mögliche Widersprüche zwischen Orthographie und dem tatsächlichen morphologischen bzw. syntaktischen Status der Konstruktionen hingewiesen.

8.6 Inkorporation konkreter Substantive

Stärker noch als bei den Funktionsverben spielt hier die Artikelwahl eine Rolle. Die Substantive stehen artikellos. Ihnen können keine Attribute hinzugefügt werden. Das spricht wie im Falle von Substantiven, die auf Verben oder Adjektive zurückgehen, für die Analyse als komplexe Prädikate. Beispiele sind nach Gallmann (2005: 871):

(88) a. Auto fahren, Rad fahren, Motorrad fahren
b. Karten spielen, Schach spielen, Verstecken spielen
c. Abstand halten, Hof halten, Maß halten
d. Amok laufen, Ski laufen, Sturm laufen
e. Zeitung lesen

Ein Kasus ist äußerlich nicht erkennbar. Bei den betreffenden Verben müsste es sich um einen Akkusativ handeln. Die Substantive stehen aber teilweise auch an Stellen, an denen normalerweise eine Präpositionalphrase stehen würde:

(89) Bock springen, Fuß fassen, Schlange stehen

Der Unterschied zu Funktionsverbgefügen folgt aus dem Umstand, dass die Substantive hier nicht auf Verben (bzw. Adjektive) zurückgehen, die die Prädikationsleistung übernehmen können. Kern der Prädikation bleiben die Verben. Diese behalten im Unterschied zu den Funktionsverben auch ihre volle lexikalische Bedeutung.

Die Substantive werden aber wie die Substantive in den Funktionsverbgefügen nicht mehr (oder nicht mehr primär) *referentiell* gebraucht. Sie dienen dazu, die Art des Vorgangs oder der Tätigkeit zu *modifizieren*. Die Form [*Auto fahren*] als komplexes Prädikat ist eine Art von Fahren. Auch [*Brot backen*] und [*Holz hacken*], aufgefasst als komplexe Prädikate, wollen wir so beurteilen.

Das ist aber noch kein hinreichender Grund für eine Analyse als komplexes Prädikat. Als Alternative liegt die Bestimmung als Adverbialbestimmung näher.

Es kommt etwas hinzu, was man von Fall zu Fall intuitiv zu entscheiden hat, was aber die Orthographie im Falle der Zusammenschreibung für uns entscheidet. Das ist das Zusammenwachsen von Bedeutungseinheiten durch Idiomatisierung, vgl. 8.8.

8.7 Reflexivpronomina – reflexive Verben

Traditionell unterscheidet man nach unechten und echten reflexiven Verben. Unecht reflexiv nennt man diejenigen Verben, bei denen das Reflexivpronomen[5] durch ein anderes Pronomen oder ein Substantiv bzw. eine Substantivgruppe substituiert werden kann, z. B.:

---

5   Das Reflexivpronomen im Engeren ist im Deutschen das Wort *sich*. Es ist auf die 3. Person und auf den Akkusativ und Dativ beschränkt. In der 2. und 3. Person treten Personalpronomina in derselben Funktion an die Stelle von *sich*: *Ich freue mich, du freust dich.*

(90) a. Emil beruhigt sich.
 b. Emil beruhigt Anna.
(91) a. Emil ärgert sich.
 b. Emil ärgert Anna.

Echt reflexiv nennt man die Verben, bei denen das Reflexivum nicht substituierbar ist, z. B.:

(92) a. Emil freut sich.
 b. *Emil freut ihn.
(93) a. Emil schämt sich.
 b. *Emil schämt ihn.

Hieraus ergibt sich die Unterscheidung in syntaktische Konstruktionen und komplexe Prädikate. Ist das Reflexivpronomen substituierbar (90) und (91), wird es als Objekt analysiert. Wenn das Reflexivpronomen nicht substituierbar ist wie in (92) und (93), wird es als unselbständiger Bestandteil des Verbs betrachtet.

Anmerkung
Helbig/Buscha (2001:55f.) nennen daher nur die echt reflexiven Verben reflexive Verben und die Konstruktionen mit unecht reflexiven Verben Reflexivkonstruktionen. Damit bringen sie zum Ausdruck, dass nur die echt reflexiven Verben als eine besondere Art von Verben und damit als komplexe Prädikate aus Verb + Reflexivpronomen anzusehen sind.

Etwas anders und etwas genauer stellt sich die Sachlage dar, wenn man den Gesichtspunkt der *Medialisierung* einbezieht, vgl. Welke (1997; 2002).

Reflexivpronomina haben die Tendenz, eine ‚mediale' Bedeutung anzunehmen, d.h. ihre lexikalische ‚rückbezügliche' Bedeutung schwächt sich ab, und das Reflexivpronomen wird zum grammatischen Kennzeichen einer Intransitivierung. Die semantische Seite dieser Intransitivierung besteht darin, dass das Verb seine Handlungsbedeutung verliert und eine Tätigkeitsbedeutung oder Vorgangsbedeutung annimmt mit dem Reflexivum als Kennzeichen dieser Bedeutungsveränderung.

Anmerkung
Der Terminus *medial* bzw. *Medialisierung* ist aus der griechischen Grammatik entlehnt worden. Dort unterscheidet man drei Genera: Aktiv, Passiv und Medium. Diese Genera werden im Griechischen nicht analytisch (durch ein gesondertes Reflexivpronomen) ausgedrückt, sondern synthetisch, also am Verb unmittelbar. Aber es fallen die gleichen Bedeutungen wie im Deutschen darunter: nämlich eine vollsemantisch reflexive, d. h. ‚rückbezügliche' Bedeutung und eine mediale Bedeutung im engeren Sinne. Im Englischen wird die mediale Bedeutung meist nicht gesondert ausgedrückt, vgl.: *Die Tür öffnete sich. – The door opened.*

Der Prozess der Medialisierung macht vor den unecht reflexiven Verben nicht Halt. So kann man (90a) und (91a) zwar vollsemantisch rückbezüglich verstehen. Aber typischerweise wird man diese Verben medial auffassen. Denn in einem Satz wie (90a) wird normalerweise nicht mitgeteilt, dass Emil so etwas tut, wie sich selbst gut zuzureden oder bis drei zu zählen, womit er die *Handlung* des Beruhigens von jemandem und in diesem Fall von sich selbst ausführt. Es wird vielmehr nur mitgeteilt, dass in ihm der Vorgang des Sich-Beruhigens vonstatten geht. Durch die Reflexivierung wird aus einem Handlungsverb ein Vorgangsverb, vgl. im Einzelnen Welke (2002: 217ff.).

Dasselbe gilt für *sich ärgern* in (91a). Auch hier handelt es sich um ein mediales Verb. Wenn Emil sich ärgert, steht er nicht vor dem Spiegel und streckt sich die Zunge heraus, damit er sich über diese Handlung ärgert, so wie er der Anna die Zunge rausstrecken kann, um diese zu ärgern.

Man kann die untypische wörtlich rückbezügliche Bedeutung durch geeignete Formulierungen verdeutlichen, z. B.:

(94) Emil ärgert nicht nur Anna durch sein Verhalten, sondern auch sich selbst.

Viele unecht reflexive Verben sind bei reflexivem Gebrauch mediale Verben. Wir können reflexiv gebrauchte Verben also sehr oft als komplexe Prädikate einstufen, wenn wir Medialisierung als Kriterium nehmen.

Wir können uns aber oft auf die wörtliche Bedeutung zurückziehen und das Reflexivum als Satzglied (Objekt) analysieren.[6]

Von Medialverben unterscheiden wir *Medialkonstruktionen*. Das sind Konstruktionen wie in (95a):

(95) a. Das Gras mäht sich leicht.
 b. *Das Gras mäht sich.

Um Grammatikalität zu erreichen, braucht man hier einen Zusatz wie das Adverb *leicht*. Dieses hat natürlich Satzgliedstatus. Es ist Adverbialbestimmung. Das Reflexivpronomen ist wieder Kennzeichen der Medialisierung, bildet also mit dem Verb zusammen ein komplexes Prädikat.

---

6 Gegebenenfalls muss man das Reflexivpronomen natürlich auch als Attribut analysieren, z. B. in [*der sich ärgende Emil*].

8.8 Idiomatisierungen

Unterschiedliche Satzglieder können mit Prädikaten qua Idiomatisierung zu einer Bedeutungseinheit (einem Lexem) und damit zu einem komplexen Prädikat zusammenwachsen. Die Zusammenfassung zu komplexeren Bedeutungseinheiten ist an sich nichts Besonderes. Sie wird von den Sprechern und Hörern in jedem Satz aktuell beim Aufbau der Konstituentenstrukturen geleistet. Bei Idiomatisierungen geht es um dauerhaft im Lexikon gespeicherten Wortgruppen, d.h. um die Entstehung von so genannten Lexemen, um Lexematisierungen. Es handelt sich um einen Bereich mit sehr vagen Übergängen. Eine Klassifikation nimmt aber jedes Wörterbuch vor. Denn es werden nicht nur Wörter, sondern auch Wortgruppen als Lexeme ins Lexikon aufgenommen. Die ins Wörterbuch als Einträge aufgenommenen Konstruktionen kann man als Einheiten ansehen, die die Sprecher/Hörer dauerhaft in ihrem mentalen Lexikon speichern. Im Falle von verbalen Lexemen geht es um komplexe Prädikate.

Es sind unterschiedliche Satzglieder durch Idiomatisierung in ein komplexes Prädikat integrierbar.

Objekte: *Auto fahren,*
Rad fahren,
den Affen machen
keine Verzierungen abbrechen
kennen lernen
spazieren gehen
Direktiva: *auf die Palme bringen*
unter die Haube kommen
abwärts gehen

Objektsprädikative:	*glatt bügeln*
	tot schweigen
Adverbialbestimmungen:	*schwarz fahren*
	dicke tun
	nahe liegen

Ein wesentlicher Aspekt der Lexematisierung ist der Umstand, dass die Gesamtbedeutung sich nicht mehr ohne Weiteres aus der Kombination der Einzelbedeutungen aufbauen lässt, weil die Konstruktion als ganze eine neue übertragene Bedeutung erhält. Die Gesamtbedeutungen der Konstruktionen ist nicht mehr kompositional.

Daraus kann *Zusammenrückung* als eine besondere Form der Wortbildung (Komposition) folgen. Eine Zusammenrückung setzt (mit Ausnahme von Sonderformen wie *Tunichtgut*) voraus, dass das Erstglied des entstehenden Kompositums, wie es den Prinzipien der Wortbildung entspricht, unflektiert ist und nicht durch Hilfswörter wie Präpositionen oder Artikel erweitert wird, vgl. *alleinerzeihend*. Nur Infinitive sind möglich, vgl. *kennenlernen*.

Das Fehlen morphologischer Kennzeichen und permanente Adjazenz der Wörter sind daher Bedingungen der *Zusammrückung* als einer besonderen Form der Wortbildung. Deren orthographischer Reflex ist die Zusammenschreibung. Wir nehmen daher Zusammenschreibung als Indiz für das Vorliegen komplexer Prädikate.

Anmerkung: Zusammenrückung
Bei Zusammenrückungen geht es darum, dass zwei (oder auch mehrere) Wörter, die syntaktisch nebeneinander stehen, zu einem Wort zusammengezogen werden. Im Unterschied zu anderen Wortbildungsmustern unterscheidet sich das entstandene Wort formal nur partiell (in der Betonung) von syntaktischen Konstruktionen.

Das zeigen die Orthographieschwierigkeiten. Dass man *Haustür* oder *Orthographieschwierigkeiten* zusammenschreibt, lernen Schüler leicht. Denn es gibt keine gleichlautenden syntaktischen Konstruktionen. Die Bildungen *kennenlernen, alleinerziehend* dagegen sind von syntaktischen Konstruktionen nicht zu unterscheiden.

Die Betonung ergibt nur partiell einen Unterschied. Als Wörter sind die entstandenen Bildungen anfangsbetont. Denn die Wortbetonung liegt im Deutschen meist auf der ersten Silbe. Man kann unterscheiden zwischen [*abwärts géhen*] und *ábwärtsgehen* und [*kennen lérnen*] und *kénnenlernen*. Der Unterschied kommt jedoch nur teilweise zum Tragen, weil auch in syntaktischen Wortgruppen das vorangehende Wort stets betont werden kann und sogar manchmal betont werden muss.

Anmerkung: Orthographie
Adverbien und unflektierte Adjektive erfüllen dadurch, dass sie nicht flektiert werden, Voraussetzungen für die Zusammenrückung. Eine weitere Voraussetzung ist die Juxtaposition, die bei Verbendstellung bzw. bei infinitem zweiten Rahmenteil eintritt:

(96) a. ... weil Erna den Kaffee gern *heiß macht*/trinkt.
 b. Erna will den Kaffe *heiß machen*.
(97) a. ... weil es wieder *aufwärts geht*.
 b. Es wird wieder *aufwärts gehen*.

Nach alter und neuer Orthographie werden Adverbien wie *hinauf, weiter* mit dem Verb zusammengeschrieben. Wir müssen offen lassen, ob dem wirklich ein morphologisches Wort und damit in nicht-idiomatisierten Fällen automatisch ein komplexes Prädikat zu Grunde liegt. Der Einfachheit halber folgen wir der angetroffenen Schreibung und bestimmen zusammengeschriebene Fügungen wie *hinausgehen, weitergehen* als Prädikate, vgl. auch 8.5.

8.9 Zusammenfassung

Es gibt folgende Arten von komplexen Prädikaten:

- Komplexe Prädikate mit Verbalsubstantiv, Adjektivableitung, Infinitiv oder Partizip als lexikalischem Kern:

  - Modalitätsverben + Infinitiv
  - Verben + einfacher Infinitiv: Modalverben, Futur
  - Funktionsverbgefüge
  - Verben + Partizip II: Perfekt, Vorgangspassiv und Rezipientenpassiv

- Komplexe Prädikate mit dem Verb als Kern:

  - Partikelverben
  - Inkorporation konkreter Substantive
  - reflexive Verben und Reflexivkonstruktionen als Medialverben und Medialkonstruktionen
  - Idiomatisierungen

Komplexe Prädikate gehen diachron auf syntaktische Konstruktionen zurück. Das betrifft den Konstruktionstyp, aber nicht den konkrete Einzelfall. Es handelt sich um Grammatikalisierungen oder um Lexikalisierungen. Syntaktisches geht in Morphologisches oder Lexikalisches über.

Dieser Zusammenhang ist auch synchron in Spuren noch vorhanden. Daher ist eine syntaktische Auflösung in ein Prädikat + weitere Satzglieder wie Prädikativa, Objekte oder Direktiva stets möglich. Eine Doppelanalyse kann zur Erklärung des Übergangscharakters sinnvoll sein, Stichwort: kompositionale Analyse z.B. des Perfekts.

Der Übergangscharakter bringt es mit sich, dass die Grenzen zwischen komplexen Prädikaten und syntaktischen Konstruktionen fließend sind.

Im Rahmen der Satzgliedanalyse treffen wir folgende Unterscheidungen:

1. Analyse als komplexes Prädikat, syntaktische Auflösung nur für weitergehende Erklärungen:

    - analytische Verbformen (analytische Tempora, Vorgangspassiv, *würde*+ Infinitiv)
    - Modalverben (*können, müssen, sollen, wollen, mögen, dürfen*)
    - reflexive Verben (Medialverben), die nicht vollsemantisch reflexiv verstanden werden
    - Modalitätsverben (der prototypische Kern: *brauchen, scheinen, pflegen* + Varianten von *drohen, suchen*)
    - Partikelverben (z. B. *anfangen, aufhören* usw.) und analoge Zusammenschreibungen gemäß der gültigen Orthographie (z. B. *hinaufgehen, weitergehen*)

2. Analyse als komplexes Prädikat, syntaktische Auflösung als mögliche Variante:

    - mediale Verben verstanden in wörtlicher Bedeutung
    - Rezipientenpassiv, insbesondere bei Wiedersprüchen zur ursprünglichen lexikalischen Bedeutung von *bekommen, erhalten, kriegen*

8.9 Zusammenfassung

3. Syntaktische Auflösung, Analyse als komplexes Prädikat bedingt möglich:

    - weitere Verben + Infinitiv + *zu*, die wie Modalitätsverben im aktuellen Fall kohärent konstruieren
    - *AcI*-Konstruktionen
    - Verbkomplexe, die auf Grund anderer Kriterien als Funktionsverbgefüge in Frage kommen, aber auf Grund der Umstellprobe syntaktisch aufgelöst werden müssen

4. Bei Idiomatisierungen:

    - Analyse auf Grund der übertragenen Bedeutung: komplexes Prädikat
    - Analyse auf Grund der wörtlichen Bedeutung: syntaktische Auflösung

5. Ein Art komplexes Prädikat entsteht in der *Elementarversion* durch Einbeziehung der Prädikativa.

    - Kopulaverb + Subjektsprädikativ einschließlich Zustandspassiv
    - Verb + adjektivisches Objektsprädikativ ohne *als*

9 Syntax und Semantik

Es hat mit der *Wissenschaftsgeschichte* zu tun, dass Satzglieder oft primär als semantische Bestimmungen interessieren. Wir beginnen daher mit einem kurzen Blick in die Geschichte der Satzgliedanalyse.

9.1 Karl Ferdinand Becker und die Folgen

Satzglieder haben eine lange Tradition, vgl. Glinz (1947). Auf die Begriffe *Subjekt* und *Prädikat* stoßen wir bereits bei Aristoteles. Er spricht von *Kategorumenon* und *Hypokeimenon*. Der Philosoph und Aristoteles-Übersetzer Anicius Manlius Severinus Boethius (480-524) übersetzte diese Begriffe ins Lateinische: Subjekt, *subiectum*, „das darunter Gelegte", und Prädikat, *praedicatum*, „das darüber Ausgesagte". Die wiederum ziemlich wörtlichen Übersetzungen ins Deutsche sind: *Satzgegenstand* und *Satzaussage*.

Bei Aristoteles waren Syntax und Semantik, d.h. in einem allgemeineren Sinne Grammatik und Logik, noch nicht unterschieden. Erst später im Mittelalter trennten sich die Wege. Die Grammatik wurde eine selbständige Disziplin und bildete neben Dialektik (Logik) und Rhetorik das Trivium der sprachlich-kognitiven Fächer (neben dem Quadrivium der mathematisch-naturwissenschaftlichen Fächer: Musik, Arithmetik, Geometrie, Astronomie). Zusammen sind das die so genannten sieben Künste, Grundlagenfächern mittelalterlicher Universitäten.

Innerhalb der Grammatik arbeitete man bis zum Beginn des 20. Jahrhunderts fast ausschließlich mit Wortartbegriffen. Eine Syntax im heutigen Sinne entstand erst mit dem sprachwissenschaftlichen Strukturalismus im 20. Jahrhundert. Diese Syntax war synchron und asemantisch. Bis dahin war Grammatik vornehmlich Morphologie. Sie war diachron und wie die strukturalistische Syntax formorientiert (asemantisch).

Innerhalb der Logik und Philosophie, die traditionell bis ins 19. Jahrhundert eng zusammengehörten, wobei Philosophie stets auch Sprachphilosophie war, entstanden weitere Satzgliedbegriffe. Aus der mittelalterlichen Scholastik kommen der Begriff des *Objekts* als das dem Subjekt Gegenübergestellte und der Begriff des *Attributs*.

1660 entstand eine logische Grammatik, die berühmte Grammatik von Port Royal[1]. Sie war ein Versuch der Wiederzusammenführung von Logik und Grammatik aus linguistischer Sicht. Heute würde man eine solche Grammatik kognitive Grammatik nennen. Auf ihrer Grundlage entwickelte sich die traditionelle Satzgliedtheorie.

So wie sie im deutschsprachigen Raum betrieben wird, geht Satzgliedanalyse maßgeblich auf Karl Ferdinand Becker (1775 – 1849) zurück. Becker war nach dem Besuch des Priesterseminars Josephinum in Hildesheim von 1794 bis 1999 dort Lehrer für Latein und Mathematik. Er studierte später Medizin (Promotion zum Dr. med. 1802) und betätig-

---

1 Port Royal war ein Kloster bei Versailles. Der Titel der Grammatik lautet: Grammaire générale et raisonnée. Sie wurde anonym veröffentlicht und geht auf Antoine Arnauld und Claude Lancelot als Autoren zurück.

te sich ab 1804 als Arzt und Naturwissenschaftler. Er war Unterdirektor der Pulver- und Salpetergewinnung im Königreich Westphalen. Später, ab 1819, bot er ausländischen Studenten aus England, Schottland und Irland Unterkunft und begann sich für die Unterweisung dieser Studenten in der deutschen Sprache zu interessieren, vgl. Haselbach (1966).

Aus dem Bedürfnis des praktischen Sprachunterrichts entstand seine Grammatik, vgl. u. a. Becker (1827; 1836-39). Sie operiert mit Satzgliedern als den primären Beschreibungstermini. Sie ist synchron und semantisch fundiert.

Die herrschende Sprachwissenschaft und Grammatik der Zeit war die Sprachwissenschaft und Grammatik der Zeitgenossen Beckers Wilhelm von Humboldt und Jacob Grimm. Das war die so genannte historisch-vergleichende Sprachwissenschaft. Diese geht diachron und streng empirisch vor. Sie zielt auf formale Zeichenaspekte. Humboldt überstieg diesen Horizont durch die Weite seiner Sicht. Beckers Grammatik ging synchron vor, ein erstes Manko, und sie war semantisch fundiert, ein zweites Manko. Sie war darüber hinaus äußerst spekulativ. Unter dem philosophischen Nebel übersieht man leicht den rationalen Kern seiner Theorie.

Becker sah wie die heutige kognitive Grammatik den Satz als Ausdruck des Gedankens an. Als Naturwissenschaftler faszinierte ihn der Organismusbegriff, aber auch als Zeitgenosse der Romantik, was im Übrigen auch auf Humboldt und Grimm zutraf. Grimm stellte sich die sprachliche Entwicklung als Aufblühen, Wachsen und Vergehen eines Organismus vor. Die althochdeutsche Periode mit ihrer reichen Flexion war für ihn die Blütezeit der deutschen Sprache. Ihr folgte die Periode der Degeneration, des Absterbens der Flexion.

Becker betrachtet nicht nur allgemein die Sprache, sondern auch den Satz als einen Organismus.[2] Er sah Sätze als sich entfaltende Organismen an. Diese Entfaltung besteht in seiner Sicht darin, dass der Satz/Gedanke sich fortlaufend in zwei entgegengesetzte kognitive Kategorien aufspaltet, in die Begriffe *Tätigkeit* und *Sein*. Der Satz/Gedanke spaltet sich in Tätigkeit und Sein, und jede Tätigkeit und jedes Sein wiederum in Tätigkeit und Sein. Dahinter steht die Substanzmetaphysik des Aristoteles, nach der jeder Gedanke aus Subjekt und Prädikat besteht, d.h. aus einem Dingbegriff (Substanz) und einem Eigenschaftsbegriff, der diesem Ding beigelegt wird. Diese Substanzmetaphysik verbindet sich mit einer spekulativen Dialektik, die sich an der Naturphilosophie Schellings orientierte. Dennoch verbergen sich in dieser Dialektik tiefe Einsichten, vgl. Becker (1870, Bd.1: 20):

> Die Verrichtung des Denkens besteht eigentlich darin, daß der Geist die Tätigkeit und das Sein, welche in der realen Wirklichkeit der Dinge auf die mannigfaltigste Weise zu einer Einheit verbunden sind, in den Begriffen erst scheidet, und dann wieder, zwar mit Freiheit, aber doch auch nach einer durch die Natur des menschlichen Geistes gegebenen Gesetzlichkeit auf mannigfaltige Weises zu einer Einheit verbindet, und so gleichsam durch eine geistige Assimilation die reale Welt der angeschauten Dinge in eine geistige Welt der Begriffe und Gedanken verwandelt.

Man vergleiche diese Bemerkung Beckers mit einer ganz ähnlichen bei Bühler (1982: 73):

> Ein System vom Typus der Sprache baut jede vollendete (und situationsentbindbare) Darstellung in zwei abstrativ zu sondernden Schritten auf, sagen wir einmal kurz, wenn auch un-

---

2 Zur Sprachgeschichte selbst äußerte Becker sich ebenfalls, vgl. Becker (1833), auch hier ausgehend von einem Organismusbegriff, der jedoch weit spekulativer war als der bei Humboldt.

scharf und mißverständlich: in Wortwahl und Satzbau. Da gibt es eine erste Klasse von Sprachgebilden und zugehörigen Setzungen, die so verfahren, als gälte es, die Welt in Fetzen zu zerschneiden oder in Klassen von Dingen, Vorgängen usw. aufzugliedern oder in abstrakte Momente aufzulösen und jedem von ihnen ein Zeichen zuzuordnen, während die zweite darauf Bedacht nimmt, eine Durchkonstruktion derselben Welt (des Darzustellenden) nach Relationen die zeichenmäßigen Mittel bereitzustellen [...]

Becker unterscheidet ein prädikatives, ein objektives und ein attributives Satzverhältnis. Das prädikative Satzverhältnis entsteht durch Aufspaltung in Tätigkeit (Prädikat) und Sein (Subjekt). Ein Prädikat kann sich wiederum aufspalten in Tätigkeit (ein Prädikat im engeren Sinne) und Sein (ein Objekt). Das Prädikat im engeren Sinne kann sich nochmals aufspalten in ein noch engeres Prädikat und ein zweites Objekt und dieses Prädikat wiederum usw. Auch ein Sein, also ein Subjekt oder ein Objekt kann sich wieder aufspalten, diesmal nicht in Tätigkeit und Sein, sondern in Sein (das Subjekt bzw. Objekt im engeren Sinne als Kern des Subjekts oder Objekts) und ein Attribut. Das Attribut kann sich wieder aufspalten in Sein und Tätigkeit (Attribut im engeren und Tätigkeit (ein weiteres Attribut), vgl. Becker (1970: 229f.):

> Die organische Gestaltung des ganzen Satzes besteht darin, dass in ihm ein Allgemeines mit einem Besondern in dem Gegensatzes von Thätigkeit und Sein zu einer organischen Einheit verbunden ist, und dass sich bei der Entwickelung des Satzes in jedem besondern Verhältnisse dieser zu einer Einheit verbundene Gegensatz wiederholt. Der ganze Satz drückt die Einheit des Prädikates als des Hauptbegriffes und des Subjektes als des Beziehungsbegriffes aus; und man nennt dieses Beziehungsverhältniß das prädikative. Dieses Verhältniß wiederholt sich in dem Subjektes, indem sich dieses in dem Gegensatze eines Attributivs und eines Beziehungswortes (des

9.1 Karl Ferdinand Becker und die Folgen

Substantivs) entwickelt; und wir nennen dieses Beziehungsverhältniß das attributive. Endlich entwickelt sich auch das Prädikat zu einem Satzverhältnisse, indem die Thätigkeit mit einem Sein als Objekte – das Verb mit einem regirten Substantiv – auf mancherlei Weise in Beziehung tritt. Wir nennen dieses Satzverhältnis das objektive (§ 45). Es gibt nur diese drei Satzverhältnisse; und eine weitere Entwickelung des Satzes ist nur dadurch möglich, dass sich diese Satzverhältnisse wiederholen.

Man kann das schematisch folgendermaßen darstellen:

(1)
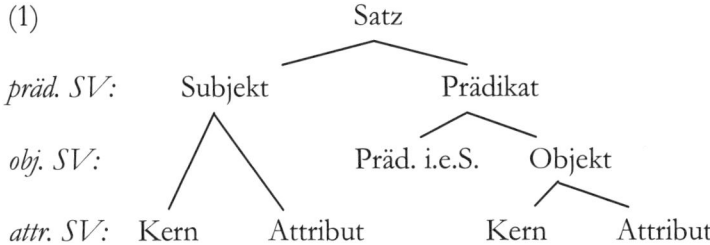

Unschwer erkennt man in diesem Stammbaum sowohl Grundzüge der Satzgliedanalyse als auch Grundzüge eines Konstituentenbaumes. Becker selbst hat solche Bäume noch nicht gezeichnet. Der Psychologe Wilhelm Wundt (1832 - 1920), Begründer der experimentellen Psychologie, rezipierte Becker. Wundt übernimmt das Prinzip der binären Gliederung, vgl. z. B. (1904: 325):

> Auf diese Weise zerlegt sich in dem regelmäßig in binären Verbindungen aufgebauten Satze zunächst das Subjekt in das eigentliche Subjekt und sein Attribut, das verbale Prädikat in das Verbum und sein Objekt, in das Verbum und das Adverbiale, oder, wenn es ein nominales Prädikat ist, in das Prädikatsnomen und sein Attribut. Ist endlich das Attribut in das eigentliches Attribut und eine ergänzende Bestimmung des-

selben, oder das Objekt in ein näheres und ein entfernteres
gegliedert, so bildet dort das eigentliche Attribut, hier das nähere Objekt mit dem Begriff, dem es zugeordnet wird, eine
engere Einheit, dem die entfernteren Begriffe gegenüberstehen, ...

Bei Wundt finden sich erstmalig graphische Darstellungen,
d. h. im Prinzip Konstituentenstrukturbäume. Diese sehen,
beispielsweise, vgl. (ebd.: 357), so aus:

(2)

Romulus conditit Romam

Der Klassiker des amerikanischen Strukturalismus, Leonard
Bloomfield rezipierte wiederum Wundt. Wundts Wirkungs-
stätte war Leipzig, wo er 1879 das erste Institut für experi-
mentelle Psychologie gegründet hatte. 1912 war Bloomfield
zu einem Studienaufenthalt in Leipzig. 1913 rezensierte er
ein Buch von Wundt. Bei Bloomfield (1914: 110), zitiert
nach Thümmel), finden sich Formulierungen, die „als Para-
phrasen Wundtscher Gedanken aufgefaßt" werden können,
Thümmel (1997: 281):

> When the analysis of experience arrives at independently re-
> curring and therefore separately imaginable elements, words,
> the interrelations of these in the sentence appear in varied and
> interesting linguistic phenomena. Psychologically the basis of
> theses interrelations is the passing of the unitary apperception
> (ein Grundbegriff bei Wundts, K.W.) from one to the other of
> the elements of an experience [...]. The leading binary divi-
> sion so made is into two parts, subject and predicate, each of
> which may be further analyzed into successive binary groups
> of attribute and subject, the attribute being felt as a property
> of subject.

Anfänge der strukturellen Grammatik im Allgemeinen und der Konstituentenstrukturgrammatik im Besonderen[3] (und mit ihr der generativen Grammatik) lassen sich also auf Karl Ferdinand Becker zurückführen.

Becker ist von der Sprachwissenschaft seiner Zeit, insbesondere von Humboldt und Grimm, mit denen er zu korrespondieren versuchte, wegen seiner spekulativen Methode abgelehnt worden. Diese Ablehnung hat sich bis ins 20. Jahrhundert fortgesetzt. Glinz (1947) z.B. kritisiert ihn wegen seiner „fortgesetzten Zweiteilungssucht".

Aber gerade in dieser Zweiteilungssucht besteht eine bleibende Leistung. Denn Konstituentenstrukturgrammatiken verfahren genau so. Man muss nur von dem Umstand absehen, dass Becker alles in die Termini *Sein* und *Tätigkeit* zwängte.[4]

Die Verhaftung in der Subjekt-Prädikat-Dichotomie teilt Becker mit der Logik seiner Zeit und den heutigen Konstituentengrammatiken. Sie alle sehen den Satz letztlich als zweigeteilt an – in Nominalphrase bzw. Determinatorphrase und Verbalphrase, also in Subjekt und Prädikat im Becker'schen Sinne. Auch Darstellungen der Satzstruktur in der formalen Semantik, z.B. in der Kategorialgrammatik[5] oder auf der Grundlage des Lambda-Kalküls folgen – nun wiederum unter dem Einfluss der klassischen formbezogenen

---

3   Eine frühe Explikation findet sich bei Wells (1947).
4   Entsprechend hat Bloomfield später von der psychologischen Begründung syntaktischer Strukturen bei Wundt abgesehen. Er zielte darauf, die Sprachwissenschaft als unabhängige Wissenschaft zu etablieren und u.a. von der Psychologie unabhängig zu machen. Das war zeitgleich auch das Anliegen Saussures (1913) in Europa.
5   Beispielsweise sind bei Zifonun/Strecker/Hoffmann (1997) die semantischen Beschreibungen kategorialgrammatischer Art. Zur Einführung in diese semantische Theorie vgl. z.B. Schwarz/Chur (1993).

Konstituentenstrukturgrammatik – dem aristotelischen und damit auch dem Becker'schen Schema.

Vergleicht man Grundzüge die Becker'sche Satzgliedanalyse mit der Satzgliedanalyse, die wir in diesem Buch vorgestellt haben, so fällt zweierlei auf: Becker hat einen anderen Prädikatbegriff, und es gibt bei ihm keine Adverbialbestimmungen.

Zunächst zum *Prädikatbegriff:* Ein Prädikat auf der obersten Stufe der Hierarchie ist bei Becker die gesamte Verbalphrase, also das, was nicht Subjekt ist. Dieses weite Prädikat verengt sich auf den einzelnen Stufen der Konstituentenhierarchie schrittweise bis zum Prädikat im Engerem, d. h. dem elementaren bzw. komplexen Prädikat.

Das stimmt, wie wir im Kapitel 1 gesehen haben, mit Konstituentenstrukturanalysen überein, wo sich auf der obersten Stufe der Hierarchie im Prinzip eine DP und eine VP gegenüberstehen bzw. ein externes Argument (der Spezifikator) und der Kopf der VP mit allen weiteren Argumenten und allen Adjunkten. Auch Darstellungen der Satzsemantik bewahren, wie wir gerade angedeutet haben, in der Regel diese Zweiteilung.

In der Satzgliedanalyse ist die Verengung des Prädikats auf das einfache bzw. komplexe Prädikat erst in der Zeit nach Becker traditionell geworden.

Unterschwellig mag der Begriff des Objekts zu dieser Verengung der Satzgliedanalyse beigetragen haben. Denn man kann diesen Terminus relativ vordergründig interpretieren als Gegenstand, auf den die Handlung sich bezieht. Man kann ihn aber auch als das dem Subjekt Entgegengeworfene deuten, vgl. *objicere, objectum* = entgegenwerfen, entgegensetzen. Durch diese Interpretation gelangen die beiden Begriffe *Subjekt* und *Objekt* sozusagen auf eine Ebene. Das Objekt wird zum zweiten Argument neben dem Subjekt, so wie wir es in der Dependenz- und Valenzgrammatik antreffen.

In der Dependenzgrammatik ist das Prädikat stets das engere Prädikat (Verb), und es besteht eine grundlegend andere Auffassung von der inneren Struktur von Sätzen als in Konstituentengrammatiken und bei Becker. An der Spitze eines Stammbaums, der anders definiert wird als in Konstituentenstrukturgrammatiken, vgl. Kapitel 1, steht das Verb bzw. Prädikat. Von ihm sind die Argumente, also z. B. das Subjekt und die Objekte, abhängig.

Die Auffassung der Dependenz- und Valenzgrammatiken entspricht der Auffassung der modernen Prädikatenlogik von der Struktur des Urteils (der Aussage). Seit Frege (1879) und Whitehead/Russel (1925), Klassiker der modernen Logik, wird das Urteil nicht mehr gegliedert in ein Prädikat und *ein* Subjekt, sondern in ein Prädikat und 1 bis n Subjekte, vgl. Frege (1971: 53 und 66).

> Wenn man sagt: „Subject ist der Begriff, von dem das Urtheil handelt", so passt dies auch auf das Object. Man kann daher nur sagen: „Subject ist der Begriff, von dem hauptsächlich das Urtheil handelt." Die Stelle des Subjects in der Wortreihe hat für die Sprache die Bedeutung einer ausgezeichneten Stelle, an die man dasjenige bringt, worauf man die Aufmerksamkeit des Hörers besonders hinlenken will.

> Das Subject ist in dem Sinne des Sprechenden gewöhnlich das hauptsächliche Argument; das nächst wichtige erscheint oft als Object. Die Sprache hat dadurch die Wahl zwischen Formen und Wörtern wie
>
> Activum – Passivum
> schwerer – leichter
> geben – empfangen
>
> die Freiheit, nach Belieben diesen oder jenen Bestandtheil des Satzes als hauptsächliches Argument erscheinen zu lassen, eine Freiheit, die jedoch durch den Mangel an Wörtern beschränkt ist.

Mit Frege spricht man heute meist von Argumenten und nicht von Subjekten.[6] Prädikate können einstellig und mehrstellig sein[7]. In Abhängigkeit davon erfordern sie ein Argument oder mehrere Argumente. Prädikate mit einem Argument denotieren Eigenschaften, Prädikate mit mehreren Argumenten denotieren Relationen. Wenn man Aussagen stets vollständig in nur *ein* Subjekt + Prädikat zerlegt, betrachtet man jede Aussage als Aussage über eine Eigenschaft, die dem durch das Subjekt Denotierten zukommt. Man kann das tun. Aber das ist eine Reduktion, vgl. (3).

(3) Emil zertrümmert gerade eine Vase.

Der Satz (3) erzählt etwas über Emil und eine Vase. Er teilt mit, dass Emil zur Zeit etwas mit der Vase tut oder etwas abstrakter, dass er sich zur Zeit in einer bestimmten Relation zu einer Vase befindet. Jede Relation eines Gegenstandes zu anderen Gegenständen kann man als Eigenschaft dieses Gegenstandes interpretieren, in unserem Falle als Eigenschaft Emils, eine Vase zu zertrümmern.

Die Verengung des Prädikatbegriffs auf das einfache oder komplexe Prädikat der heutigen Satzgliedanalyse entspricht also eher der Dependenz- und Valenzgrammatik als der Konstituentenstrukturgrammatik und eher der modernen Prädikatenlogik als der aristotelischen Logik. Sie ist jedoch in der traditionellen Satzgliedanalyse nur einer zunehmenden Mechanisierung der Satzgliedbestimmung geschuldet. Satzglieder wurden isoliert als Etikette bestimmt, die man den einzelnen Satzgliedern aufkleben konnte, ohne

---

6 Wessel (1983) spricht in seiner Logik von Subjekten. Frege überträgt die Termini Funktion (für Prädikat) und Argument von der Mathematik auf die Logik.

7 In der Valenztheorie spricht man von einwertigen und mehrwertigen Verben.

nach dem strukturellen Zusammenhang des Ganzen zu fragen.

Wir wollen einen weiteren Punkt hervorheben, den wir bei Becker finden. Stets wird bei ihm ein Sein durch eine Tätigkeit *bestimmt* oder umgekehrt. Dieser semantische Aspekt ist auch in der traditionellen semantisch orientierten Satzgliedanalyse präsent. Man sagt, dass das Prädikat das Subjekt „näher bestimmt". Ferner bestimmt die Adverbialbestimmung, wie schon der Name sagt, das Verb (Prädikat) näher. Das Attribut bestimmt den Gliedkern näher. Und auch vom Objekt kann man sagen, dass es das Prädikat näher bestimmt.

Anmerkung
Der Begriff der näheren Bestimmung verweist auf eine logisch-semantische Grundoperation. Ein elementarer Denkschritt ist die Zuweisung eines Merkmals (einer Eigenschaft) zu einem Gegenstand. Seine Ursprünge gehen auf einfachste Prozesse der Informationsverarbeitung in lebenden Organismen zurück.

Den Aufbau von komplexeren semantischen Strukturen kann man sich diesem Schema folgend vorstellen. So kommt die Logik und die Kategorialgrammatik in ihren elementarsten Formen nur mit zwei syntaktischen Relationen (Kategorien) aus: mit Eigennamen und Prädikaten. Das kann in der Logik beispielsweise dadurch geschehen, dass man Gattungsnamen (Appellativa) auflöst in zu Grunde liegende Prädikationen, z.B.:

(4) a. Alle Studentinnen sind fleißig.
    b. $\forall (x)$ STUDENTIN $(x) \land$ FLEISSIG (x)
       Für alle x gilt: x sind Studentinnen, und x sind fleißig.

Entsprechend löst man in der Kategorialgrammatik sinngemäß z.B. in (5a) das Gesamtprädikat in zwei Schritten auf, mit (5b) als erstem und (5c) als zweitem Schritt. Eine kategorialgrammatische Notation ist (5d).

(5) a. Emil bewundert Anna.
 b. BEWUNDERT ANNA + Emil
 c. BEWUNDERT + Anna

 d.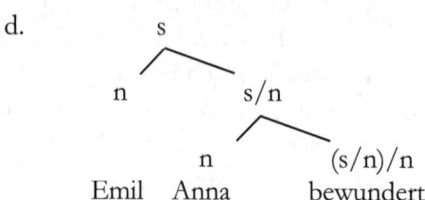

s = Satz
n = Eigenname
s/n = ein Funktor, der über n operiert und s ergibt
(s/n)/n = ein Funktor, der über n operiert und einen Funktor s/n ergibt.

Das ist auch in Darstellungen auf der Grundlage des Lambda-Kalküls so, vgl. (6) und (7).

(6) *bewundern*: [-N, +V,...] λy λx λs [s INST [BEWUNDER- (x,y)]]

(7) *Emil bewundert Anna.*
 λy λx λs [s INST [BEWUNDERT (x,y)]] (Emil) (Anna)
 λx λs [s INST [BEWUNDERT (x, Anna)]] (Emil)
 λs [s INST [BEWUNDERT (Emil, Anna)]]
 ∃s INST [BEWUNDERT (Emil, Anna)]

Nacheinander werden die Leerstellen besetzt bzw. durch Operatoren (∃ = Existenzoperator, „es gibt") gebunden, und zwar entsprechend der Konstituentenstruktur zunächst das Objekt, dann das Subjekt, dann das so genannte Situationsargument s, zu lesen als: Es gibt eine Situation, für die gilt: „Emil bewundert Anna."
 Bei dem Begründer der Kategorialgrammatik, dem polnischen Logiker Ajdukiewicz (1936), sieht das Schema noch anders aus. Bei ihm ist das Prädikat *bewundern* nicht vom Typ (s/n)/n, sondern

vom Typ s/nn. Das heißt, er fügt keine binäre Konstituentenstruktur ein, sondern bei ihm ist *bewundern* ein Prädikat, das unmittelbar zwei Argumente gleichzeitig determiniert. Das entspricht einer Prädikatenlogik mit mehrstelligen Prädikaten, die diese nicht in mehrere einstellige Prädikaten auflöst. Das Prädikat *bewundern* bestimmt in dieser Version nicht das 1. Argument *Emil* hinsichtlich einer Eigenschaft, sondern bestimmt seine beiden Argumente *Emil* und *Anna* hinsichtlich einer Relation zwischen beiden.

Sekundär, aber erst sekundär, kann man berücksichtigen, dass eines der Argumente 1. Argument ist, nämlich das hervorgehobene Argument, über das die Aussage hauptsächlich handelt, wie Frege, vgl. oben, sagt. Es geht um Emil und man erfährt, dass er Anna bewundert. Nebenbei erfährt man natürlich auch, dass Anna von Emil bewundert wird.

Interessant für das Wechselverhältnis von Grammatik (Syntax) und Logik (Semantik) ist in diesem Zusammenhang folgende Bemerkung Freges (1971: 54):

> Bei dem ersten Entwurfe einer Formelsprache liess ich mich durch das Beispiel der Sprache verleiten, die Urtheile aus Subject und Prädicat zusammenzusetzen. Ich überzeugte mich aber bald, dass dies meinem besondern Zwecke hinderlich war und nur zu unnützen Weitläufigkeiten führte.

Es war nicht die Sprache an sich, die ihn verleitete, sondern die traditierte Auffassung über die Struktur von Sätzen.

Die zweite Besonderheit des Becker'schen Systems besteht darin, dass der Begriff der *Adverbialbestimmung* fehlt. Was wir als Adverbialbestimmung bezeichnen, nennt Becker ebenfalls Objekt. In (8) sind *auf dem Baum* bzw. *dort* bei Becker Objekte.

(8) Der Vogel sitzt *auf dem Baum/dort*.

Innerhalb dieses von ihm Objekt genannten Satzgliedes nimmt Becker aber eine syntaktische Differenzierung vor: Er unterscheidet in *ergänzende* und *bestimmende Objekte*. Das verweist auf die spätere Unterscheidung von Objekt und Adverbialbestimmung. Es geht Becker um einen *strukturellen* Unterschied, der in der Satzgliedanalyse wieder verloren gegangen ist. Denn mit der Unterteilung in ergänzende und bestimmende Objekte reflektiert er die formale Differenz von *Ergänzungen* und *Angaben* der Valenztheorie (von Komplementen und Adjunkten der X'-Theorie und Argumenten und Modifikatoren der Semantik). Er macht die Differenz – wie später Tesnière, der Begründer der Abhängigkeitsgrammatik – daran fest, dass ergänzende Objekte im Unterschied zu den bestimmenden regiert sind.

Den Terminus *Adverbialbestimmung* hat erst Raimund Jacob Wurst (1836) eingeführt, der die Satzgliedtheorie Beckers für den Schulgebrauch aufbereitet hat. Das geschah mit der charakteristischen Verengung auf vordergründige Semantik, nach der syntaktische Einheiten mit z. B. lokaler Bedeutung unabhängig davon, ob sie strukturell notwendig (und folglich Argumente) sind, als Adverbialbestimmungen (Lokalbestimmungen) eingestuft wurden.

Das Becker'sche System wurde noch im 19. Jahrhundert in den Schulunterricht aufgenommen. Daran änderte die harsche Kritik von Seiten der universitären Sprachwissenschaft nichts, z. B. von Steinthal (1855), von dem Glinz (1947) meint, dass er das Becker'sche System vernichtend kritisiert und ein für alle Male widerlegt habe, was von einem heutigen Standpunkt aus ganz und gar nicht zutrifft. Eher ist heute Steinthal veraltet.

Der Siegeszug der Becker'schen Satzgliedlehre in den Schulen stand im Zusammenhang mit Anforderungen der industriellen Entwicklung an die Allgemeinbildung. Der Mensch lernt zu denken durch das Erlernen der lateinischen Sprache, meinte man.

Ersatz für die Analyse von Cicero-Sätzen im Lateinunterricht wurde in den Volksschulen die Zergliederung von Sätzen des Deutschen mit Hilfe der Becker'schen Grammatik. Diese Konstellation hat die Entzweiung von wissenschaftlicher Grammatik und Schulgrammatik mitgeprägt. Sie hat Konsequenzen bis in unsere Tage.

9.2 Satzglieder in semantischer Hinsicht

9.2.1 Satzglieder

Über semantische Aspekte von Satzgliedern und syntaktischen Relationen ließe sich sehr viel sagen. Das würde Zielstellung und Reichweite dieser Einführung weit übersteigen.

Wir müssten diskutieren, ob Satzglieder überhaupt eine semantische Dimension haben. Fanselow/Felix (1987) beispielsweise sehen sie als ausschließlich formalsyntaktische Kategorien an. Wir sind im Einklang mit der funktionalen und universellen Grammatik der Auffassung, dass es die semantische Dimension gibt.

Man kann dem widersprüchlichen Verhältnis von Syntax und Semantik im Einzelnen nachgehen, vgl. z. B. Eisenberg (1999), Zifonun/Hoffmann/Strecker (1997), Welke (2002). Grammatiken aus dem Kreis der generativen Grammatik widmen sich dem unter dem Stichwort *Linking*. Es geht dabei um die Zuordnung von syntaktischen Relationen zu semantischen Rollen wie ‚Agens', ‚Patiens' usw., beginnend beim Subjekt.

Wir haben im Kapitel 1 die semantischen Kategorien *Prädikat, Argument* und *Modifikator* auf die Satzglieder bezogen. Subjekte und Objekte sind in semantischer Hinsicht

Argumente. Adverbialbestimmung sind in semantischer Hinsicht meist Modifikatoren.

Die traditionellen Begriffe *grammatisches* und *logisches Subjekt* oder *Objekt* sind eine geeignete erste Annäherung an das widersprüchliche Verhältnis von Form und Funktion syntaktischer Relationen. Das Gros der Subjekte ist sowohl in grammatischer (formalsyntaktischer) als auch in semantischer Hinsicht Subjekte. Es gibt aber auch Subjekte, die nur in formaler Hinsicht Subjekte sind, z. B. das grammatische Subjekt *es* in *Es regnet*. Sehr ausgiebig hat man im 19. Jahrhundert nach der Semantik dieses *es* gesucht, weil man solcherart Widersprüche nicht zulassen wollte. Man hat z. B. versucht, eine diachrone Ableitung aus einer ursprünglichen mythologischen Vorstellung zu finden: *es* als ein Gott, der den Regen macht.

Den Terminus *logisches Subjekt* wendet man traditionell vor allem auf Objekte an, die die Rolle eines Subjekts als nunmehr logisches Subjekt zusätzlich zu ihrer grammatischen und gleichzeitig semantischen Objektfunktion übernehmen. Dieses Objekt übt diese Funktion dann nicht syntaktisch kodiert aus, sondern nur semantisch (logisch), vgl. Kapitel 7 und 8, vgl. (9):

(9) a. Emil empfiehlt Egon zu bleiben.
b. Emil empfiehlt Egon, dass er bleibt.

In (9a) ist *Egon* grammatisches und semantisches Objekt zu *empfiehlt*, und logisches Subjekt zu *bleiben*. In (9b) ist das Pronomen *er* grammatisches und semantisches Subjekt zu bleibt.

Wenn man sich die Frage vorlegen würde, ob Begriffe wie *Subjekt, Prädikat, Objekt* usw. zur Beschreibung aller Sprachen taugen, wird man diese Frage bejahen wollen. Dahinter steht die Intuition, dass alle Sprachen der Welt etwas Gemeinsames in ihren syntaktischen Strukturen haben müssen und dass die Satzglieder, die traditionell vor allem semantisch definiert werden, wegen dieser semantischen Definition universell sein sollten. Denn auch die Annahme, dass die Sätze der Sprachen der Welt sich in ihrer grundlegenden Semantik (also Logik) gleichen, gehört zu dieser Intuition.

Diesem Problem geht die so genannte *universelle* oder *funktionale Grammatik* empirisch nach. Es lassen sich beispielsweise Hinweise darauf finden, dass nicht alle Sprachen ein Subjekt oder Objekt im Sinne des verbreitetsten und bekanntesten Sprachtypus besitzen. Dieser Typus ist der Typus der *Nominativ-Akkusativ-Sprachen*. Der Terminus zielt weniger auf die Morphologie als auf die Syntax. Man könnte diese Sprachen auch Subjekt-Objekt-Sprachen nennen. Das sind alle uns normalerweise bekannten Sprachen, vom Englischen oder Russischen bis zum Finnischen oder Chinesischen. Daneben werden zwei weitere syntaktische Sprachtypen unterschieden: *Aktivsprachen* und *Ergativsprachen*. Man kann bezweifeln, dass sie Subjekte bzw. Objekte im Sinne der anderen Sprachen haben, vgl. z.B. Li (1976) und Plank (1984), vgl. auch Welke (2002).

Universelle (funktionale) Grammatiken vergleichen Sprachen miteinander und fragen u.a. danach, ob man in allen Sprachen Einheiten findet, die man ausgehend von den bekannteren und besser untersuchten als Subjekt oder Objekt bezeichnen könnte. Man fragt sich also, ob alle Sprachen Subjekte oder Objekte besitzen. So hat Keenan (1976), vgl. Welke (2002), Sprachen hinsichtlich der Subjekt-Kategorie verglichen und ca. dreißig Merkmale von „Subjekt" festgestellt, die in mehr oder minder großer Zahl in den verglichenen Sprachen vorkommen. Darunter gibt es eher syntaktische, eher semantische und eher pragmatische Eigenschaften. Eine semantische Eigenschaft einer Kategorie „Subjekt" ist die semantische Rolle ‚Agens', eine eher pragmatische ist die Eigenschaft ‚Topic' oder ‚Thema' des

Satzes zu sein. Eine syntaktische Eigenschaft besteht z. B. darin, vornehmlich die Spitzenposition im Satz einzunehmen.

Hieraus ergibt sich u. a. die Frage nach dem Verhältnis einerseits von Satzthema, wie es in der Theorie der funktionalen Satzperspektive (der so genannten Thema-Rhema-Gliederung) definiert wird, einerseits und der Bestimmung des Subjekts als Topic bzw. Thema oder Satzgegenstand andererseits, vgl. Welke (1992; 2002).

Ein Problem, das man auch im Deutschen antrifft, ist die „Subjekthaftigkeit" der hervorgehobenen Satzglieder in (10).

(10) a. *Mir* ist kalt.
  b. *Mich* graut.
  c. *Ihm* wird geholfen.

Es gibt kein Subjekt in diesen Sätzen. Subjektlose Sätze sind aber (im Deutschen) selten. Aus der traditionellen aristotelischen Logik kommt die Intuition, dass jeder Satz ein Subjekt haben sollte. Man findet gelegentlich die Redeweise von einem „Dativsubjekt". Aber sollte man wirklich sagen, dass *mir* in (10a) das Subjekt ist? Es hat in der Tat gewisse Subjekteigenschaften. Zum Beispiel ist es Satzthema, und es steht als solches am Anfang. Eine spezifischere Folgerung sehen wir, wenn wir (11a) und (11b) vergleichen, vgl. Seefranz-Montag (1983: 165ff.). Den Satz (11b) wird man vielleicht als grammatisch abweichend einstufen, aber nicht als völlig inakzeptabel.

(11) a. Er achtet auf sich.
  b. Faust graut vor sich.

Normalerweise bezieht sich das Reflexivpronomen auf das Subjekt (11a). In (11b) bezieht es sich ausnahmsweise auf ein

Objekt. Denn *Faust* ist hier Dativobjekt. Den Grund kann man darin sehen dass dieses Objekt durch die Spitzenposition und den Umstand, dass ein Nominativ-Subjekt fehlt, auch die syntaktische Subjekteigenschaft des reflexiven Bezuges erhält. Man würde jedoch, was das Deutsche betrifft, zu weit gehen (und einer möglichen Entwicklung vorausgreifen), wenn man diese syntaktische Einheit bereits als Subjekt auffasst.

9.2.2 Attribute

Wir wollen unsere Diskussion mit einem Blick auf die Verhältnisse beim *Attribut* abschließen.

In modernen syntaktischen Theorien gibt es, wie wir im Kapitel 1 gesehen haben, den Begriff des Attributs nicht. Attribute der Satzgliedtheorie sind abhängig von der strukturellen Position, in der sie auftreten, Argumente oder Modifikatoren bzw. Ergänzungen oder Angaben, Komplemente oder Adjunkte, z. B. in (12).

(12) die schnelle Erledigung meines Antrags

In dieser DP ist *schnelle* Modifikator und [*meines Antrags*] ist Argument.

Dennoch ist das Attribut, wie wir gesehen haben, ein brauchbarer Terminus, um die innere Struktur u. a. von Nominalphrasen (Substantivgruppen) zu analysieren.

In der einflussreichen Grammatik von Helbig/Buscha (2001) wird behauptet, dass das Attribut „grundsätzlich eine potentielle Prädikation" (2001: 492) sei. Das ist eine semantische Interpretation. Diese wird bei Helbig/Buscha im Kontext der traditionellen generativen Grammatik syntaktisch formuliert, nämlich als Möglichkeit der Zurückführung auf

(Transformation in) eine prädikative „Grundstruktur". Beispielsweise lassen sich die Substantivgruppen (13) in die Sätze (14) transformieren.

(13) a. das dicke Buch
 b. das Haus meines Vaters
(14) a. Das Buch ist dick.
 b. Das Haus gehört meinem Vater.[8]

Möglicherweise ist diese semantische Begründung, die als eine Intuition über Attribute im Raume steht, ein Grund dafür, dass es eine Tendenz gibt, von Attributen nur in Bezug auf Substantive zu sprechen. Denn ein Attribut *sehr* in (15) lässt sich nicht mehr in gleicher Weise syntaktisch auf eine prädikative Grundstruktur zurückführen.

(15) a. das sehr kleine Kind
 b. *Das kleine Kind ist sehr.

Noch wesentlicher ist, dass eine generelle Deutung von Attributen als potentielle Prädikationen auch bei Substantivgruppen zu gekünstelten Ergebnissen führt, vgl.:

(16) Nach Beendigung seiner Schulaufgaben ging Alfons Fußball spielen.

In welcher Weise soll hier das Attribut [*seiner Schulaufgaben*] eine potentielle Prädikation zu *Beendigung* sein? Eine Transformation wäre (17).

---

8 Helbig/Buscha (2001: 493) führen als Beispiel der Transformation von (13b) *Mein Vater hat ein Haus* an. Nach diesem Satz müsste aber nicht [*des Vaters*] Attribut sein, sondern *Haus*. Ähnlich irrtümliche Zuordnungen finden sich in einigen weiteren Beispielen (ebd.: 493ff.).

(17) Die Beendigung$_{Subjekt}$ [gilt den Schulaufgaben/bezieht sich auf die Schulaufgaben]$_{Prädikat}$.

Ist (17) eine angemessene Umschreibung der Bedeutung von (16)? Gehen wir zur Veranschaulichung ausnahmsweise auf die Fragetechnik zurück. Wir können im Falle von (13) und (14) fragen:

(18) Was für ein Kind? Was für ein Haus? Welches Kind? Welches Haus?

Die Frage (19) wirkt dagegen unangemessen.[9]

(19) Nach was für einer /nach welcher Beendigung ging Alfons Fußball spielen?

Also geht es in (16) nicht um eine Attribution im semantischen Sinne, d.h. um eine nähere Bestimmung von *Beendigung* durch [*seiner Schulaufgaben*].

Diese Schwierigkeiten zeigen, dass es besser ist, zunächst auf semantische Begründungen zu verzichten und u.a. das Attribut nur formalsyntaktisch zu definieren. Denn für eine Klärung des Verhältnisses von Form und Bedeutung syntaktischer Relationen (von Satzgliedern) muss man viel weiter ausholen, und man muss zur Kenntnis nehmen, dass dieses Verhältnis widersprüchlich ist.

Intuitiv kann man geneigt sein, von der Semantik auszugehen, also von der originären semantischen Funktion des Attributs als potentielle Prädikation. Das ist eine Fehlerquel-

---

9 Dies ist für uns einer der Gründe, von der Fragemethode abzusehen. Sinnvolle Fragen sind, angewandt beispielsweise auf Attribute, oft nicht möglich.

le, wie sich in Übungen zur Satzgliedanalyse zeigt. Es kommt vor, dass Attributpfeile verkehrt herum gezeichnet werden, z. B. bei der Analyse eines Satzes wie (16), vgl. (20).

(20) Nach Beendigung ⎤* ⎫
      seiner   ⤺ ⤸ ⎬ AB
      Schulaufgaben   ⤺   ⎭
      ging   P
      Alfons   S
      Fußball   O
      spielen   P

Beendigung verhält sich zu *Schulaufgaben* semantisch als Prädikat zu Argument, also wie in der Satzgliedanalyse das Prädikat *beendigen* oder *beenden* zu dem Objekt *Schulaufgaben*. Prädikate im semantischen Sinne und auch die Prädikate der Satzgliedtheorie „bestimmen" ihre Argumente „näher". Das gilt in folgendem Sinne: Sie geben eine Beschaffenheit an (eine Eigenschaft oder eine Relation), die den Argumenten zukommt.

Auch von Attributen sagt man, dass sie ihre Bezugswörter „näher bestimmen". Dieser Ausdruck ist so lange vage, wie man nicht sagt, *in welcher Hinsicht* die Bestimmung gilt.[10] Bestimmt in [*Schulaufgaben beenden*] das Substantiv *Schulaufgaben* das Verb *beenden* näher oder umgekehrt? Das gleiche gilt für [*Beendigung der Schulaufgaben*]. Ist „bestimmen" semantisch gemeint oder formal? Ist es semantisch gemeint, dann gilt das Verhältnis des Bestimmens stets wechselseitig. *Beenden (Beendigung)* bestimmt *Schulaufgaben*. Man erfährt, dass es sich um beendete Schulaufgaben handelt. *Schaulaufgaben* bestimmt aber auch *beenden (Beendigung)*. Man erfährt, dass es sich um

---

10 Logisch ist das Prädikat *bestimmen* also mindestens dreistellig.

9.2 Satzglieder in semantischer Hinsicht

ein auf Schulaufgaben gerichtetes Beenden handelt.[11] Legt man nun ‚nähere Bestimmung' als Prädikation aus, so kann es zu einer Identifizierung von semantischer Prädikation und Attributpfeil kommen. Der Pfeil zeigt semantisch in die richtige Richtung, aber formalsyntaktisch in die verkehrte.

Anmerkung
Es begegnen auch Fehler wie dieser:

(21) Er   S
      spricht   P
      über das Problem   ⤹* ⎤ O
      der Fehlerhäufigkeit.   ⎦

Der Attributpfeil zeigt wieder in die falsche Richtung. Nicht *Problem* hängt formalsyntaktisch von *Fehlerhäufigkeit* ab, sondern umgekehrt *Fehlerhäufigkeit* von *Problem*. Syntaktisch ist *Problem* der Kern des Objekts und [*der Fehlerhaftigkeit*] ist Attribut. Es müsste nach der syntaktischen Operationsanweisung also eigentlich um ein Problem gehen, und die nähere Erläuterung sagt, worin das Problem besteht. Nun sind aber *Problem* oder *Bedeutung* Versatzstücke, die viele gern benutzen:

(22) a. Das Problem der weiteren Verbesserung der Haltung von Legehennen beschäftigte die Geschäftsleitung.
      b. Die Bedeutung der Geflügelhaltung war Thema der Beratungen.

Solche Wörter sind oft nahezu Leerformeln. Man könnte sie auch weglassen, vgl.:

---

11 Etwas deutlicher, weil kontrastreicher: Das Schreiben eines Schulaufsatzes ist ein anderes Schreiben als das Schreiben eines Liebesbriefes oder eines Romans.

(23) a. Die weitere Verbesserung der Haltung von Legehennen beschäftigte die Betriebsleitung.
b. Die Geflügelhaltung war Thema der Beratungen.

Formalsyntaktisch gibt der Sprecher die Anweisung, *Problem* bzw. *Bedeutung* in den Focus zu rücken und das, was im Attribut steht, als eine nähere Bestimmung dazu aufzufassen. Im Großen und Ganzen folgen natürlich die Leser/Hörer den Anweisungen der Schreiber/Sprecher. Aber sie haben auch die Freiheit, semantische Strukturen aufzubauen, die im Widerspruch zu den morphologischen und syntaktischen Anweisungen stehen. Was den Satzsinn betrifft, so sind die Wörter *Problem* und *Bedeutung* gewisse zusätzliche (und gegebenenfalls ziemlich überflüssige) Erläuterungen.

Daraus erklären wir uns den falschen Attributpfeil in diesem Beispiel. Dieser ist formalsyntaktisch falsch, aber er gibt eine pragmatische Intuition des Analysierenden als Leser/Hörer über einen angemessenen Sinn dieser Sätze wieder. Er/sie fasst *Problem* und *Bedeutung* entgegen der syntaktischen Struktur und im Widerspruch zur formalsyntaktischen Operationsanweisung als nähere Erläutungen auf. Die Leser folgen ihrer spontanen und unbewussten semantisch-pragmatischen Analyse. Dem Studenten/der Studentin passiert dasselbe mit der Satzgliedbestimmung, so dass der Attributpfeil in die falsche Richtung zeigt.

Wir plädieren für Prototypik und Diachronie, vgl. Welke 2002 und 2005, und unterscheiden zwischen originären und abgeleiteten Attributionen. Orginäre Attributionen sind solche vom Typ (13) mit Adjektiven oder einem *genitivus possessivus* zu einem *Konkretum* (Substantiv mit konkret dinglicher Bedeutung). Substantive mit abstrakter Bedeutung sind abgeleitete Substantive, oft im Rahmen heutiger Wortbildungsstrukturen wie *Beendigung* in (16), einer Derivation, oder wie *das Beenden,* einer Wortform-Konversion.

Originäre Attribute, z. B. in (13), sind potentielle Prädikationen in folgendem Sinne: Sie sind *vorausgesetzte* Prädikationen. Eine Eigenschaftszuweisung (Prädikation) wird vom

9.2 Satzglieder in semantischer Hinsicht

Sprecher nicht explizit behauptet (*assertiert*), sondern nur vorausgesetzt (*präsupponiert*). Behauptungen (und andere *Illokutionen* wie Fragen und Aufforderungen) geschehen in Sätzen (typischerweise Hauptsätzen), und sie setzen typischerweise ein finites Verb voraus. In (14) wird eine Eigenschaftszuweisung (Prädikation) behauptet. In (13) wird sie nur vorausgesetzt. Jede Behauptung (jeder Aussagesatz) ist die Behauptung (Assertion) der Wahrheit des Ausgesagten. Der Sprechakt der Behauptung wird in (14) ausgeführt und in (13) vorausgesetzt, d. h. es wird unterstellt, dass er jeder Zeit ausgeführt werden könnte und dass die in diesem Fall gemachte Behauptung wahr wäre.[12]

Nun können wir aber nach Belieben aus Verben (und Adjektiven) Substantive bilden, und diese Substantive *erben* die semantischen Valenzeigenschaft, dass die betreffenden Verben (oder Adjektive), Argumente oder Modifikatoren semantisch voraussetzen bzw. erlauben.[13] Daraus folgt die Erscheinung der *Nominalisierung* von verbalen Prädikat-Argument-Strukturen. Sie ist sowohl diachron als systematisch-synchron etwas Sekundäres, Abgeleitetes. Im Prinzip können wir jeden Satz nominalisieren. Wir bilden aus dem Verb (oder prädikativem Adjektiv) ein Substantiv und versuchen, das Subjekt, die Objekte und die Adverbialbestimmungen *als Attribute* in einer substantivischen Wortgruppe unterzubringen. Das hat in den formalen Möglichkeiten zu

---

12 Ein daraus resultierendes logisches Problem besteht darin, ob man einem Satz wie [*Der König von Frankreich ist kahlköpfig.*] einen Wahrheitswert zusprechen kann. Denn es gibt keinen König von Frankreich. Ein pragmatischer Aspekt ist, dass präsupponierte Prädikationen oft wirksamer sind als assertierte. Denn wenn eine Eigenschaft nur beiläufig zugewiesen wird, hält der Hörer das eher unbesehen für wahr.

13 Im Folgenden beziehen wir uns der Einfachheit halber nur auf Verben.

geschehen, die die originäre Attribution bereitstellt. Denn ursprünglich gab es nur verbale Strukturen einerseits und nur substantivische Strukturen mit originären Attributionen wie (13) andererseits.

Interessant ist u.a., in welcher Form die Ergänzungen (Argumente) des Verbs wieder aufgenommen werden. Man spricht in diesem Zusammenhang von *Valenz-* oder *Argumentvererbung*. Ein Substantiv regiert keinen Nominativ, Akkusativ oder Dativ, sondern nur den Genitiv. Diesen Genitiv treffen wir in der originären Attribution als possessiven Genitiv an, d.h. als einen Genitiv in possessiver Bedeutung. Der Genitiv ist sozusagen das Nadelöhr der Nominalisierung, und die Verbargumente wetteifern um den Durchschlupf. Denn ein Genitiv kann (wie im Prinzip jeder Kasus) nur einmal vergeben werden,[14] vgl.:

(24) a. Die Polizei beobachtete die Diebe.
 b. Die Bebachtung der Polizei
 c. Die Beobachtung der Diebe durch die Polizei

Das ist nun aber nicht mehr ein Verhältnis von behaupteter und vorausgesetzter Prädikation, in der der Genitiv seine ursprüngliche possessive Bedeutung behält, vgl. (25a) und (25b).

(25) a. Die Polizei beobachtet die Diebe.
 b. Bei der Beobachtung der Diebe durch die Polizei ergaben sich keine neuen Tatbestände.

---

14 Eine diachron und systematisch-synchron zu begründende Ausnahme ist der so genannte Possessor-Genitiv wie *Emils* in *Emils Beobachtung der Diebe*. Wir erhalten eine substantivische Wortgruppe mit zwei abhängigen Genitiven.

9.2 Satzglieder in semantischer Hinsicht

Würde sich (25b) zu (25a) verhalten wie (26b) zu (26a) oder (27b) zu (27a), müsste [*der Diebe*] präsupponiertes Prädikat zum Argument *Beobachtung* sein.

(26) a. Das Haus gehört dem Vater.
  b. das Haus des Vaters
(27) a. Das Haus ist klein.
  b. das kleine Haus

So interpretieren wir aber (25b) nicht. Vielmehr bleibt es beim Alten: *Beobachtung* ist Prädikat und *der Diebe* ist Argument.

Das wird auch traditionell so gesehen, wenn ein Genitiv wie in (24c) *genitivus objectivus* genannt wird und ein Genitiv wie in (24b) je nach Lesart *genitivus subjectivus* oder *objectivus*. Diese Termini sollte man nicht nur so deuten, dass das Genitivattribut auf ein Subjekt oder Objekt durch Valenzvererbung zurückgeht, sondern dass es sich um ein Genitivattribut in Subjekt- oder Objektfunktion im semantischen Sinne handelt.[15]

In der Valenztheorie und in der X'-Theorie wird kein Unterschied gemacht. Die GenitivNP in (25b) ist genauso Ergänzung zum Valenzträger (bzw. Komplement zum Kopf) *Beobachtung* wie die AkkusativNP in (25a) eine Ergänzung zum Valenzträger (bzw. Komplement zum Kopf) *beobacht-* ist.

Der Unterschied beispielsweise zwischen einem Subjekt und einem *genitivus subjectivus* ist, so gesehen, nur formaler Natur. Auf diesen formalen Unterschied zielt aber der formal-syntaktische Attributbegriff.

---

15 Die Vererbung hat also die formalen Konstruktionsbedingungen der originären Substantivgruppe zur Voraussetzung.

Man kann es auch so ausdrücken: Es gibt die Attribuierung mit ihrer originären *Konstruktionsbedeutung*, und es gibt ein Verbalgefüge mit seiner Konstruktionsbedeutung. Grundlagen der Nominalisierung sind zum einen die Wortbildung mit der Möglichkeit, beliebig Verben und Adjektive zu substantivieren, und zum anderen die strukturellen Möglichkeiten von Substantiven, Wortgruppen zu bilden. Der Versuch der Sprecher, die verbalen Argumente in der Substantivgruppe unterzubringen, führt zu Widersprüchen zwischen alter verbaler und neuer nominaler Struktur. Verbale Strukturen realisieren sich in nominalen, ein *alter Inhalt* in einer *neuen Form,* ein alter Wein in einem neuen Schlauch. Es kommt zu einem Widerspruch zwischen der bleibenden (und ursprünglich verbalen) *semantischen* Struktur und der neuen formal-syntaktischen Struktur, vgl. (28):

(28) a. *Die Tasche des Lehrers* lag auf dem Tisch.
 b. Der Direktor beschwert sich über *die Beeinträchtigung des Unterrichts durch den Baulärm.*

In (28a) liegt in der hervorgehobenen DP ein „normales" Attribut vor, ein Attribut, das auch einer semantischen Definition als präsupponierte Prädikation genügt. Die DP [*des Lehrers*] ist als Teil eines potentiellen Prädikats [*gehört dem Lehrer*] semantisch interpretierbar und *Tasche* als Argument dieses Prädikats.

Die hervorgehobene Substantivgruppe in (28b) wird aber typischerweise semantisch nicht wesentlich anders analysiert als der entsprechende Nebensatz in (29).

(29) Der Direktor beschwert sich darüber, dass der Baulärm den Unterricht beeinträchtigt.

Das heißt, in (28b) ist das Substantiv *Beeinträchtigung* nicht semantisches Argument wie das Substantiv *Tasche* in (28a), sondern semantisches Prädikat wie das Verb *beeinträchtigt* in (29). Und die GenitivDP [*des Unterrichts*] in (28b) ist nicht Prädikat, sondern Argument wie die AkkusativDP [*den Unterricht*] in (29). Nochmals gegenüber gestellt, ergibt sich:

(30) *Kern* *Attribut*
   Argument *Prädikat*
   die Tasche des Lehrers

(31) *Kern* *Attribut*
   Prädikat *Argument*
   die Beeinträchtigung des Unterrichts

Anmerkung
Nominalisierung wie (24b,c) oder (28b) wirken „passivisch". Ihnen entsprechen passivische Nebensätze, vgl.:

(32) a. Es ergaben sich keine neuen Tatbestände dadurch, dass die Diebe durch die Polizei beobachtet wurden.
 b. Der Direktor beschwert sich darüber, dass der Unterricht durch den Baulärm beeinträchtigt wird.

Das ändert aber nichts am Befund. Die DP [*der Diebe*] bleibt insofern *genitivus objectivus*, als das *Subjekt* des Passivsatzes [*die Diebe*] in (31a) seinerseits auf ein Objekt des entsprechenden Aktivsatzes zurückgeht. Allerdings liegt in Nominalisierung dieser Art eher eine *ergativische* Struktur vor als eine passivische, vgl. Welke (2002).

Die Lage wird weiter kompliziert dadurch, dass sich das zurückspulen kann: Es ist möglich, dass man eine Nominalisierung auch wieder semantisch als Attribution auffassen kann, d.h. in der ursprünglichen Konstruktionsbedeutung der Attribution. Das kann man sich so erklären, dass die ursprüngliche attributive Konstruktionsbedeutung in der formalen Attribution latent vorhanden bleibt und in bestimmten Konstellationen und Kontexten wieder die Oberhand gewinnen kann.

Nehmen wir an, es gibt unterschiedliche Beobachtungsaufgaben. Die einen Polizisten haben die Aufgabe, die Diebe zu beobachten, die anderen die Hehler, weitere die Frauen der Diebe. Wenn dann so etwas wie (33a) gesagt wird, kann man das Attribut [*der Diebe*] auch wieder semantisch als Attribut auffassen, also als Prädikat, vgl. (33b).

(33) a. Die Beobachtung der Diebe hat nichts ergeben. Aber die Beobachtung ihrer Frauen hat etwas gezeigt. (Denn die kaufen ständig Sachen.)
b. Welche Beobachtung hat etwas ergeben?

Es gibt ein kompliziertes Geflecht von Regularitäten der Valenzvererbung, vgl. z.B. Ehrich/Rapp (2000). Typischerweise wird in Sätzen mit Subjekt und direktem Objekt (Akkusativobjekt) das Objekt (*genitivus objectivus*) vererbt und nicht das Subjekt (*gentivius subjectivus*), vgl. (34).

(34) a. die Beobachtung der Diebe
b. die Verhaftung des Mörders
c. die Behandlung des Patienten
d. die Verordnung des Arztes
e. die Begutachtung des Arztes

Eine semantische Interpretation des Genitivs als *genitivus subjectivus* ist in (34a-e) auf Grund der kategorialen Bedeutung ‚Mensch' möglich, dennoch ist sie unwahrscheinlich.

Größere Akzeptabilität hat die Interpretation als *genitivus subjectivus,* wenn man das Substantiv in den Plural setzt:

(35) a. die Beobachtungen der Polizei
b. die Verhaftungen der Polizei
c. die Behandlungen des Arztes
d. die Verordnungen des Arztes
e. die Begutachtungen des Arztes

In (35) liegt eine Auffassung als *semantisches* Attribut näher und damit ein Vorliegen der originären attributiven Konstruktionsbedeutung. Das verbindet sich mit der Möglichkeit, dass aus *Abstrakta* (aus Substantiven in verbaler Geschehensbedeutung) wieder *Konkreta* werden (Substantiva in konkreterer stärker dinglicher Bedeutung). Die Verordnungen des Arztes (35d) können die konkreten Rezepte sein, die der Patient in die Hand bekommt. Aber auch die Substantive in den übrigen Beispielen wirken konkreter. Das hängt mit dem Plural zusammen. Dieser passt zu originären Substantiven und deren originärer Funktion, Dinge zu bezeichnen. Ding kann man abzählen. Die Plurale in (35) bezeichnen Vielheiten (Mengen) von (abzählbaren) Ereignissen. Das ist m. E. ein Schritt zur originären Substantivbedeutung. Infinitivkonversionen wie *das Beobachten, das Verhaften, das Behandeln* lassen sich nicht in den Plural setzen. Sie bleiben näher bei Verben.

Fazit
Das Beispiel des Attributs zeigt, dass es ein kompliziertes und widersprüchliches Verhältnis von formalsyntaktischen und semantischen Bestimmungen gibt. Hinter formalsyntaktischen Regularitäten stehen semantische (und pragmatische). Nur das formalsyntaktisch definierte Verhältnis von Kern und Attribut interessiert uns zunächst und nicht die grundsätzlich mögliche semantische Fundierung, die jedoch die zahlreichen Widersprüche zwischen Form und Bedeutung berücksichtigen muss.

10 Beispielanalysen

Abkürzungen

P	Prädikat
S	Subjekt
O	Objekt
AB	Adverbialbestimmung
Dir	Direktivum
SP	Subjektsprädikativ
OP	Objektsprädikativ
FP	Freies Prädikativ
Pfeil	Attribut
Pl	Platzhalter
Pl_O	Platzhalter für ein Objekt, auch: Pl_S, Pl_{Dir}, Pl_{AB}, Pl_{Attr}
P_1, P_2	Prädikat 1. Teil, Prädikat 2. Teil
S_1, S_2	Subjekt 1. Teil, Subjekt 2. Teil
O_1, O_2	Objekt 1. Teil, Objekt 2. Teil
VP	Verbalphrase
NP	Nominalphrase
DP	Determinatorphrase
AP	Adjektivphrase
PP	Präpositionalphrase
IK	Infinitivkonstruktion
PK	Partizipialkonstruktion
WN	Weiterführender Nebensatz

Hinweise zur Notation

Die Satzzeichen sind weggelassen, um die Aufmerksamkeit auf die zu Grunde liegenden syntaktischen Zusammenhänge zu lenken.

Um Platz zu sparen, schreiben wir Wörter, die keinen gesonderten Satzgliedstatus oder Satzgliedteilstatus (als Attribut) besitzen in der Regel nicht auf eine gesonderte Zeile. Das sind Artikel, Präpositionen, Konjunktionen und Hilfsverben. (Eine Ausnahme machen wir mit Abtönungspartikeln, obwohl diese ebenfalls keine Satzglieder sind.) Wir schreiben also z. B.:

(1) Der faule
     Kater

(2) Der Kater
     Emils

In (1) ist nur das Adjektiv *faule* Attribut zu *Kater*. In (2) ist *Emils* Attribut nur zu *Kater* und nicht zu *der Kater*. Das heißt, der Satzgliedkern des Satzgliedes [*der Kater Emils*] ist nur *Kater*. Entsprechend ist in einer X'-Analyse *Kater* der Kopf der Nominalphrase, und der Artikel ist Kopf der übergeordneten Determinatorphrase.

Satzglieder 1. Grades werden ohne Hinweise auf ihre hierarchische Konstituentenstruktur aufgelistet. Deren Darstellung (durch Pfeile wie bei den Attributen) würde das Beschreibungsformat sprengen, vgl. 3.6. Die Konstituentenstruktur liegt auf der Satzebene außerdem im Prinzip kanonisch fest. Wenn man die Grundannahmen kennt, kann man sie in den Grundzügen ableiten. Nur bei den Attributen geben wir durch die Beziehungspfeile auch die Konstituentenstruktur an, zur Begründung vgl. 3.6.

Bei *Platzhaltern* (Korrelaten), abgekürzt Pl, indizieren wir den Bezug auf das betreffende Satzglied durch einen Index, z. B. Pl_O. Gibt es mehrere Objekte im Satz, so bleibt der genauere Bezug offen. Eine Einschränkung besteht darin, dass es sich um eine satzwertige Konstruktion handeln muss.

Prädikativa beziehen sich semantisch auf das Subjekt oder ein Akkusativobjekt. Auch hier kennzeichnen wir den Bezug nicht genauer. Prädikativa mit *als* können sich auch auf ein Dativobjekt oder Präpositionalobjekt beziehen. Der Bezug für den Hörer wird durch die Kasuskongruenz gesichert:

(3) a. Er hilft ihm als gutem Freund.
 b. Er vertraut auf ihn als guten Freund.

Wenn Teile eines Satzgliedes nicht unmittelbar nebeneinander stehen, verwenden wir *Indizierungen*. Das ist dann notwendig, wenn sich ein Prädikat zu einem prädikativen Rahmen aufspaltet und wenn sich durch Ausklammerung Distanzstellungen einzelner Teile von Satzgliedern ergeben. Die Indizierungen haben nur die Funktion, getrennte Bestandteile zu kennzeichnen, einfach in der Reihenfolge ihres aktuellen Vorkommens und unabhängig von der Anzahl der beteiligten Wörter, vgl.:

(4) a. Er *kann* (P_1) ihn nicht *gesehen haben* (P_2). – Er *hat* (P_1) ihn nicht *sehen können* (P_2).
 b. Ich habe *das Buch* (O_1) gelesen, *von dem du so begeistert warst* (O_2).

Identische Mehrfachklammerungen (geschweifte Klammern) entstehen dadurch, dass ein ausgeklammertes Attribut zunächst als Satzgliedteil gerechnet werden muss, z. B. als O_2, dann aber nochmals als Attribut auf seine Bezugseinheit in diesem Satzglied bezogen werden muss.

Koordinationen ziehen Parallelbestimmungen nach sich. Wir zählen bei kürzeren Koordinationen die parallelen Satzglieder manchmal nur als ein Satzglied und schreiben sie je nach Platz auf eine Zeile (5a). Wir können sie aber auch mehrfach parallel bestimmen und dann zusammenfassen (5b). Wir könnten die koordinierten Einheiten auch einzeln parallel auf ein Regens beziehen (5c), vgl.:

(5) a. Emil S
 freut sich P
 über Bücher und Blumen. O
 b. Emil S
 freut sich P
 über Bücher O ⎱ O
 und Blumen. O ⎰
 c. Emil S
 freut sich P
 über Bücher O
 und Blumen. O

Wir bevorzugen die Zusammenfassung (5b) als Zwischenschritt u. a. deshalb, weil diese parallelen Einheiten, wenn sie Satzglieder sind, als *ein* Satzglied gerechnet werden müssen, wie Erstplatzierung und Umstellprobe zeigen.

Die parallele Mehrfachbestimmung wird bei längeren Verschachtelungen notwendig, weil die unterschiedliche innere Struktur der betreffenden parallelen Einheiten miterfasst werden muss. Die gleiche Bestimmung kommt also zweimal und gegebenenfalls mehrmals vor, vgl. (5b). Die Mehrfachklammerung wird dann unumgänglich, wenn es um Erstplatzierung geht. In der Darstellung des Satzes [*Über Bücher und Blumen freut sich Emil.*] muss gekennzeichnet werden, dass die Topikposition von *einem* Satzglied eingenommen wird, entweder in der Form (5a) oder (5b).

Wiedergabetechnisch ergibt sich das Problem, dass wir, um Platz zu sparen, z. B. für Objekte nur die Kennzeichnung „O" verwenden, also einheitlich wiederkehrend sowohl für die unterschiedlichen thematischen Positionen eines Objekts als 2. oder 3. Argument (und auch Akkusativ-, Dativ-, Genitivobjekt oder präpositionales Objekt) als auch für die Wiederholung eines Objekts in gleicher struktureller Position, die durch Koordination entsteht. Wir denken, dass sich die Unterscheidung aus den allgemeinen Prämissen stets ableiten lässt.

Bei *Ambiguitäten* stellen wir im Schema zunächst die Default-Variante dar. Das ist die Variante, von der wir annehmen, dass sie auch eine kompetente Leserin oder ein kompetenter Leser (eine Hörerin oder ein Hörer) des betreffenden Satzes im Kontext wählen würde.

Im Kommentar gehen wir auf vorhandene strukturelle und auf mögliche mehr oder minder nahe liegende semantische Ambiguitäten ein. Vollständigkeit streben wir nicht an. Es wird viele Fälle geben, die wir übergangen oder auch übersehen haben – wie die Hörerinnen/Hörer und Leserinnen/Leser dieser Sätze im realen Leben.

Analysevarianten entstehen auch aus der Gegenüberstellung von *originärer und abgeleiteter Konstruktion* bzw. wörtlicher und übertragener Bedeutung. Zum Beispiel ist ein Reflexivpronomen in seiner originären Verwendung ein Objekt und in seiner abgeleiteten Verwendung Teil des Prädikats. Wenn uns die originäre (wörtliche) Verwendung noch rekonstruierbar scheint, bevorzugen wir diese. Auch setzen wir oft die Bestimmung *Direktivum* (Dir) an, wenn etwas Räumliches bereits übertragen aufgefasst wird, der ursprüngliche metaphorische Zusammenhang aber noch deutlich ist. Als Variante ist stets die Bestimmung als Objekt möglich.

10 Beispielanalysen

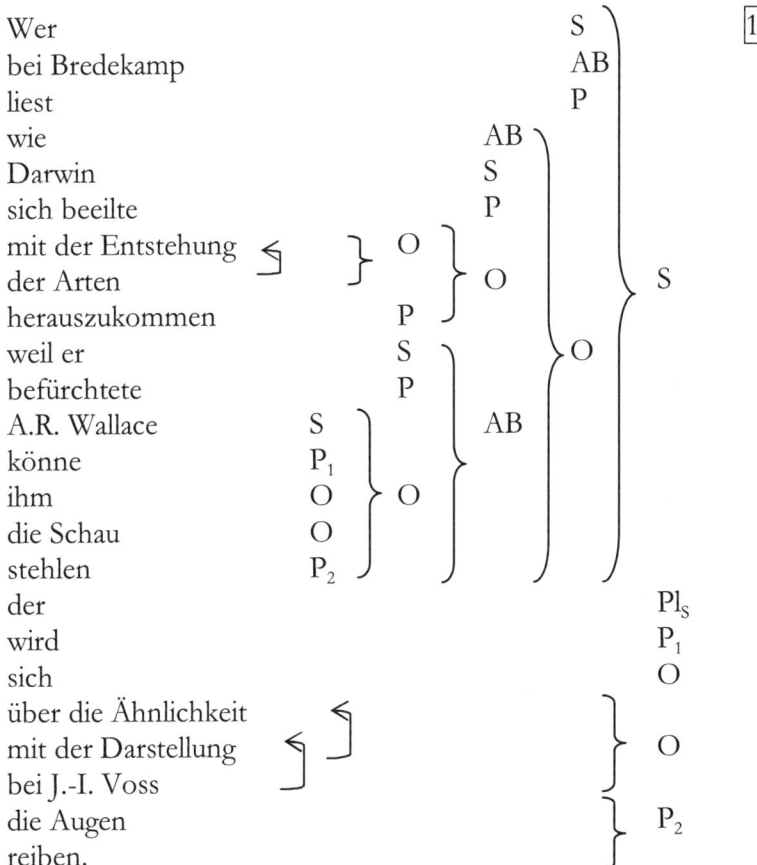

Kommentar

[*die Schau stehlen*] können wir als auch idiomatische (phraseologische) Wendung analysieren, also als komplexes Prädikat.

[*die Augen reiben*] analysieren wir als komplexes Prädikat. Wenn wir so analysieren, dann ist gut begründbar, dass die PP [*über die Ähnlichkeit* ...] Objekt ist. Als Objekt wird die PP von [*die Augen reiben*] regiert. Das geschieht in Analogie z. B. zu *über etwas staunen, sich wundern*. Diese Valenz-Analogie gibt es nur zu dem Idiom *die Augen reiben* und nicht zu *reiben* allein.

Das Reflexivum *sich* könnte man zum Prädikat bzw. zum Idiom hinzuziehen. Das geschieht hier nicht, weil *die Augen reiben* auch ohne Reflexivum möglich ist.

Im Folgenden geht es um mögliche Ambiguitäten. Meist sind die Sätze bereits für sich genommen hinlänglich semantisch und pragmatisch determiniert. Die Leserin/der Leser stellt die betreffende Lesart automatisch her. Wenn man die semantische und pragmatische Steuerung nicht berücksichtigt, kann man fast in jedem komplizierteren Satz Ambiguitäten entdecken, z. B.:

Den *weil*-Satz fassen wir als AB zu *sich beeilen* auf. Man könnte ihn auch als AB zu *herauskommen* analysieren. In diesem Fall enthielte die IK den *weil*-Satz: [*mit der Entstehung der Arten herauszukommen, weil er befürchtete A. R. Wallace könne ihm die Schau stehlen*]. Das von der IK gebildete Objekt wäre also umfangreicher. Das ist aber nicht der in diesem Satz intendierte Sinn.

Wir könnten [*mit der Darstellung bei J.-I. Voss*] auch als AB zum Prädikat [*die Augen reiben*] auffassen, wenn wir das Substantiv *Darstellung* als Konkretum auffassen. Dann reibt sich jemand mit der Darstellung die Augen, so wie er sich auch mit den Händen die Augen reiben kann. Die Kollokation [*Augen reiben*] müsste dann konkret als Objekt + Prädikat aufgefasst werden. Bei dieser Interpretation müsste der Leser aber den Widerspruch übergehen, dass die PP [*über die Ähnlichkeit*] zu dieser Konstruktion nicht passt, sondern nur zu der idiomatischen Wendung [*sich die Augen reiben*].

Auch die PP [*bei J.-I. Voss*] könnte ein Leser/eine Leserin als AB analysieren. Das ist fomalsyntaktisch klar möglich. Nur bekommt er/sie dann keinen rechten Sinn in den Satz hinein. Das heißt, pragmatisch ist diese Lesart nicht oder kaum zu lizensieren.

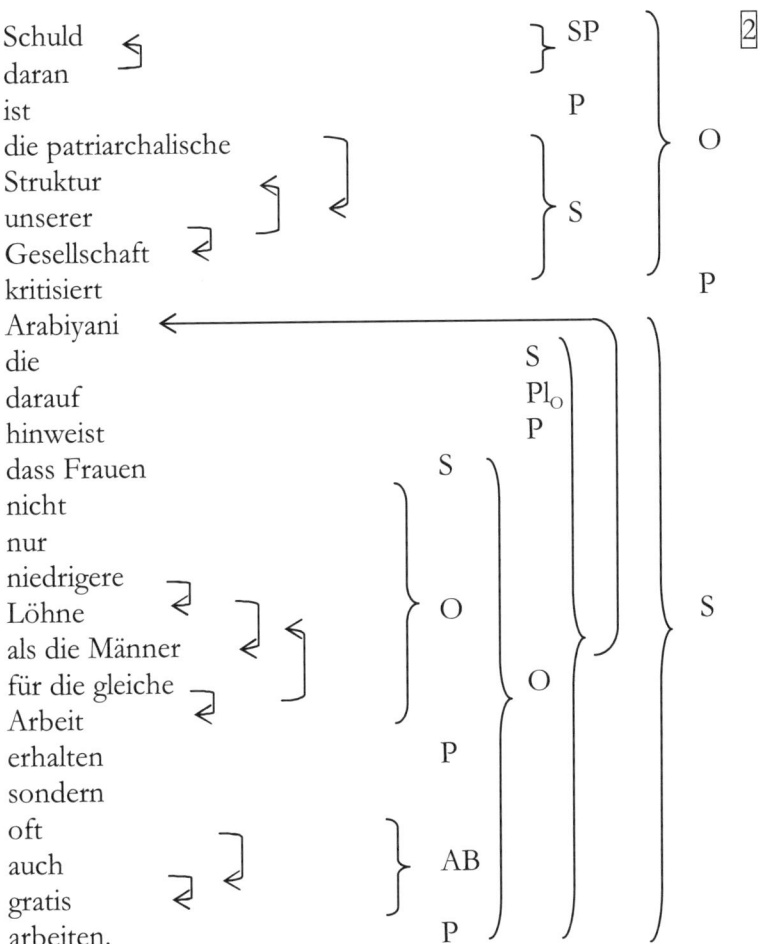

Kommentar
Der Satz [*Schuld daran ist die patriarchalische Sturktur unserer Gesellschaft*] ist unabhängig davon, ob man den Satz als indirekte oder direkte Rede wertet, Objekt. Werten wir ihn als indirekte Rede, so ist er ein uneingeleiteter Nebensatz. In dem Nebensatz ist [*Schuld daran*] Subjektsprädikativ. Das

Pronominaladverb *daran* ist also nicht Platzhalter, sondern hat Satzgliedcharakter. Es ist Attribut.

Die Erstposition von [*Schuld daran*] spricht zunächst für eine Interpretation als Subjekt. Die Definitheit von [*die patriarchalische Struktur* ...]. zeigt aber, dass [*Schuld daran*] als Subjektsprädikativ aufgefasst werden sollte.

Aus der Erststellung von [*Schuld daran*] folgt auf Grund der Erstpositionsregel im Aussagesatz (Verbzweitsatz), dass *daran* als Attribut aufgefasst werden muss. Das gleiche würde für [*Daran Schuld ist* ...] gelten. In [*Daran ist Schuld die patriarchalische Struktur*...] wäre das Pronominaladverb *daran* Objekt, weil es allein vor dem Finitum steht.

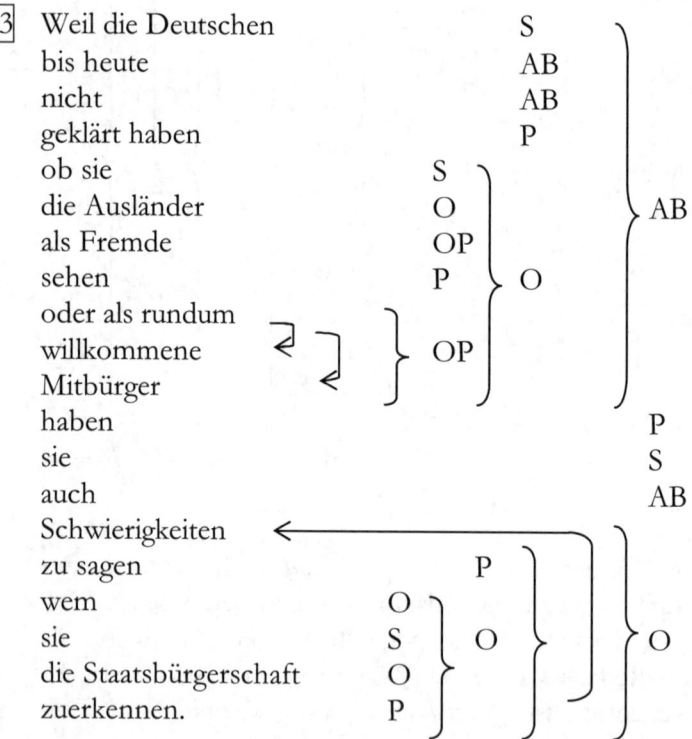

10 Beispielanalysen

Kommentar

Die beiden Objektsprädikativa im *weil*-Satz sind koordinativ verbunden, bilden als gemeinsam ein OP. Das zweite OP ist ausgeklammert.

Wir beziehen die IK [*zu sagen, wem …*] auf *Schwierigkeiten*, werten sie also als Attribut. Man kann sie auf Grund der Umstellprobe auch auf *haben* beziehen und als Objekt werten. Wertet man [*Schwierigkeiten haben*] als komplexes Prädikat (Funktionsverbgefüge), dann muss man die IK als Objekt bestimmen.

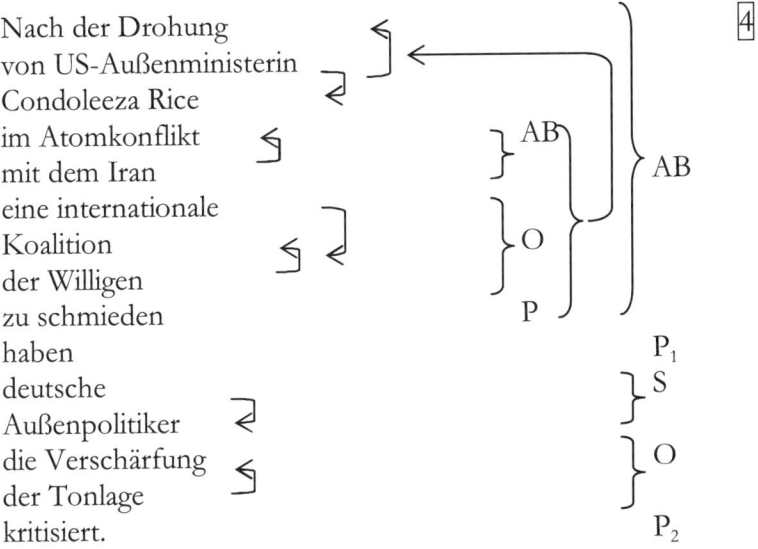

Kommentar

Ein Komma vor der Infinitivkonstruktion wäre entweder nach *Rice* oder nach *Iran* möglich. Dem würde eine Sprechpause entsprechen. Sowohl in der geschriebenen als auch in der gesprochen Sprache gibt es also eine Operationsanweisung. Hat der Schreiber das Komma vergessen oder hat der Sprecher sehr hastig gesprochen und keine Pause gemacht, dann fehlt diese Anweisung. Der Satz wird ambig. Der Sinn bleibt annähernd gleich. Es würde sich also nur um eine strukturelle Ambiguität handeln.

Eine weitere Ambiguität ergibt sich, wenn man [*mit dem Iran*] als AB auf *zu schmieden* bezieht und [*im Atomkonflikt*] als Attribut auf *Drohung*. Auch hier könnten Intonation und Sprechpause unterstützend wirken. Der geänderte Bezug der PP [*mit dem Iran*] ergibt eine strukturell-semantische Ambiguität. Sie würde den intendierten Sinn dieses Satzes gravierend verändern.

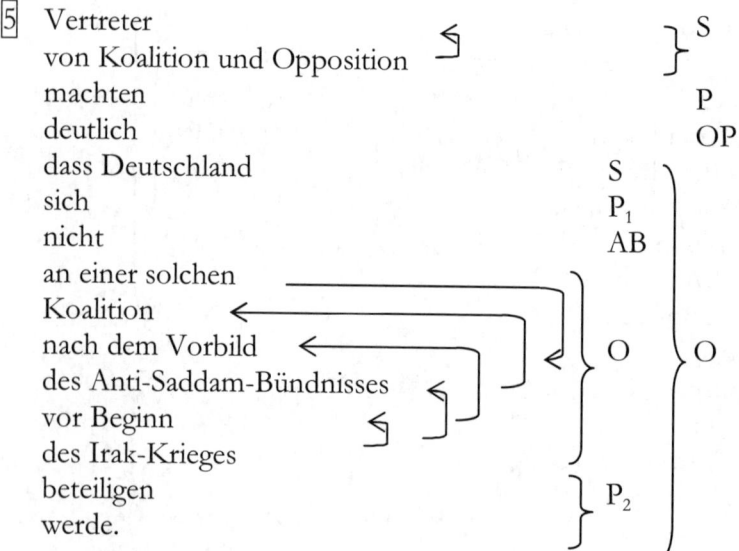

Kommentar

Die Zusammenfassungen zu dem Objekt [*an einer solchen Koalition nach dem Vorbild des Anti-Saddam-Bündnisses vor Beginn des Irak-Krieges*] folgt dem Weltwissen. Steht einem Leser dieses Wissen nicht zur Verfügung, dann wird dieser u. U. auch ganz andere Satzbedeutungen aufbauen mit z. T. entgegengesetztem Sinn. Man kann [*nach dem Vorbild des Anti-*

Saddam-Bündnisses vor Beginn des Irak-Krieges] ausgrenzen und als AB auffassen. Dann ist diese PP nicht Attribut zu *Koalition*, sondern AB zu [*nicht beteiligt*]. Ferner kann man auch die PP [*vor Beginn des Irak-Krieges*] als AB auffassen, wieder mit weit reichenden semantischen Folgen. Denn daraus wäre zu entnehmen, dass der Irak-Krieg zur Situationszeit von [*machten deutlich*] erst bevorsteht.

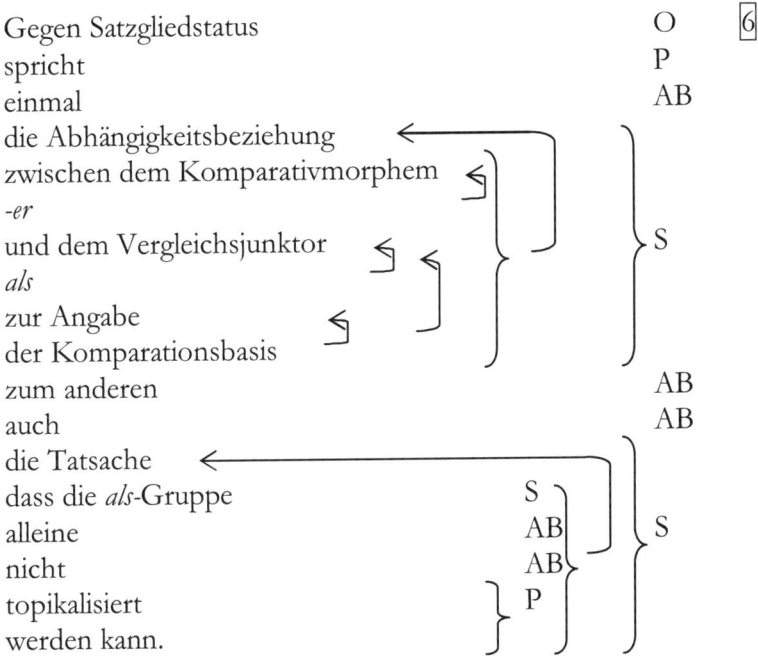

Kommentar
Der Bezug der PP [*zur Angabe der Komparationsbasis*] als Attribut zu [*Vergleichsjunktor als*] und nicht zu [*Abhängigkeitsbeziehung…*] ergibt sich aus den linguistischen Theoremen der Verfasserin des betreffenden Textes.

Wörter wie *Tatsache* oder *Umstand* entwickeln sich zu Platzhaltern. *Als* und *-er* sind Appositionen.

288 10 Beispielanalysen

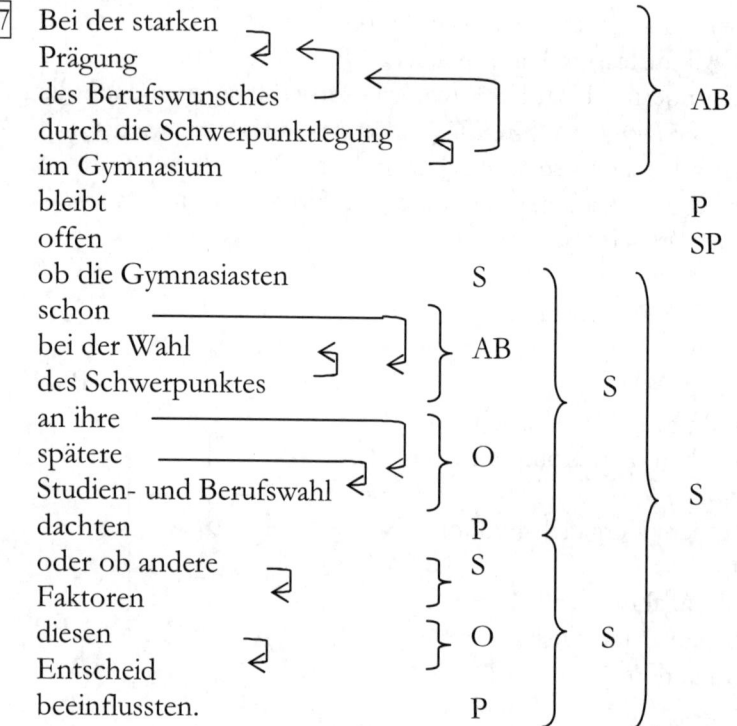

Kommentar

Die PP [*im Gymnasium*] könnte man auch als Attribut auf [*Berufswunsches durch die Schwerpunktlegung*] oder auf [*Prägung des Berufswunsches durch die Schwerpunktlegung*] beziehen. Nur die im Schema gegebene Analyse dürfte jedoch pragmatisch zu legitimieren sein.

Das Adverb *schon* kann man auch als AB auf *dachten* beziehen. Die Stellung vor (und nicht nach) der PP [*bei der Wahl des Schwerpunktes*] weist auf den attributiven Bezug hin.

10 Beispielanalysen

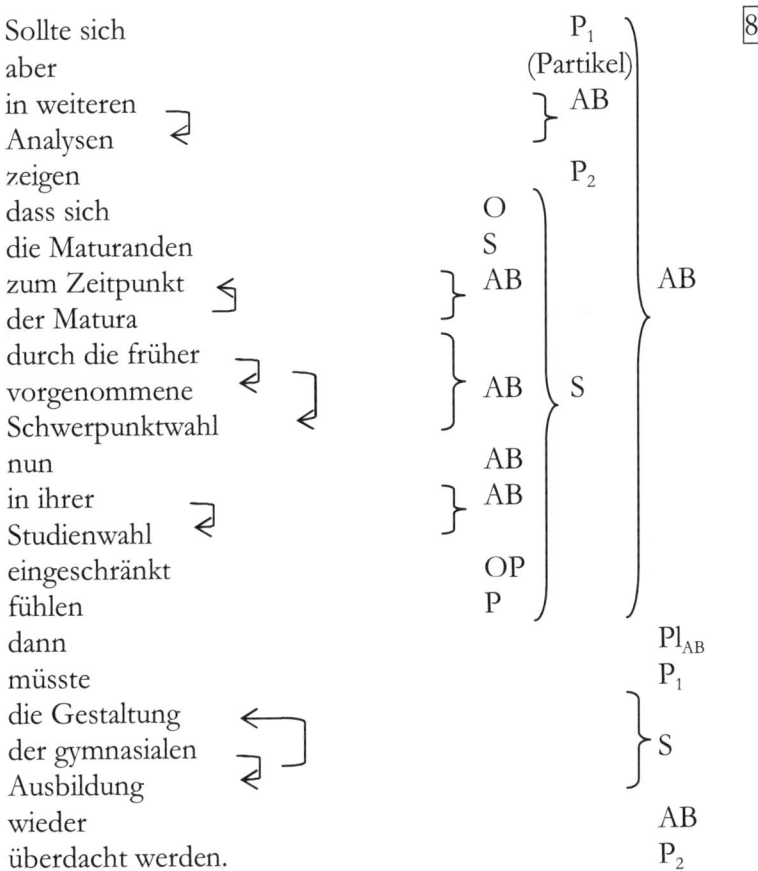

Kommentar

Aber analysieren wir als Partikel. Das Reflexivpronomen bei *zeigen* werten wir im vorliegenden Fall als Teil des Prädikats. Das zweite auf *fühlen* bezogene Reflexivum ist wesentlich stärker vollsemantisch reflexiv. Aus diesem Grund werten wir es als Objekt. Wenn man dieses Reflexpronomen als Teil des Prädikats analysiert, kann man das Adjektiv *eingeschränkt* nicht als Objektsprädikativ werten, sondern muss es als Subjektsprädikativ bestimmen, vgl. 7.1.1.

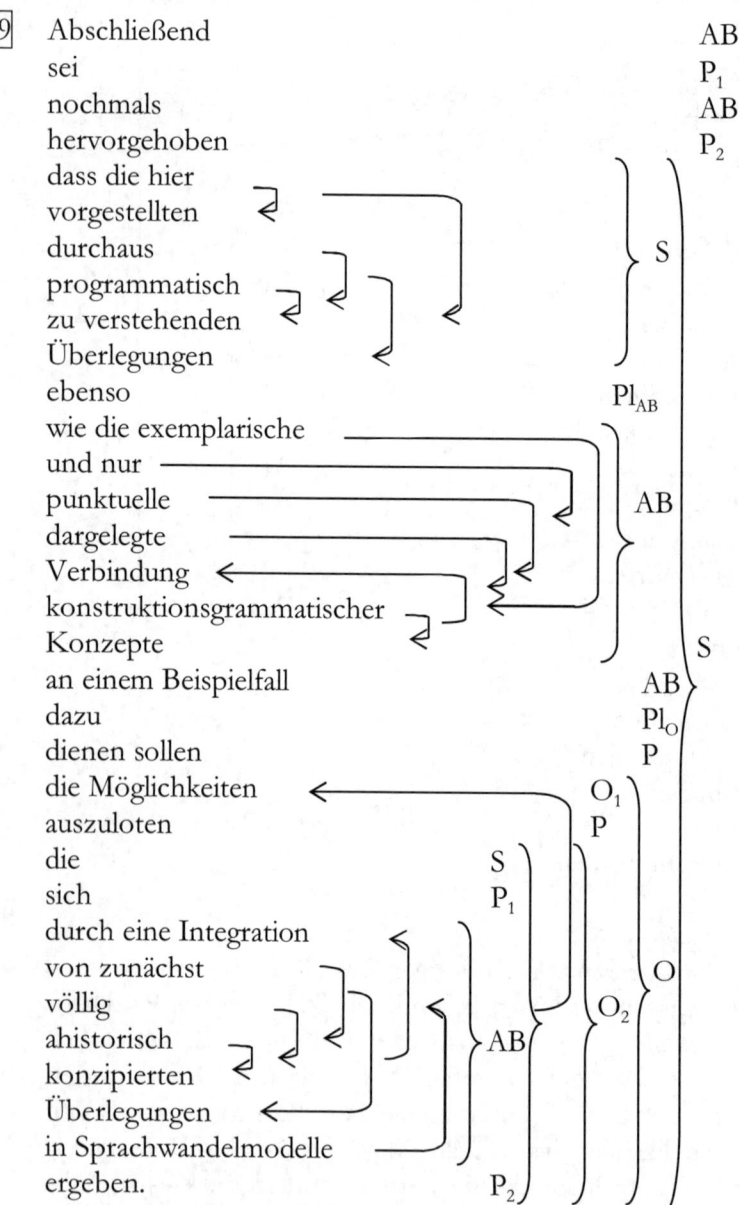

Kommentar

Wir haben die Wortgruppe [*ebenso wie* ...] als AB zu *dienen* analysiert. Die Fügung [*ebenso wie*] ist aber dabei, sich zu einer koordinierenden Konjunktion zu entwickeln. Wir hätten es dann mit zwei koordinierten Subjekten zu tun.

Die Attributhierarchien kann man im Einzelnen auch anders ansetzen. Nur bedingt oder kaum kann man die PP [*an einem Beispielfall*] als Attribut zu *Konzepte* auffassen. Es ist aber nicht auszuschließen, dass das die Intention der Schreiberin war. In diesem Fall wäre es aber besser gewesen, die PP nach *Verbindung* zu platzieren. Dann wäre aber *exemparische* eine bloße Verdopplung und überflüssig. Im Text steht *punktuelle* und nicht *punktuell*. Wir haben (wie der potentielle Leser/die potentielle Leserin) das als einen Tippfehler gewertet und das Wort als *punktuell* ohne Flexion gelesen. Als paralleles Attribut zu *exemparische* ergibt sich kaum Sinn.

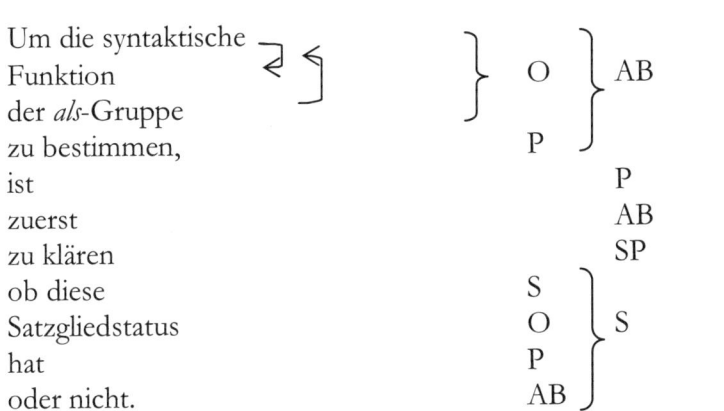

|11| Die Marquise,

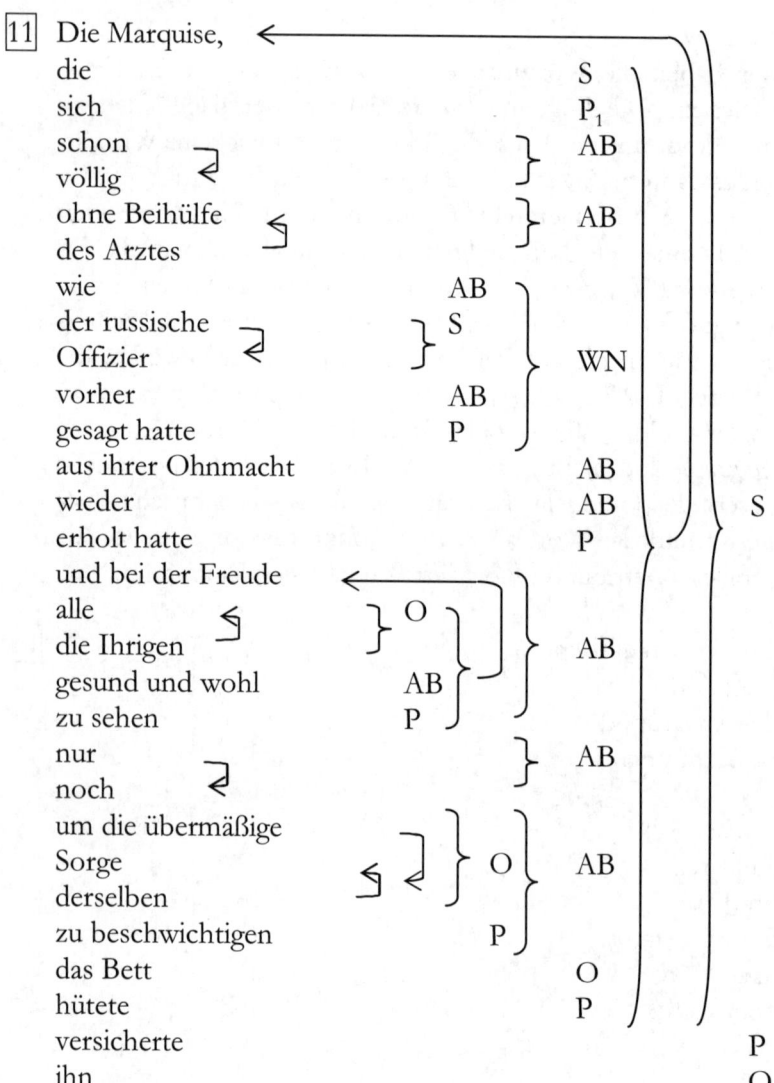

Fortsetzung nächste Seite

10 Beispielanalysen

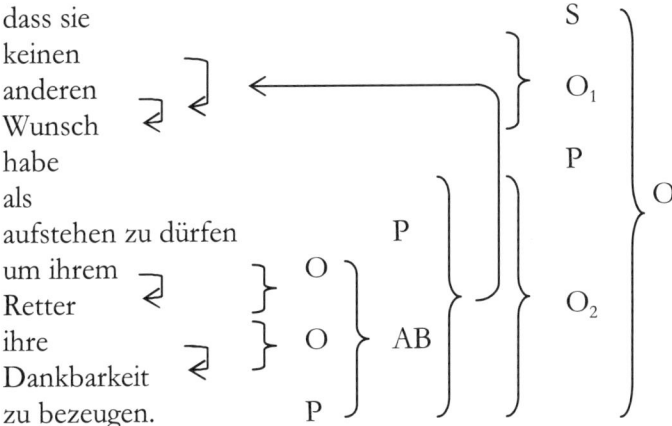

Kommentar
Der *wie*-Satz ist ein weiterführender Nebensatz (WN). Als solcher wird er traditionell aus der Satzgliedbestimmung herausgenommen. Das muss man jedoch nicht unbedingt, vgl. 1.7.4. Man kann weiterführenden Nebensätzen auch einen Satzgliedstatus zuschreiben. Dieser Nebensatz lässt sich dann als strukturell ambig einstufen – als AB oder als Attribut zu *Beihülfe*.

Kleistsätze wie diese enthalten viele strukturelle Ambiguitäten. Das Komma nach *völlig*, vgl. Satzregister, deuten wir als Operationsanweisung Kleists, die AP [*schon völlig*] nicht als Attribut auf [*ohne Beihülfe des Arztes*] zu beziehen. Das Komma nach [*nur noch*] signalisiert analog, dass die Adverbialphrase AB zum übergeordneten Verb sein soll und nicht zum Infinitiv der folgenden Infinitivkonstruktion.

Der Nebensatz [als *aufstehen zu dürfen, um ...*] ist eine Vergleichsphrase. Sie bezieht sich auf [*keinen anderen Wunsch*], ist also Attribut.

294 10 Beispielanalysen

12 Eines Morgens
da die Familie   S
beim Tee   AB
saß   P   AB
und der Vater   S
sich   P₁
auf einen Augenblick   AB
aus dem Zimmer   Dir
entfernt hatte,   P
sagte   P
die Marquise
aus einer langen   } Dir   S
Gedankenlosigkeit
erwachend   P
zu ihrer Mutter   O
wenn mir   O
eine Frau   S
sage   P
dass sie   S
ein Gefühl   O
hätte   P
ebenso   O
wie ich   AB   AB
jetzt
da ich   S
die Tasse   O   AB   O
ergriff   P

Fortsetzung nächste Seite

so		Pl_{AB}	
würde		P_1	
ich		S	
bei mir		AB	O*
denken		P_2	
dass sie	S		
in gesegneten	AB	O	
Leibesumständen			
wäre.	P		

* *Fortsetzung des Objekts*

Kommentar
Die Wortfolge [*ebenso wie ich jetzt da ich die Tasse ergriff*] erlaubt unterschiedliche Strukturierungen. Wir könnten das Adverb *jetzt* auch als Kern der zweiten AB werten und [*da ich die Tasse ergriff*] als Attribut zu diesem Kern analysieren Wir könnten auch nur eine AB annehmen mit [*jetzt da ich die Tasse ergriff*] als Attribut zu [*ebenso wie ich*]. Im Kleist-Text steht, vgl. Wortregister, vor und nach [*wie ich jetzt*] ein Komma. Das haben wir als Operationsanweisung des Dichters gewertet. Das erlaubt aber auch weiterhin die Interpretation des Nebensatzes als Attribut.

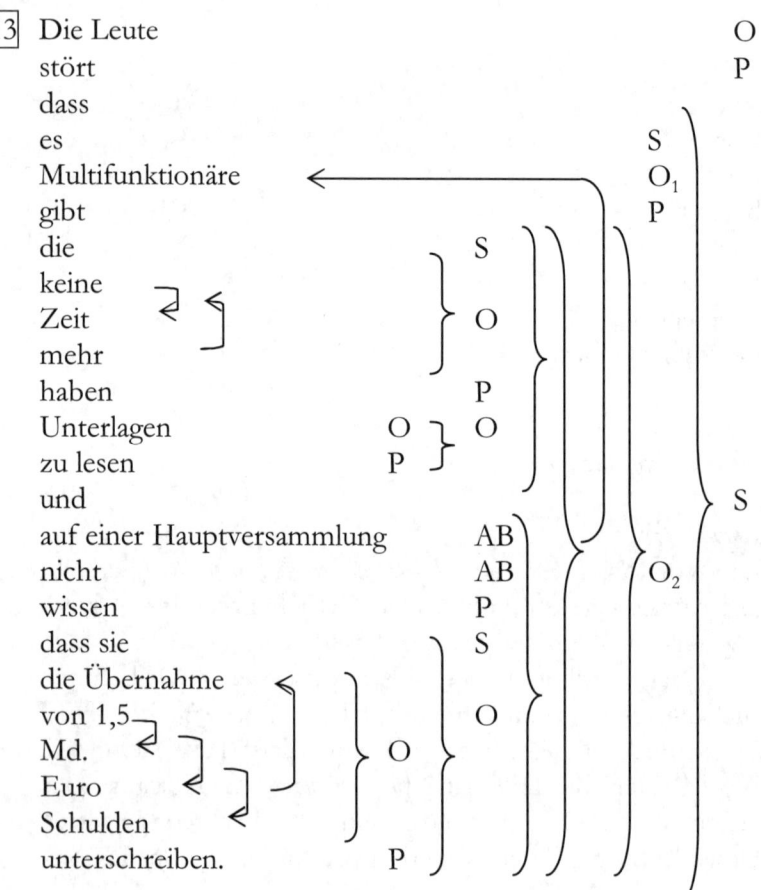

Kommentar

In [*von 1,5 Md. Euro Schulden*] handelt es sich um Attribute in Gestalt von Appositionen. Bei Appositionen können die Unterordnungen jeweils auch entgegengesetzt interpretiert werden. In unserer Analyse ist *Schulden* der Kern des Attributs. Wir können aber auch *Md.* und *Euro* jeweils als Kerne auffassen.

[*Unterlagen zu lesen*] kann auch als Attribut zu *Zeit* aufgefasst werden.

10 Beispielanalysen

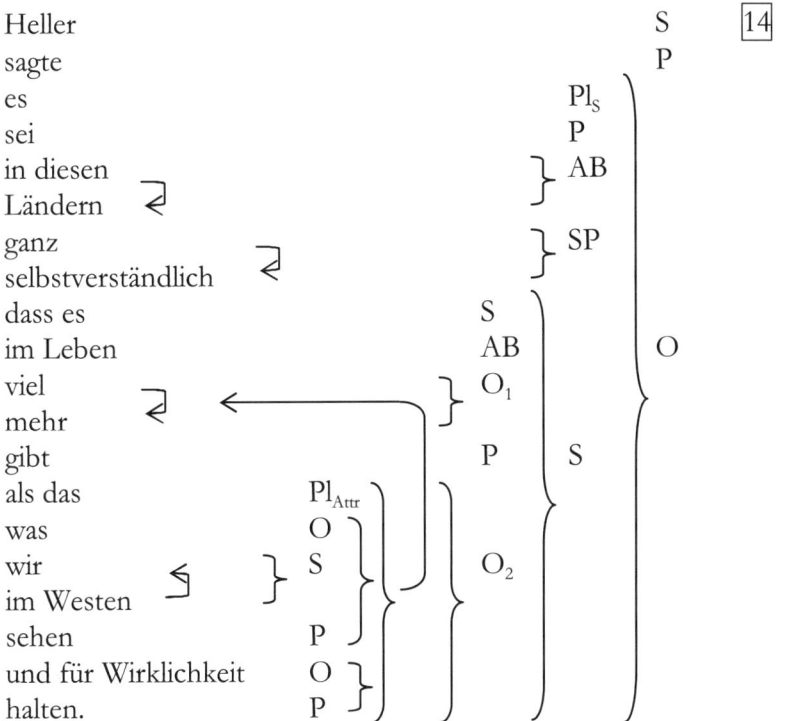

Kommentar

Die PP [*im Westen*] ist als Attribut auf *wir* bezogen. Als Sinn ergibt sich: „Wir, die im Westen leben, sehen vieles nicht, was in den anderen Ländern passiert und dort selbstverständlich ist." Wenn man [*im Westen*] als AB interpretiert, ergibt sich als Sinn, dass im Westen weniger zu sehen ist. Die Ambiguität steckt aber auch bereits in der AB-Lesart selbst, was in unserer Version der Satzgliedanalyse aber nicht dargestellt werden kann, vgl. 1.1, vgl.: *Im Westen sehen wir das nicht*: (1) das, was wir sehen, liegt im Westen. (2) Aus dem Standort des Westens sehen wir nicht, was woanders passiert.

|15|

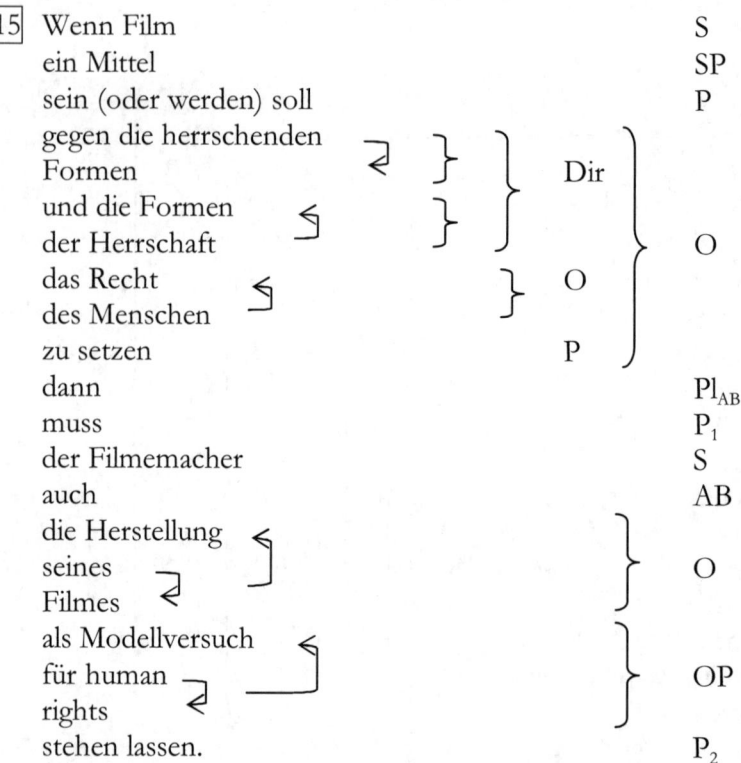

Wenn Film	S
ein Mittel	SP
sein (oder werden) soll	P
gegen die herrschenden Formen	Dir
und die Formen der Herrschaft	
das Recht	O
des Menschen	
zu setzen	P
dann	Pl_{AB}
muss	P_1
der Filmemacher	S
auch	AB
die Herstellung	
seines	O
Filmes	
als Modellversuch	
für human	OP
rights	
stehen lassen.	P_2

Kommentar

Wir analysieren die IK [*gegen die herrschenden Formen ... zu setzen*] als Objekt. Aber auch die Analyse als Attribut zu *Mittel* ist möglich, vgl.7.3.

Das Adverb *auch* kann man auch als Attribut auf [*Herstellung seines Films*] beziehen. Das gleiche gilt für das OP [*als Modellversuch...*], allerdings mit Sinnänderung gegenüber der von uns vorgeschlagenen und wahrscheinlich auch pragmatisch allein legitimierten Version.

Zur Einordnung des Verbs *lassen* vgl. 8.2. Wenn wir es nicht als Teil des Prädikats werten wollten, müssten wir nach den Voraussetzungen in 7.3. und 8.2 [*die Herstellung seines*

10 Beispielanalysen

Filmes] als O und [*als Modellversuch für human rights stehen*] als OP zu *lassen* bestimmen. Ferner müssten wir [*als Modellversuch für human rights*] nochmals als OP, nun aber zu *sehen*, analysieren.

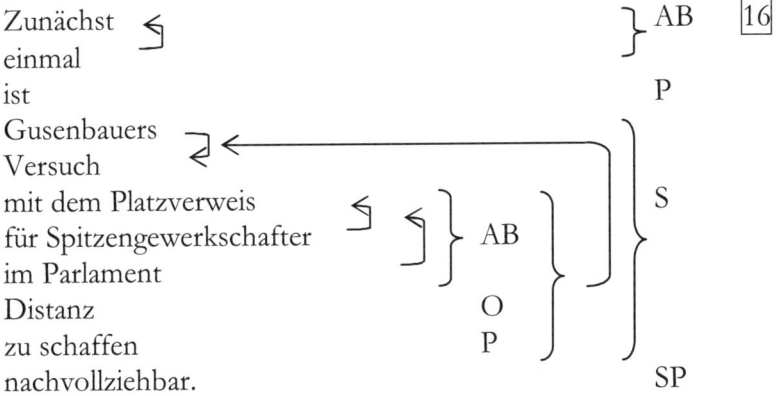

Kommentar

Kontext: Der österreichische SP-Vorsitzende hatte gefordert, dass Spitzengewerkschafter nicht mehr Parlamentsabgeordnete sein dürfen. Diesem Kontext entspricht die Attributlesart. Syntaktisch möglich sind auch andere Bezüge (strukturelle und semantische Ambiguität). Man kann die PP [*im Parlament*] als AB analysieren. Außerdem könnte man auch die PP [*für Spitzengewerkschafter*] als AB auffassen: 'mit dem Platzverweis, der sich auf andere bezieht, für Spitzengewerkschafter (zu ihren Gunsten) Distanz schaffen'.

|17| Angesichts der großen Reformen
die
Deutschland
vor allem
in Vorschulen und Schulen
anschieben müsste
wäre
es
sinnvoll
dem Bund
zu erlauben
Hilfen
zur Fortentwicklung
der Bildung
zu leisten.

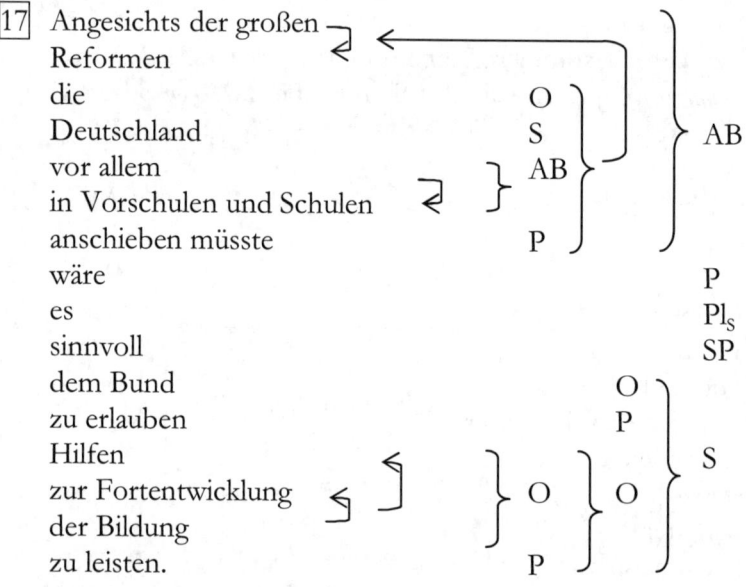

Kommentar

In der PP [*Angesichts der großen* …] mit *angesichts* als Präposition könnte man (dem X'-Schema entsprechend) auch zuerst den Relativsatz als Attribut auf *Reformen* beziehen und anschließend *großen* auf die entstandene NP.

[*vor allem*] könnte man auch als (schriftsprachlich) ausnahmsweise nachgestelltes Attribut auf *Deutschland* beziehen. Die PP [*zur Fortentwicklung der Bildung*] kann auch als AB analysiert werden, vgl. Umstellprobe. Die VP [*Hilfen zu leisten*] analysieren wir wegen des Plurals *Hilfen* nicht als komplexes Prädikat.

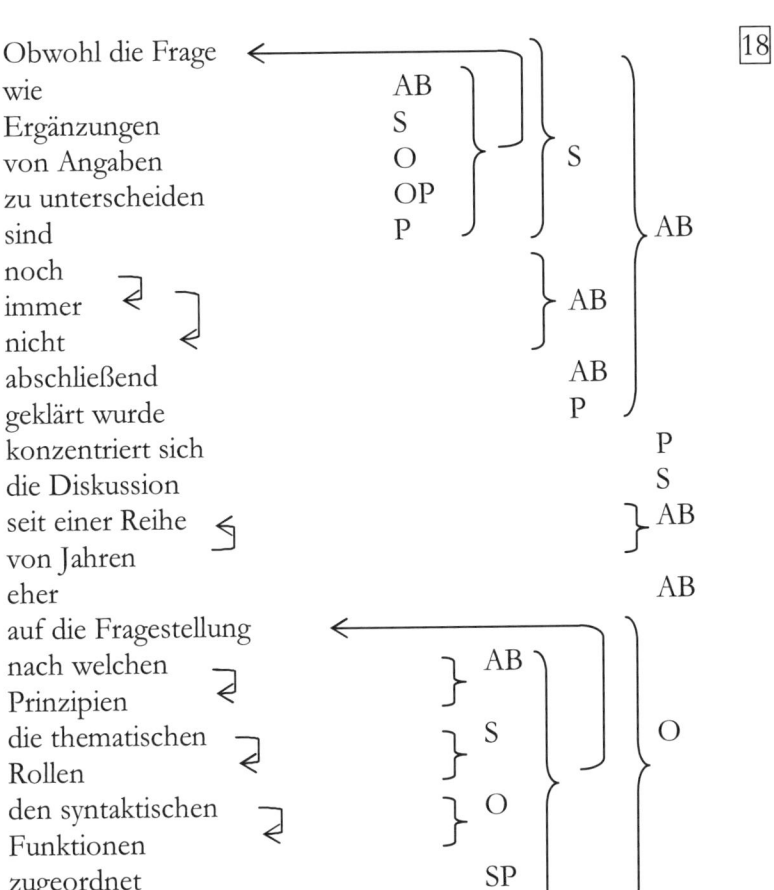

Kommentar

[*zugeordnet sind*] muss syntaktisch als Kopula-Konstruktion (Zustandspassiv) analysiert werden. Die analytische Verbform (Passiv) wäre: [*zugeordnet worden sind*]. Die Adverbphrase [*noch immer nicht*] kann auch als Attribut auf *abschließend* bezogen werden.

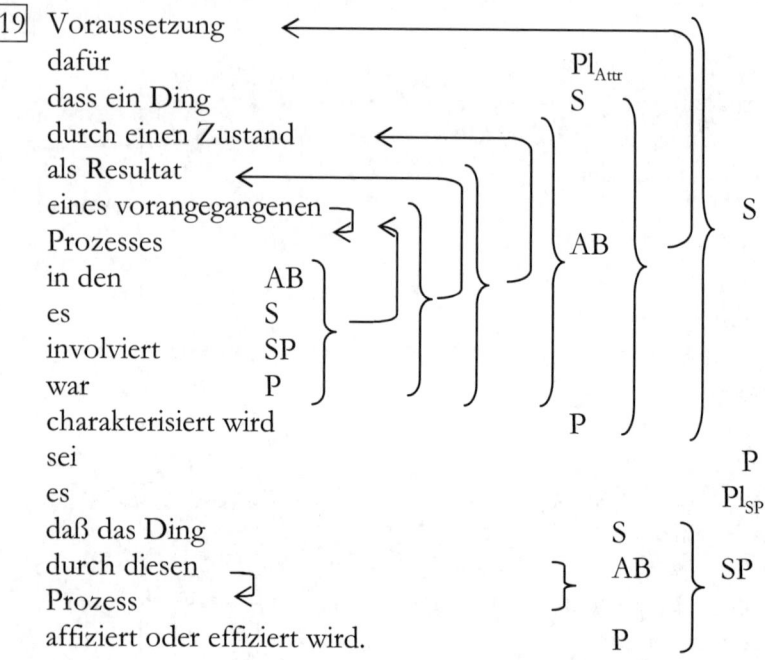

[*Voraussetzung dafür, ...*] haben wir auf Grund der Erststellung als Subjekt bestimmt. Man kann die NP aber auch als SP und den *dass*-Satz als Subjekt interpretieren.

[*durch einen Zustand*] kann man auch allein als AB analysieren und [*als Resultat eines vorangegangenen Prozesses, in den ... involviert war*] als OP. Das ist dann aber ein anderer Sinn und nicht der intendierte Sinn des Satzes. Das Ding müsste Resultat eines vorangegangenen Prozesses sein und nicht der Zustand (durch den das Ding charakterisiert wird).

10 Beispielanalysen 303

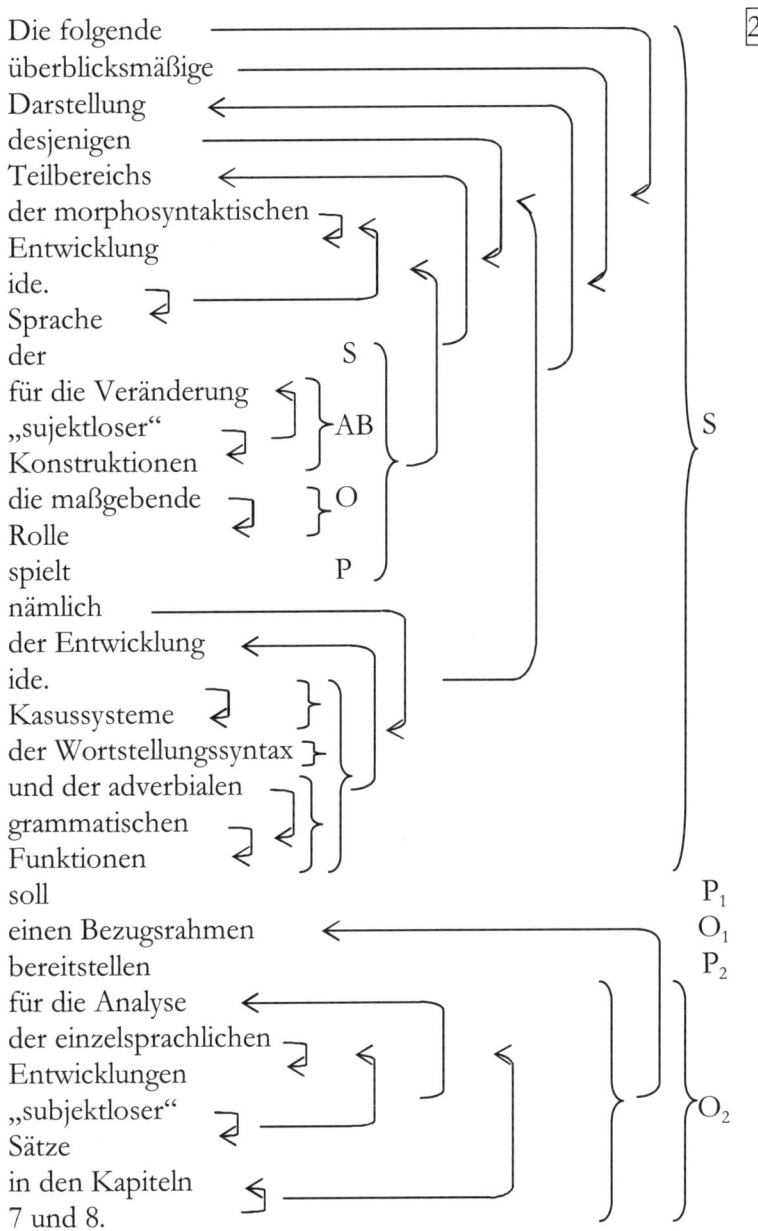

Kommentar
Der Satz ist auf der obersten Stufe der Hierarchie sehr einfach gebaut: S – P – O. Wir sind bei der Analyse relativ konform zum X'-Schema vorgegangen. Wir schließen jedoch nicht aus, dass man zunächst eine NP [*folgende überblicksmäßige Darstellung*] ansetzten kann, auf die man die DP [*desjenigen Teilbereichs* ...] als Attribut bezieht. Das Adjektiv *einzelsprachlich* wäre unter dem Aspekt des X'-Schemas erst auf einer späteren Stufe der Hierarchie Attribut (Modifikator) zu [*Entwicklungen „subjektloser" Konstruktionen*].

Das Adverb *nämlich* weist das Folgende als Apposition (appositiven Nebenkern) aus. Die Apposition gehört auf Grund der Kasuskongruenz strukturell zur DP [*desjenigen Teilbereichs* ...] oder der kleineren DP [*der morphosyntaktischen Entwicklung* ...]. Nur der Bezug auf die größere DP ist kontextuell und sachlich angemessen. Andererseits kann man [*Teilbereich der morphosyntaktischen Entwicklung* ...] als einen „semantischen Dreher" ansehen, bei dem das Verhältnis von Kern und Attribut entgegen der syntaktischen Struktur gelesen werden kann, vgl. 9.2.2. Die Leserinnen und Leser werden also möglicherweise semantisch als das entscheidende Stichwort interpretieren und *Teilbereich* als genauere Bestimmung zu [*morphosyntaktische Entwicklung*], also entgegengesetzt zur formalen Struktur. Eine Paraphrase wäre: *Die morphologische Entwicklung, die ein Teilbereich (der Grammatik) ist.* Sie werden in diesem Fall aus dieser semantischen Interpretation die Folgerung ziehen und die DP [*nämlich der Entwicklung ide. Kasussysteme,* ...] gegen die formal-syntaktische Struktur semantisch primär auf [*der morphosyntaktischen Entwicklung* ...] beziehen.

Ambiguitäten finden wir auch im Objekt [*einen Bezugsrahmen* ...]. Man kann die *für*PP [*für die Analyse* ...], wie es für die „Joker"-Präposition *für* typisch ist, auch als AB analysieren. Das Objekt ist dann allein die DP [*einen Bezugsrahmen*].

Nach unserer Analyse ist die *für*PP Attribut. Die Entzweiung entsteht durch Ausklammerung.

Im Folgenden erläutern wir nochmals etwas ausführlicher die anderen Ambiguitäten in dieser Wortgruppe. Die PP [*in den Kapiteln 7 und 8*] kann man alternativ neben *Analyse* als Bezugswort auch auf *Sätze*, auf *Entwicklungen* und auch auf *Bezugsrahmen* (als jeweilige Wortgruppenkerne) beziehen. Es entstehen semantische Ambiguitäten. Nur der Bezug auf *Analyse* ist pragmatisch legitimiert. Denn findet man in den Kapiteln 7 und 8 die Analyse und nicht den Bezugsrahmen, auch nicht die Entwicklungen oder die subjektlosen Sätze für sich genommen. Die Varianten des Bezuges auf *Bezugsrahmen* und auf *Darstellung* sind auch unter Gesichtspunkten der Satzgliedstellung unwahrscheinlich. Theoretisch kann man sich einen solchen weit entfernten Nachtrag vorstellen. Aber viel wahrscheinlicher ist, dass ein Sprecher den Bezug durch die Wortstellung signalisieren würde. Er würde im ersten Fall bilden: [*einen Bezugsrahmen in den Kapiteln 7 und 8*]. In dem anderen noch unwahrscheinlicheren Fall hätte er wegen der Überladenheit der DP [*die folgende überblicksmäßige Darstellung* ...] Schwierigkeiten, auch noch die PP unterzubringen, am ehesten noch nach *ide. Sprache*. Ein Leser wird, wenn er den Satz richtig versteht, d.h. wenn er die notwendigen pragmatischen kognitiven Operationen vornimmt, wahrscheinlich die syntaktische Analyse wählen, die wir im Analyseschema vorgenommen haben. Wenn das nicht der Fall ist, wird er eine der Varianten wählen, die formal möglich sind.

Der Satz ist auf der oberen Strukturebene denkbar einfach gebaut: S – P – O. Man sieht, dass Nominalisierungen oft nur eine scheinbare Vereinfachung mit sich bringen.

10 Beispielanalysen

21
Aus welchen		
Gründen	AB	
auch		AB
immer		
der Journalist	S	AB
dem Fischer	O	
gerade	AB	
nicht	AB	
zugehört hat	P	
die Geschichte	S	
ist	P	
symptomatisch	SP	
dafür	Pl$_O$	
dass die Lebensleistung		
von Frauen		
die	S	
mit Putzen		
anderer	AB	S
Haushalte		O
ihre	O	
Familie		
ernähren	P	
nicht	AB	
wahrgenommen wird.	P	

Kommentar

Der Satz ist ein Beispiel für eine grammatisch korrekte und stilistisch angemessene mehrfache Vorfeldbesetzung.

Semantische Ambiguität: Das Adverb *gerade* kann auch als Attribut zu *nicht* aufgefasst werden.

10 Beispielanalysen

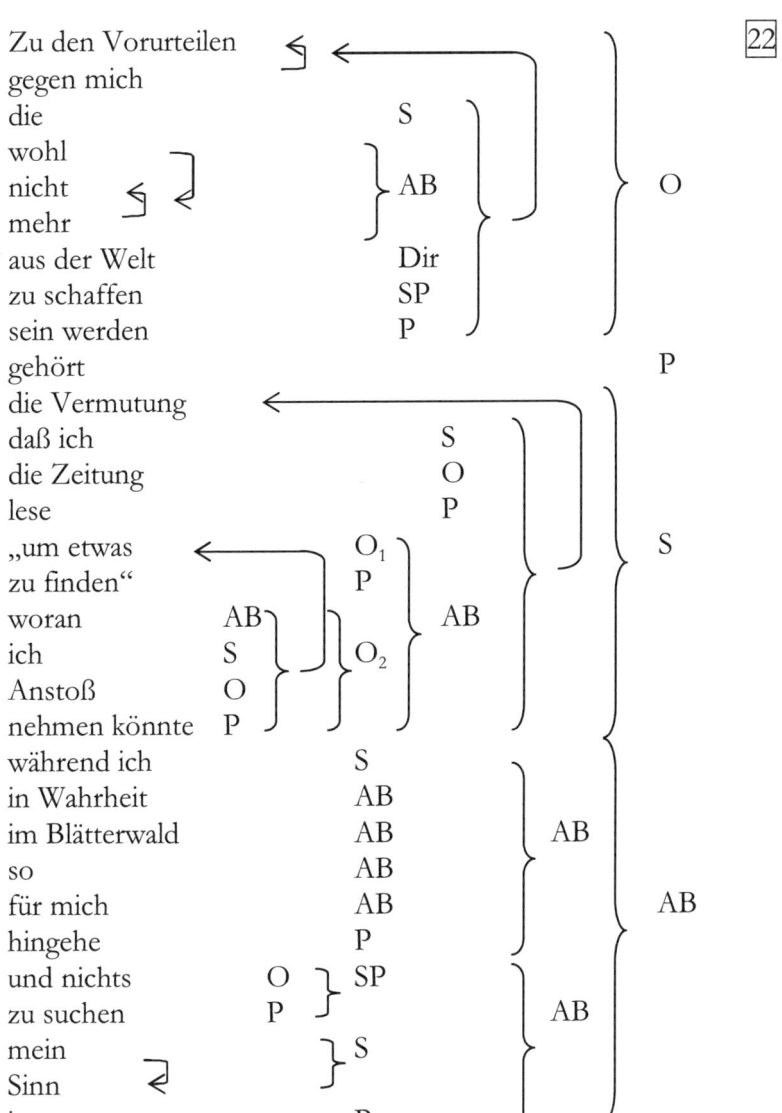

22

Kommentar
etwas könnte auch als Platzhalter aufgefasst werden.

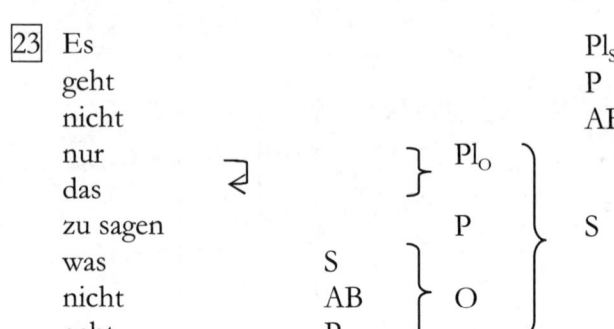

Kommentar
Im Satz, vgl. Satzregister, steht nach *nicht* ein Komma. Mündlich entspricht dem Komma eine Sprechpause. Wenn diese Signale nicht vorhanden sind, ergeben sich Ambiguitäten: [*Es geht* [*nicht nur das*] *zu sagen* ...] mit *nicht* als Attribut zu *nur* und [*Es* [*geht* [*nicht nur*]] [*das zu sagen*, ...] mit [*nicht nur*] als AB.

In unserer Analyse haben wir *nur* als Attribut auf den Platzhalter bezogen. Es ist dadurch auch Attribut zum Relativsatz.

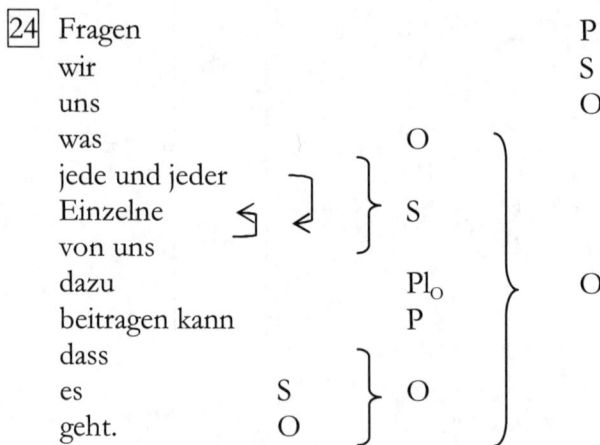

10 Beispielanalysen

Kommentar

Synonym zur Konjunktion *dass* wäre hier die Konjunktion *damit*. Der *dass*-Nebensatz ist Objekt. Der *damit*-Nebensatz wäre AB, und *dazu* wäre ein (weglassbares) Objekt.

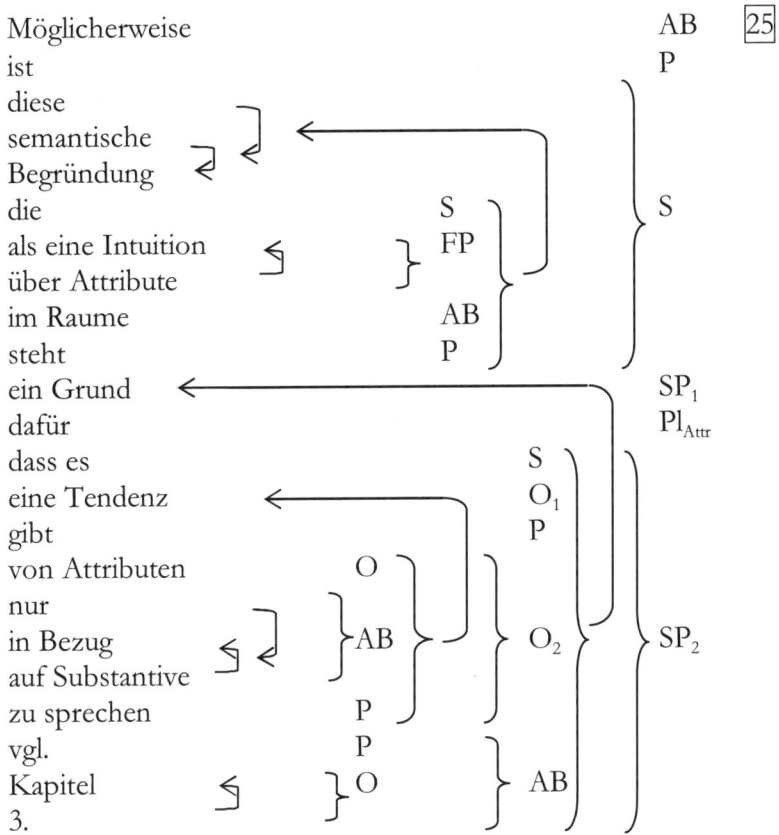

Kommentar

Der Attributsatz (Relativsatz) [*die als eine Intuition im Raume steht*] ist ein nicht-restriktives Attribut. Daraus folgt die Entscheidung, dass wir den Determinator *diese* in die Restgruppe einbeziehen und nicht erst die ganze Wortgruppe zum

Schluss abbinden. Der gleiche Grund spricht dafür, den Attributsatz nach dem adjektivischen Attribut *semantische* einzugliedern.

Bereits der Akkusativ *Attribute* spricht dafür die PP [*über Attribute*] als Attribut auf *Intuition* zu beziehen. Als AB zu *stehen* wäre der Dativ gefordert.

Wenn wir [*im Raume steht*] wörtlich nehmen und in AB + P auflösen, müssen wir das Prädikativum als FP analysieren. Denn *stehen* in Vollverbbedeutung regiert kein Prädikativum. Die VP [*im Raume steht*] kann man auf Grund ihrer Idiomatizität natürlich auch als komplexes Prädikat bestimmen. (Für die Idimatizität spricht auch das veraltete Dativ-*e*.) Von dieser idiomatischen Fügung wird das Prädikativ regiert. Es ist in diesem Falle also als OP zu bestimmen.

Wir bestimmen den Konjunktionalsatz [*dass* ...] als Attributsatz. Die Umstellprobe ergibt aber bei Sätzen mit Kopula + SP auch die Möglichkeit der Topikalisierung, also die Möglichkeit, die IK als Objekt aufzufassen mit *dafür* als Pl_O.

Man kann [*vgl. Kap. 3*] auch als selbständigen Hauptsatz auffassen: [*Vergleiche Kap. 3!*]

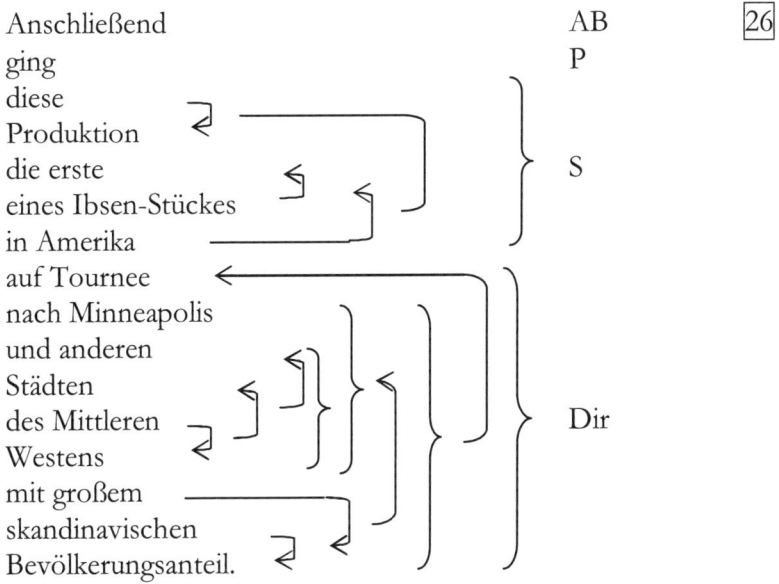

Kommentar

Die Trennstriche im Satz, vgl. Satzregister, weisen die DP [*die erste eines Ibsen-Stückes in Amerika*] als Attribut (Apposition) zu [*diese Produktion*] aus. Aus dem Appositionscharakter des Attributs folgt, dass der Determinator *diese* in die Kerngruppe des Subjekts einbezogen ist. Den Trennstrichen würden im mündlichen Gebrauch Sprechpausen entsprechen. Ohne dieses Signal könnte ein Hörer die PP [*in Amerika*] auch als AB zu *ging* auffassen.

Eine Ambiguität ergibt sich ferner aus der Möglichkeit, die PP [*mit großem skandinavischen Bevölkerungsanteil*] als AB aufzufassen, geeignet für die Aufnahme in den Hohlspiegel, vgl. Kapitel 2.

Man könnte auch *auf Tournee gehen* als phraseologische Wendung und komplexes Prädikat auffassen und die PP [*nach Minneapolis ...*] allein als Direktivum.

|27| Wenn

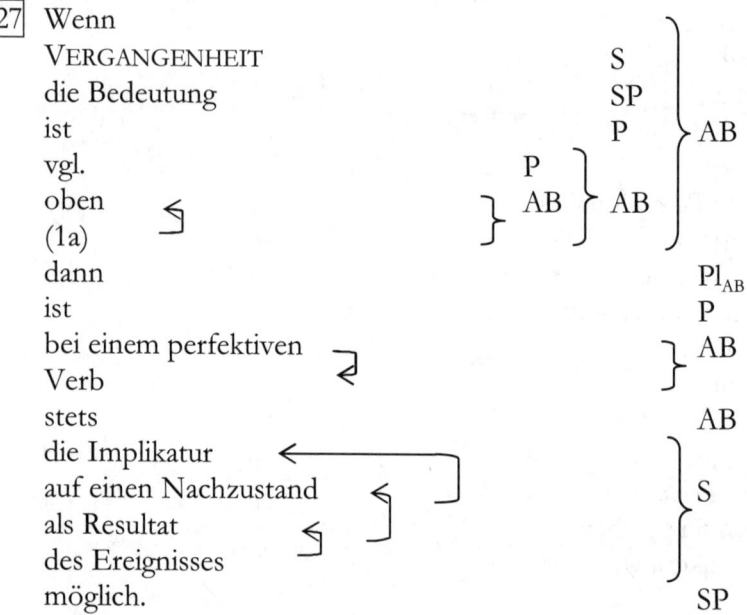

Kommentar
[*vgl.oben (1a)*] könnte man auch als selbständigen Hauptsatz (als eine Parenthese) auffassen. Wir bewerten ihn als AB und beziehen ihn in dieser Funktion wegen seiner Stellung vor dem zweiten finiten Verb *ist* auf das erste *ist*. Semantisch bezieht sich die Konstruktion jedoch eher auf das Satzganze. In diesem Fall müssten wir gegen die Erstpositionsregel zwei AB in Spitzenposition ansetzten, den *wenn*-Satz und die *vgl.*-Phrase.

Für die Wortgruppe [*als Resultat des Ereignisses*] gibt es zwei weitere Bezugsmöglichkeiten. Man könnte sie auch als Attribut auf [*Implikatur auf einen Nachzustand*] beziehen oder als FP auf das übergeordnete Prädikat. Aber nur die im Schema gegebene Analyse entspricht dem intendierten Sinn des Satzes.

10 Beispielanalysen

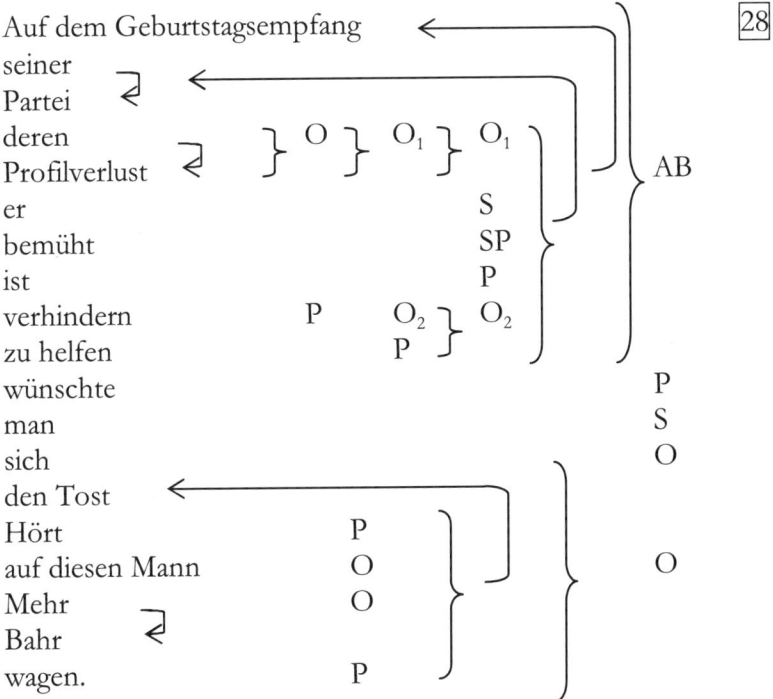

Kommentar

In dem Attributsatz liegt eine komplizierte Verschränkung vor (aus der seine Eleganz erwächst). In unserem Schema gelangen wir an die Grenze der Darstellbarkeit. Die Verschränkungen resultierten aus der Kombination einer so genannten Rattenfängerkonstruktion (*pied piping construction*) mit einer Kombination von Kohärenz und Inkohärenz. Die Rattenfängerkonstruktion betrifft den Beginn des Relativsatzes. Zusammen mit dem Relativpronomen wird das Objekt der IK [*deren Profilverlust verhindern*] nach vorn bewegt. In unserem Schema von rechts nach links gelesen, stehen sich auf der ersten Stufe der Hierarchie in diesem Relativsatz ein durch Ausklammerung geteiltes Objekt in Form einer IK [*deren Profilverlust verhindern zu helfen*] einem Subjekt, Subjektsprädikativ und Prädikat gegenüber. Dieses Objekt ist auf der Folgestufe der Hierarchie wiederum eine IK [*deren Profilverlust verhindern*]. Sie ist mit in die Ausklammerung geraten, so dass dieses Objekt ebenfalls geteilt ist. Diese IK enthält auf der darunter liegenden Stufe wiederum ein Objekt [*deren Profilverlust*].

Wenn wir den Satz so umformen, dass die Ausklammerungen beseitigt werden, wird das Schema etwas einfacher. Die Rattenfängerkonstruktion des Relativsatzes selbst ist nicht aufhebbar, vgl.:

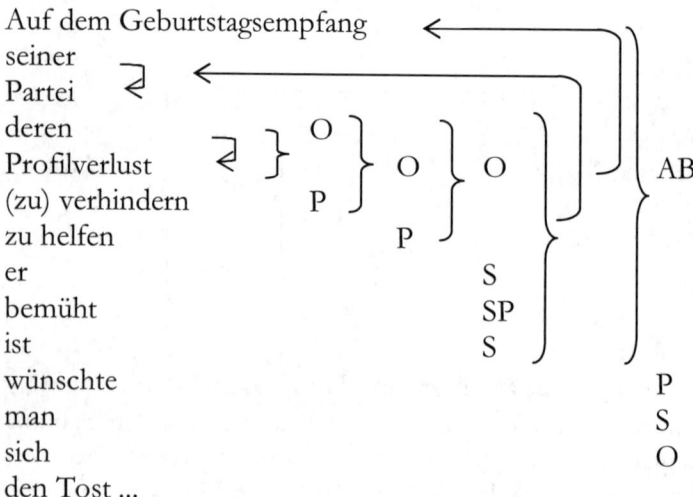

Die Schreiberin hätte die Rattenfängerkonstruktion nur durch Vermeidung des Relativsatzes umgehen können, indem sie etwa bildete: [*Auf dem Geburtstag seiner Partei – Bahr bemüht sich deren Profiverlust verhindern zu helfen – wünschte man sich den Tost ...*]

wünschte ist morphologisch ambig. Man kann es als Indikativ oder Konjunktiv Präteritum lesen. Im Falle des Indikativs sind *man* die Gäste, die real diesen Tost gewünscht haben. Im Falle des Konjunktivs ist *man* die Verfasserin des Textes.

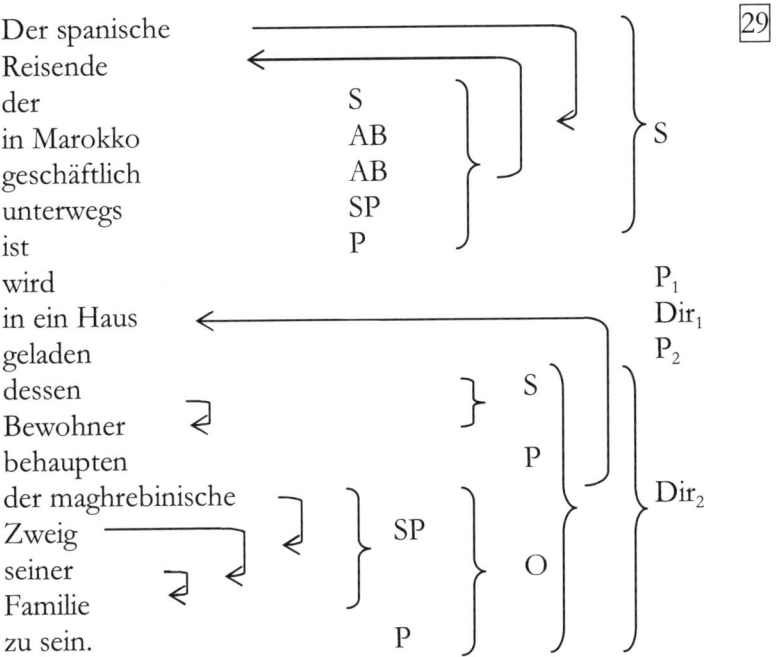

Kommentar
Die DP [*der maghrebinische Zweig seiner Familie*] muss als SP analysiert werden. Infinitivkonstruktionen enthalten kein Subjekt. Das logische Subjekt ist [*dessen Bewohner*].

|30|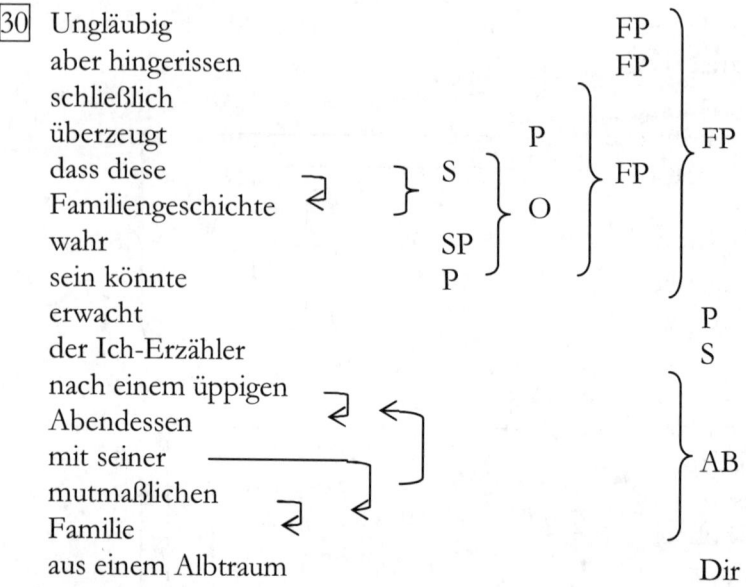

Kommentar

Die Sätze (29) – (31) bilden einen Textabschnitt. Der Satz (30) wird durch drei asyndetische freie Prädikativa eingeleitet. Zusammen kann man sie wie jede Koordination als ein Satzglied ansehen. In diesem Fall müssen wir das auch tun. Denn gemeinsam bilden sie *ein* Satzglied in Erstposition. Diese FP bezieht sich semantisch auf das Subjekt.

Die PP [*mit seiner mutmaßlichen Familie*] kann man (und könnte ein Leser) auch als AB auf das Prädikat beziehen. Es liegt eine strukturell-semantische Ambiguität vor.

10 Beispielanalysen

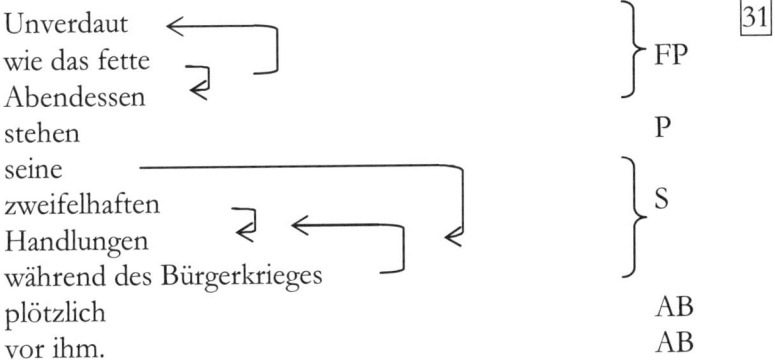

Kommentar

Nach Satz (30) steht ein Doppelpunkt, vgl. Satzregister. Das ist die Operationsanweisung des Schreibers, den Satz (31) strukturell als ein Attribut zu *Albtraum* aufzufassen.

Das FP am Satzanfang bezieht sich semantisch auf das Subjekt.

Die PP [*während des Bürgerkrieges*] kann man (und könnte ein Leser) auch als AB auf das Prädikat beziehen (strukturell-semantische Ambiguität).

Die Attributhierarchien im Subjekt kann man auch anders interpretieren. Jeweils entsteht ein etwas anderer Sinn. Innerhalb der Hierarchie, wie sie im Schema vorgeschlagen wird, kann der Leser *zweifelhaften* als restriktes Attribut zu *Handlungen* auffassen und die PP [*während des Bürgerkrieges*] wiederum als restriktives Attribut zu der NP. Es geht um diejenigen Handlungen, die im Leben des Reisenden zweifelhaft waren, und diese werden nochmals eingeschränkt auf die zweifelhaften Handlungen während des Bürgerkrieges. Das entspricht dem wahrscheinlich intendierten Sinn. In der anderen Attributhierarchie ginge es um seine Handlungen im Bürgerkrieg und die würden eingeschränkt auf diejenigen Handlungen im Bürgerkrieg, die zweifelhaft waren. Im ersten Fall sind alle Handlungen, die er im Bürgerkrieg vollzogen hat, zweifelhaft. Im letzteren Fall nicht alle. Um auf den gleichen pragmatischen Sinn wie im ersten Fall zu kommen, müsste der Leser die PP [*während des Bürgerkriegs*] als nicht-restriktive Attribut auffassen. Nicht-restriktive Attribute sind aber untypisch und seltener.

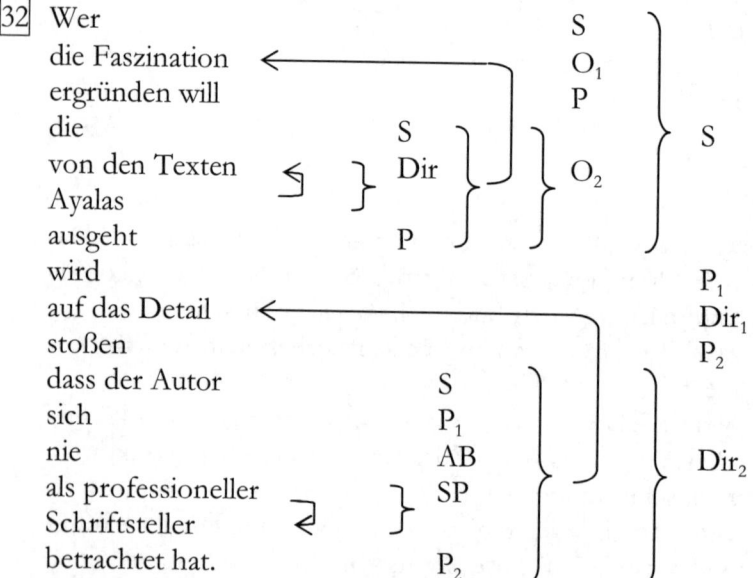

Kommentar
Das Prädikativum [*als professioneller Schriftsteller*] steht im Nominativ, daher unsere Analyse als Subjektprädikativ, verbunden mit der Bewertung des Reflexivums *sich* nicht als Objekt, sondern als Teil des (komplexen) Prädikats. Zu erwarten wäre eigentlich der Akkusativ, vgl.: [*Er betrachtet sich/ihn als professionellen Schriftsteller.*]. Es gibt eine allgemeine Tendenz, die kasusdurchlässige Präposition *als* mit dem Nominativ, also gewissermaßen kasusneutral, zu verwenden. Im vorliegenden Fall kommt der Umstand des reflexiven, zur Medialität tendierenden Verbs hinzu.

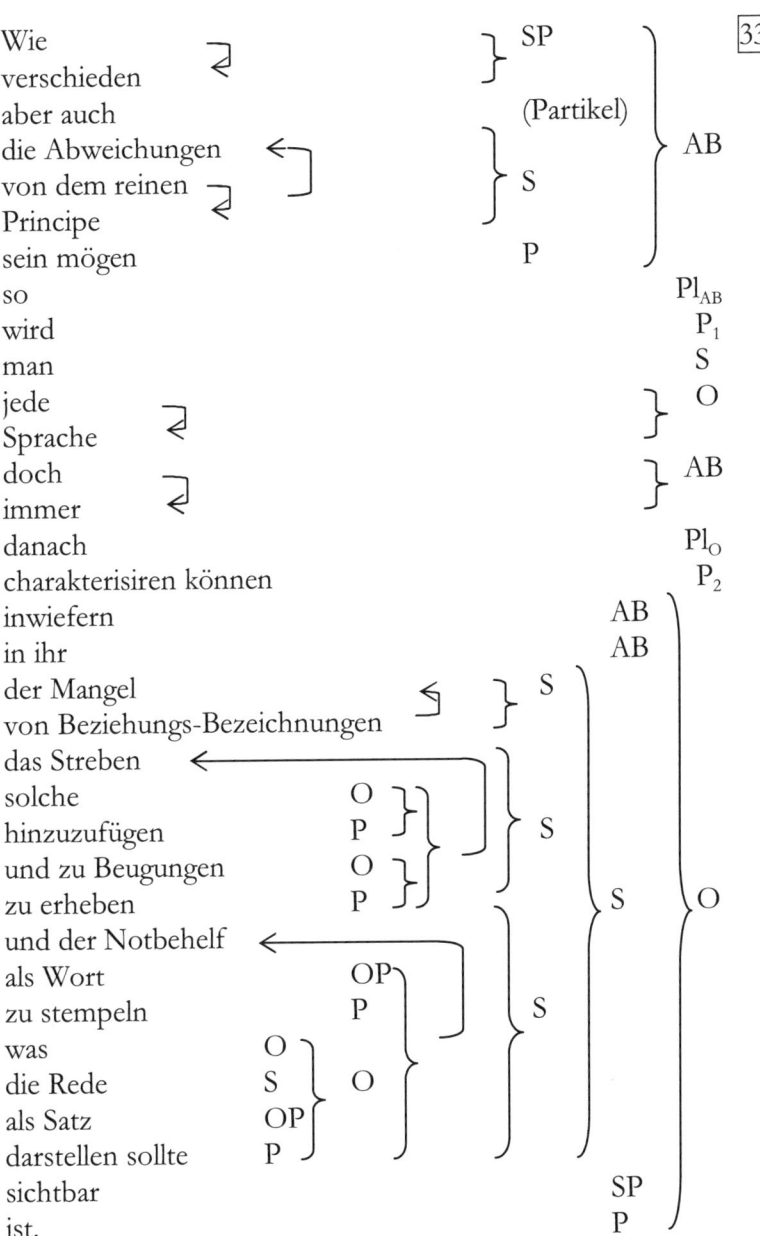

Kommentar

Die Wörter *aber, auch, doch* sind in diesem Satz als Partikeln zu bewerten, d. h. nicht als Satzglieder. Die Kombination [*aber auch*] interpretieren wir als eine Kombination mehrerer Abtönungspartikeln, vgl. Helbig/Buscha (2001: 429). Die Umstellprobe zeigt, dass eine Auffassung als AB problematisch wäre, vgl.: [*?Aber auch mögen die Abweichungen verschieden sein ...*].

Die Kombination [*doch immer*] ist AB, vgl. die Umstellprobe. Die Partikel *doch* ist Attribut zum Adverb *immer*.

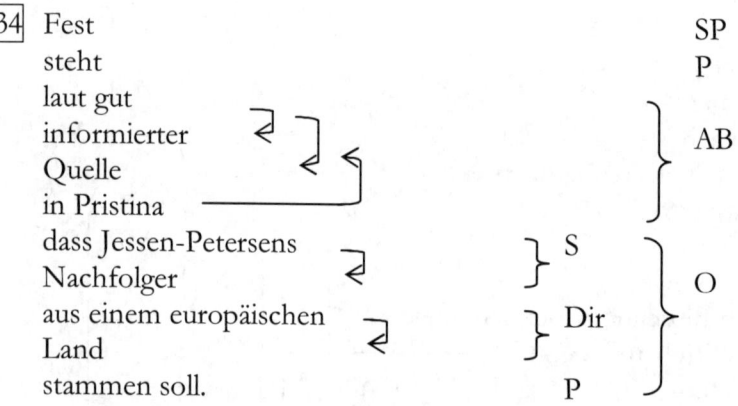

|34| Fest — SP
steht — P
laut gut
informierter
Quelle
in Pristina — AB
dass Jessen-Petersens
Nachfolger — S
aus einem europäischen
Land — Dir
stammen soll. — P — O

Kommentar

Wir haben [*in Pristina*] als Attribut zu [*gut informierter Quelle*] bestimmt. Man könnte diese PP auch als AB auf das Prädikat beziehen (semantische Ambiguität). Im ersten Fall handelt es sich um eine Quelle in Pristina, und es steht irgendwo fest, z. B. in Brüssel, dass der Nachfolger aus einem europäischen Land stammt. Im zweiten Fall steht für die Journalisten und Politiker in Pristina fest dass der Nachfolger aus einem europäischen Land stammt.

10 Beispielanalysen

Fest könnten wir auch als Teil des Verbs bestimmen: *fest-stehen*, also das Ganze als Prädikat. Für die Analyse als SP spricht die Topikposition.

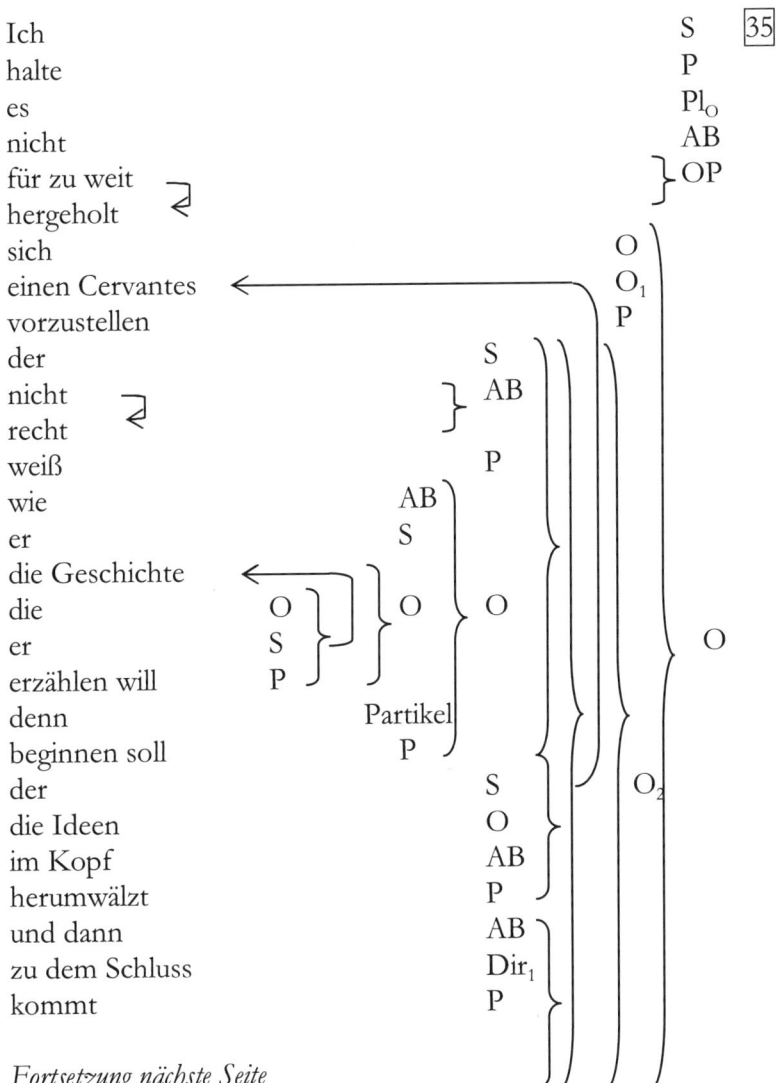

Fortsetzung nächste Seite

zu dem Schluss ← ...Dir$_1$
kommt

dass es — S
nur
eine einzige — O$_1$
Möglichkeit
gibt — P
Leser — S
davon — Pl$_O$ — Dir$_2$ — O$_2$ O
zu überzeugen — P
dass sie — S
das Fantasieren — O
Don Quijotes — O — O$_2$
ohne Einwände — AB
und Zweifel
akzeptieren — P

[36] und diese
einzige
Möglichkeit } S
bestand P
darin Pl$_O$
aus ihm O
einen Verrückten O } O
zu machen. P

Kommentar

Bei den Sätzen 35 und 36 handelt es sich um eine Satzverbindung, also um zwei in diesem Fall koordinativ (syndetisch) verbundene Hauptsätze.

Die Adverbphrase [*zu weit*] in Satz 35 kann auch als AB analysiert werden, vgl. Umstellprobe.

10 Beispielanalysen

Die PP [*ohne Einwände und Zweifel*] könnte man auch als Attribut zu *Fantasieren* bestimmen.

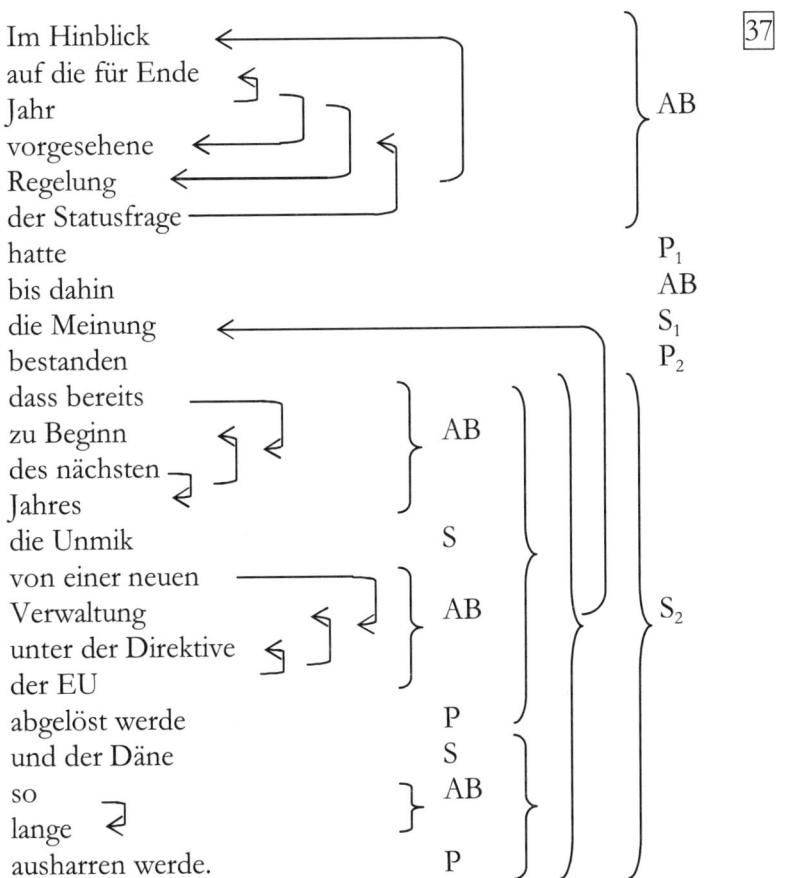

Kommentar

Die Formulierung *Ende Jahr* statt *Ende des Jahres* ist im schweizerischen Deutsch üblich.

Formalsyntaktisch ist *Hinblick* der Kern der AB [*Im Hinblick auf* ...]. Semantisch steht jedoch eher *Regelung* im Zentrum. Das könnte man berücksichtigen, indem man [*im Hin-*

blick auf] als Präposition wertet, die aus diesen drei Wörtern durch Lexikalisierung im Entstehen begriffen ist. Vgl.: *hinsichtlich der Regelung, in Bezug auf die Regelung, bezüglich der Regelung.* Auch diese beiden Wortgruppen könnte man syntaktisch analysieren mit dem Substantiv *Bezug* bzw. den Adverbien *hinsichtlich, bezüglich* als Kerne der Wortgruppe oder als PP mit den Präpositionen *in Bezug auf, hinsichtlich, bezüglich*.

Der Nebensatz [*dass bereits zu Beginn* ...] kann nur Attribut sein, vgl. die Umstellprobe. Bei der Umstellprobe muss man darauf achten, dass man nicht unter Hand außer der Umstellung etwas ändert.

In einer Klausur bestimmten 15 von 32 Studentinnen/Studenten den *dass*-Satz als Objekt und 12 richtig als Attribut. Grundlage des Fehlers ist, dass der Satz so analysiert wurde, als stände dort *meinten* und nicht [*hatte die Meinung bestanden*]. Die DP [*die Meinung*] ist jedoch Subjekt. Das Verb *bestehen* regiert keinen *dass*-Satz, vgl. **Die Meinung besteht die Ablösung*. Auch die Umstellprobe erlaubt nur die Analyse als Attribut.

Eine andere (stärker der Mündlichkeit zuzurechnende) Struktur hätte sich ergeben, wenn der Schreiber den Nebensatz zwar an die Spitze gestellt hätte, beim Hauptsatz aber nicht mit dem finiten Verb fortgesetzt hätte, d.h. dem finiten Verb in Zweitposition, sondern mit dem Kern des Subjekts den Satz neu aufgenommen hätte: [*Dass ... die Unmik abgelöst werde, die Meinung bestand im Hinblick auf die ... vorgesehene Änderung*], zum Problem vgl. 3.5.5.3.

Die PP [*unter der Direktive der EU*] kann auch als AB analysiert werden. Es ergibt sich eine strukturell-semantische Ambiguität. Die pragmatischen Faktoren Kontext, Weltwissen und Sachlogik sprechen für die im Schema favorisierte Variante.

10 Beispielanalysen

Der Status der *vonPP* beim Passiv ist umstritten. Sie wird als Argument oder als Modifikator analysiert. Wir analysieren sie als Adverbialbestimmung, vgl. 5.2.

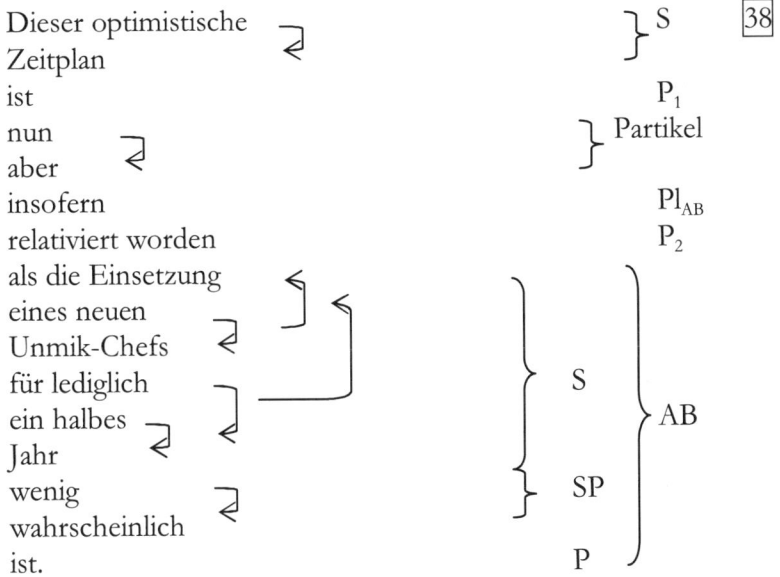

Kommentar

Allein für sich genommen könnte *nun* Adverb und AB sein. *Aber* ist jedoch Partikel und kein Satzglied (nicht erststellenfähig), und *nun* ist Attribut zu diesem *aber*.

Die PP [*für ein halbes Jahr*] muss aus pragmatischen Gründen als Attribut analysiert werden. Sie kann strukturell auch als AB interpretiert werden, vgl. die Umstellprobe: *Für lediglich ein halbes Jahr ist die Einsetzung eines neuen Unmik-Chefs wenig wahrscheinlich.* Streng genommen würde der Satz dann bedeuten, dass während eines halben Jahres eine geringe Wahrscheinlichkeit für die Einsetzung eines neuen Chefs besteht. Das ist aber nicht gemeint.

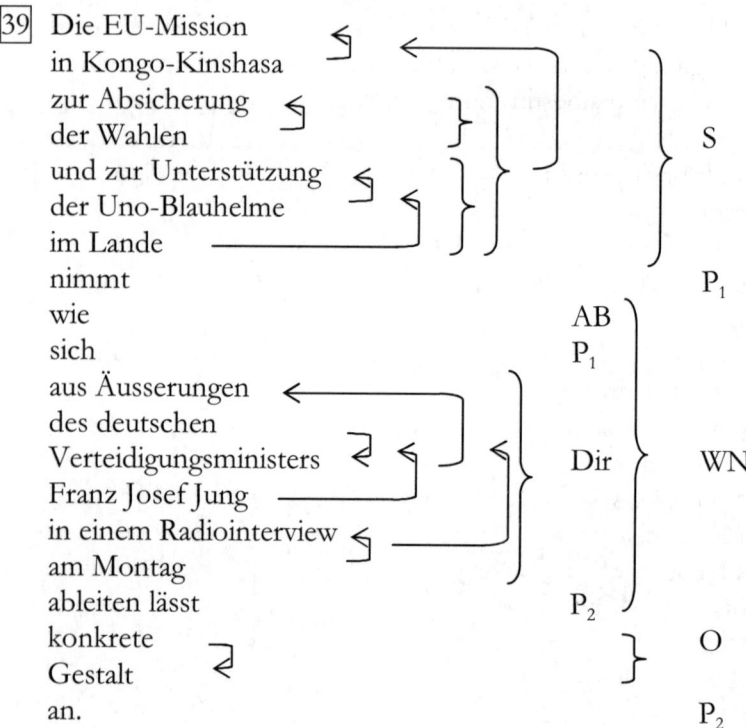

Kommentar

Der Attributstatus der Wortgruppen, die von dem Subjekt-Kern [*Die EU-Mission*] abhängen, ergibt sich aus der Position vor dem finiten Verb. Insofern besteht hier keine Ambiguität.

Die PP [*zur Absicherung der Wahlen*] bezieht sich regulär als Attribut auf die vorangehende Substantivgruppe [*Die EU-Mission in Konko-Kinshasa*].

Durch eine entsprechende Intonation und Interpunktion könnte ein Sprecher/Schreiber auch den untypischen attributiven Bezug der PP [*in Kongo-Kinshasa*] auf das folgende Substantiv bzw. die folgende Substantivgruppe (anstelle der vorangehenden) erreichen: [*Die EU-Mission*, [*in Kongo-*

10 Beispielanalysen

Kinshasa zur Absicherung der Wahlen], ...]. Kontext: Es wird von unterschiedlichen Missionen mit unterschiedlichen Aufgaben in unterschiedlichen Ländern gesprochen. Dieser Bezug ist untypisch, weil PP als Attribute normalerweise folgen. In der gesprochenen Sprache ist die Variation größer.

Die PP [*im Lande*] haben wir als Attribut nur im zweiten der beiden koordinierten Attribute platziert. Dafür sprechen Relevanzgesichtspunkte. Wenn die EU-Mission in Kongo-Kinshasa zur Absicherung der Wahlen stattfindet, dann werden die Wahlen auch in diesem Lande abgehalten. Durch [*im Lande*] wird nur betont, dass es um die Uno-Blauhelme im Lande geht. (Kontext: Auch in einem Nachbarland wurden in dieser Zeit zur Absicherung der Wahlen in Kongo-Kinshasa Uno-Soldaten stationiert.)

Der *wie*-Satz ist ein weiterführender Nebensatz. Als solcher wird er traditionell nicht als Satzglied des übergeordneten Satzes gezählt. Man kann das aber auch ignorieren und den Nebensatz als Satzglied (AB) werten, vgl. 1.7.4.

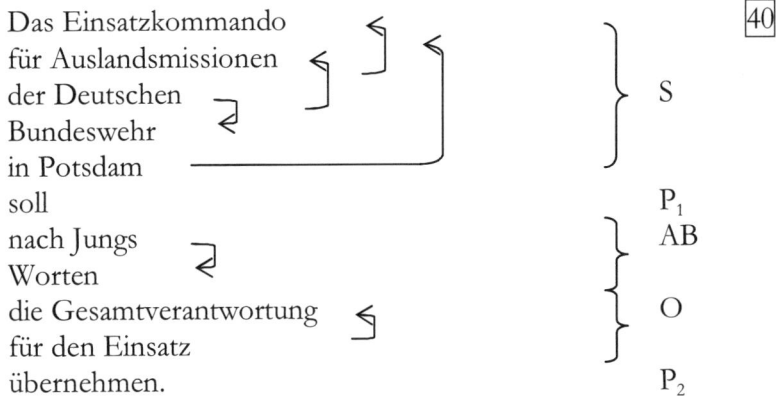

Kommentar

Wenn man die PP [*auf Potsdam*] bezieht, ergibt sich ein anderer, abwegiger Sinn. Nur der im Schema gewählte Bezug trifft pragmatisch zu. Die PP kann als restriktive oder nicht-restriktives Attribut aufgefasst werden. Im Zweifelsfall dürfte sich ein Leser für die Option des nicht-restriktiven Attributs entscheiden. Die PP [*für den Einsatz*] bezieht sich zwar unter Valenzgesichtspunkten als Attribut auf *Gesamtverantwortung*. Sie kann jedoch auch als AB auf *übernehmen* bezogen werden, vgl. die Umstellprobe.

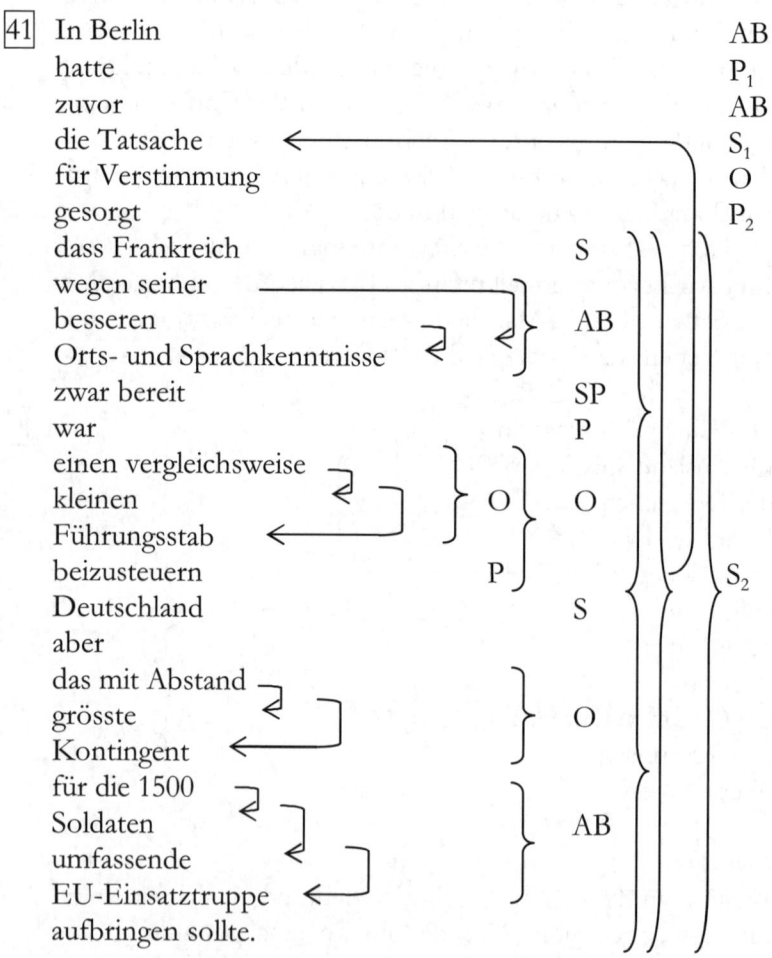

10 Beispielanalysen 329

Kommentar

zwar ... aber interpretieren wir als mehrteilige Konjunktion. Di PP [*für die 1500 Soldaten umfassende EU-Einsatztruppe*] kann auch als Attribut auf *Kontingent* bezogen werden.

Wir haben diese PP als AB analysiert. Sie gehört zu den vielen Streitfällen, die aus der Beurteilung der Verbvalenz entstehen. Eine *für*PP kommt auch als Objekt in Frage. Die Entscheidung AB oder Objekt hängt also davon ab, ob man dem Verb aufbringen eine 3. Leestelle zubilligt. Die Valenzkriterien der Obligatheit und der Subkategorisierung sprechen nicht unbedingt für eine 3. Leerstelle, also nicht unbedingt für die Objektversion.

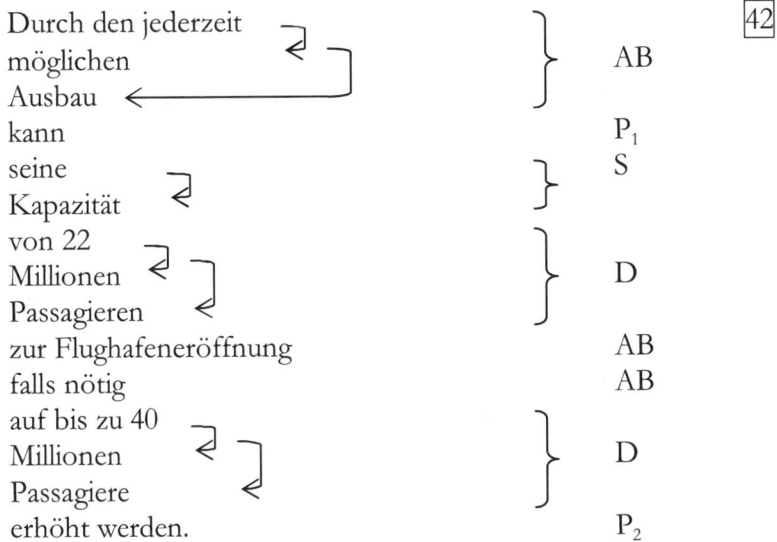

42

Durch den jederzeit
möglichen   AB
Ausbau
kann   P₁
seine   S
Kapazität
von 22
Millionen   D
Passagieren
zur Flughafeneröffnung   AB
falls nötig   AB
auf bis zu 40
Millionen   D
Passagiere
erhöht werden.   P₂

Kommentar

Wir haben zwei Direktiva (Herkunft und Ziel) angesetzt. Das folgt aus der Valenz von *erhöhen*. Wenn ein Verb ein Direktivum regiert, können stets drei nebeneinander realisiert werden (Herkunft, Weg und Ziel). Aber nur eines gehört zu seiner Grundvalenz, in der Regel das Ziel. Man kann die PP [*von 22 Millionen Passagieren*] auch als Attribut auf Kapazität beziehen. Außerdem kann man auch [*zur Flughafeneröffnung*] als Attribut auffassen, im ersten Fall als Attribut zu [*22 Millionen Passagieren*], im zweiten Fall als Attribut zu [*Kapazität von 22 Millionen Passagieren*].

Wenn man die PP [*von 22 Millionen Passagieren*] als Attribut auffasst und die PP [*zur Flughafeneröffnung*] als AB, entsteht ein anderer, nicht intendierter und auch m. E. nach der Sachlogik nicht zu erwartender Sinn.

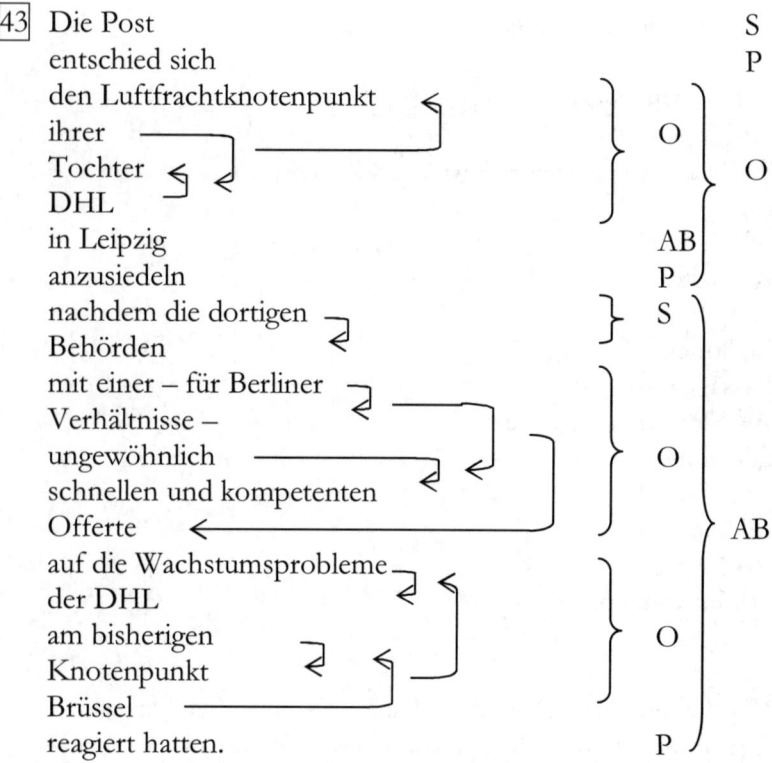

10 Beispielanalysen

Kommentar
Die PP [*am bisherigen Knotenpunkt Brüssel*] könnte man auch auf [*reagiert hatten*] beziehen, also als AB auffassen. Pragmatisch gedeckt ist nur die Attributlesart.

Wir billigen mit unserer Analyse dem Verb *reagieren* nicht nur eine Objektleerstelle zu (*reagieren auf*) sondern eine weitere (*reagieren mit*). Man kann diese *mit*PP aber auch als AB auffassen.

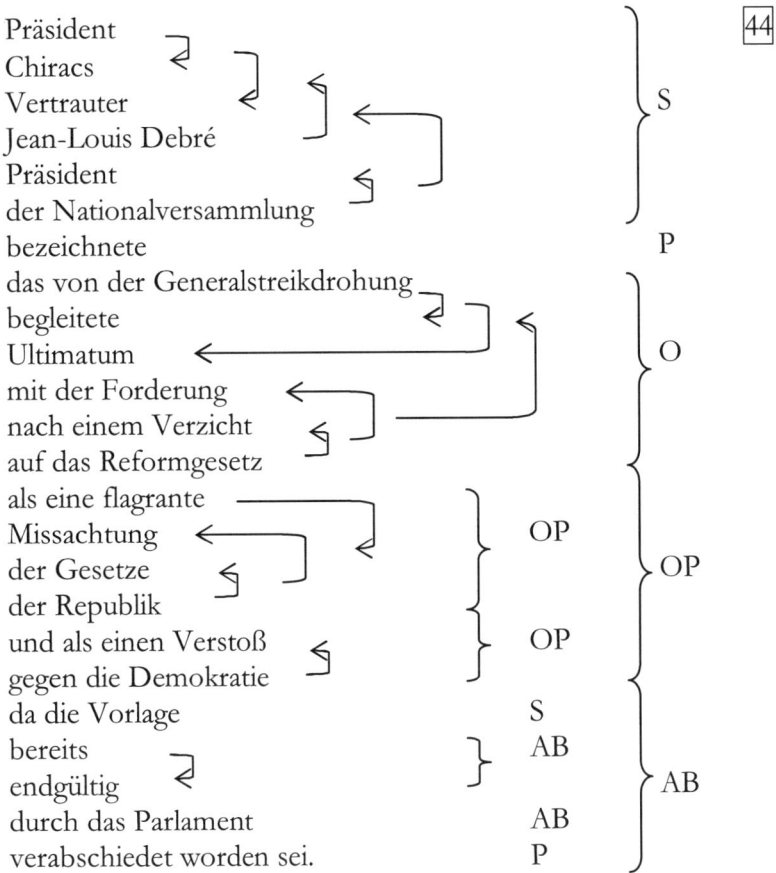

Kommentare
In dem Subjekt [*Präsident Chiracs Vertrauter Jean-Louis Debré Präsident der Nationalversammlung*] gibt es einige Appositionen. Appositionen sind Attribute. Die Richtung der Attribution kann man (die Leserin/der Leser) bei Appositionen auch wechseln, je nach dem, was sie/er als den Kern der Wortgruppe ansieht. Was als Kern angesehen wird, richtet sich nach dem relativen Neuwert der Information (der Thematizität). Einem Leser, dem nicht geläufig ist, dass Jean-Louis Debré Vertrauter von Präsident Chriac ist, wird wahrscheinlich [*Jean-Louis Debré*] als Apposition zu [*Präsident Chiracs Vertrauter*] werten. Ein Leser, dem Jean-Louis Debré bekannt ist, wird unabhängig davon, ob er weiß, dass dieser der Vertraute Präsident Chiracs ist, die Attributrichtung (Appositionsrichtung) umkehren.

Die PP [*mit der Forderung nach einem Verzicht auf das Reformgesetz*] könnte man strukturell auch als AB werten. Es entsteht eine semantische Ambiguität. Pragmatisch ist nur der Attributbezug lizensiert.

In [*Forderung nach einem Verzicht auf das Reformgesetz*], [*Verzicht auf das Reformgesetz*], [*Missachtung der Gesetze der Republik*] und [*Verstoss gegen die Demokratie*] zeigen die Kasus- und Präpositionsverteilung und die Weglassprobe, dass *Forderung, Verzicht, Missachtung* und *Verstoß* die Kerne der jeweiligen Wortgruppen sind und die jeweiligen Präpositionalphrasen und die GenitivDP [*der Gesetzte der Republik*] die Attribute. Eine Fehlerquelle besteht darin, dass man den Attributpfeil verkehrt herum zeichnet. Der Fehler entsteht dadurch, dass man einer semantischen Intuition über Attribute folgt, vgl. 9.2.2.

10 Beispielanalysen

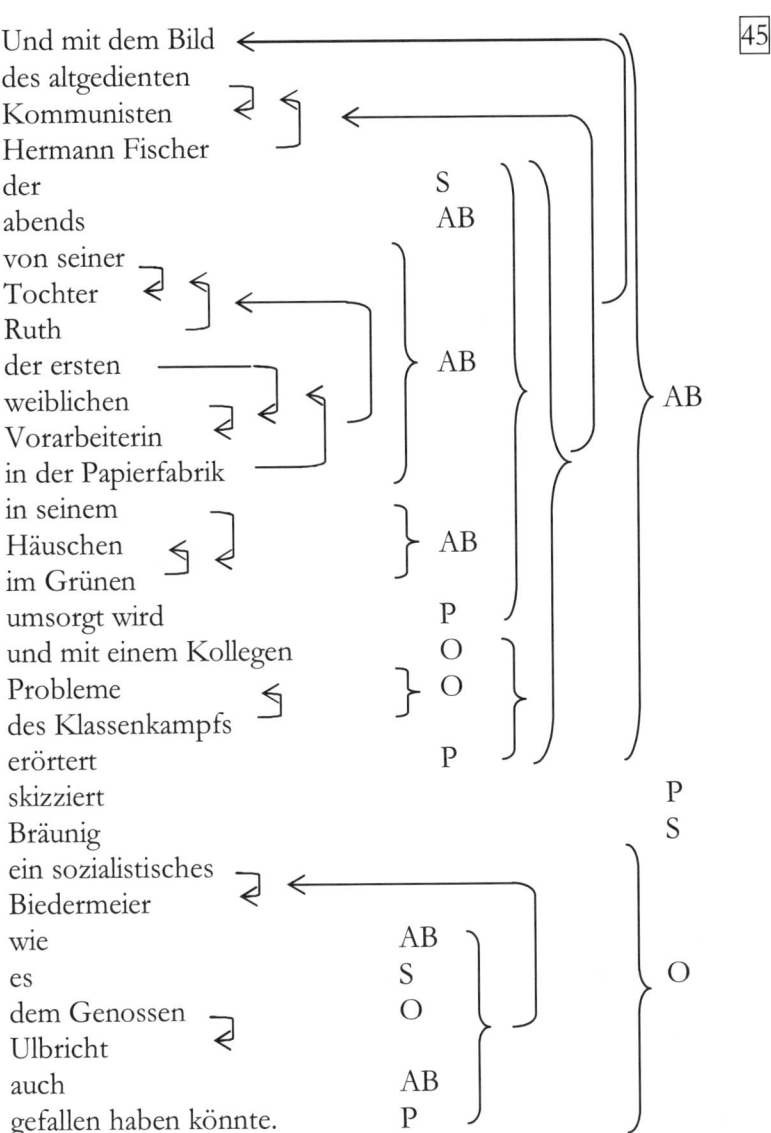

|45|

Kommentar
Der Satz enthält einige Appositionen: Das sind die Namen *Hermann Fischer* und *Ruth* sowie in der Apposition [*Hermann Fischer*] die Apposition *Hermann* zu *Fischer*, die wir übergangen haben, außerdem die Apposition [*der ersten weiblichen Vorarbeiterin der Papierfabrik*].

Nebensätze mit *wie* + Personalpronomen anstelle eines Relativpronomens sind geläufig. Das Pronomen nimmt das Vorangehende auf wie ein Relativpronomen. Wir bewerten es als Personalpronomen in der Funktion eines Relativpronomens und den Satz als Relativsatz und Attribut.

Wenn man von Intonation, Interpunktion und pragmatischer Lizensierung absieht, wäre die PP [*in seinem Häuschen im Grünen*] auch als AB interpretierbar.

46		
Die Landespolitik		O
jedenfalls		
brachte		P_1
Biermann		S
noch		AB
einmal		
in Aufruhr.		P_2

Kommentar
Für [*Die Landespolitik*] als Subjekt spricht die Erstposition. *Landespolitik* steht metonymisch für Landespolitiker, könnte die Rolle ‚Agens' erhalten und auch diesem Grunde Subjekt sein. Dagegen spricht die Semantik von [*in Aufruhr bringen*]. Die Patiens-Stelle von [*in Aufruhr bringen*] sollte typischerweise nicht durch ein Substantiv besetzt sein, das eine Einzelperson denotieren. Also sollte *Biermann* Subjekt sein.

[*brachte ... in Aufruhr*] haben wir als komplexes Prädikat (Funktionsverbgefüge) analysiert.

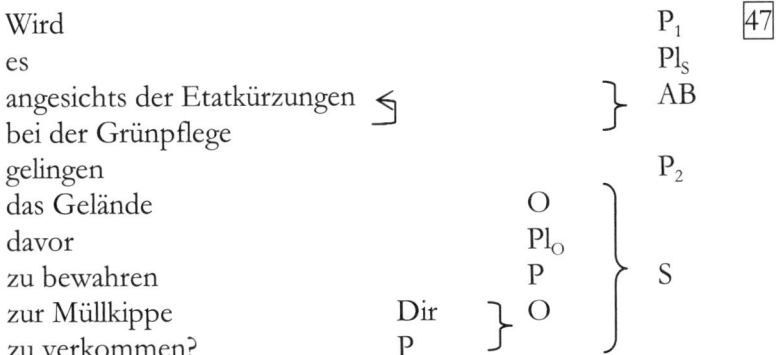

Kommentar

Die PP [*bei der Grünpflege*] könnte ein Leser mit einer geringen Bedeutungsverschiebung gegenüber der pragmatisch lizensierten Lesart auch als AB analysieren. Die AB würde dann *gelingen* einschränken, was implizierte, dass Grünpflege einer von mehreren Bereichen oder Tätigkeitsfeldern ist, bei denn die Gefahr besteht, dass das Gelände zur Müllkippe verkommt.

Bei [*verkommen*] liegt übertragene Bedeutung vor, so dass man [*zur Müllkippe*] auch als Objekt analysieren kann.

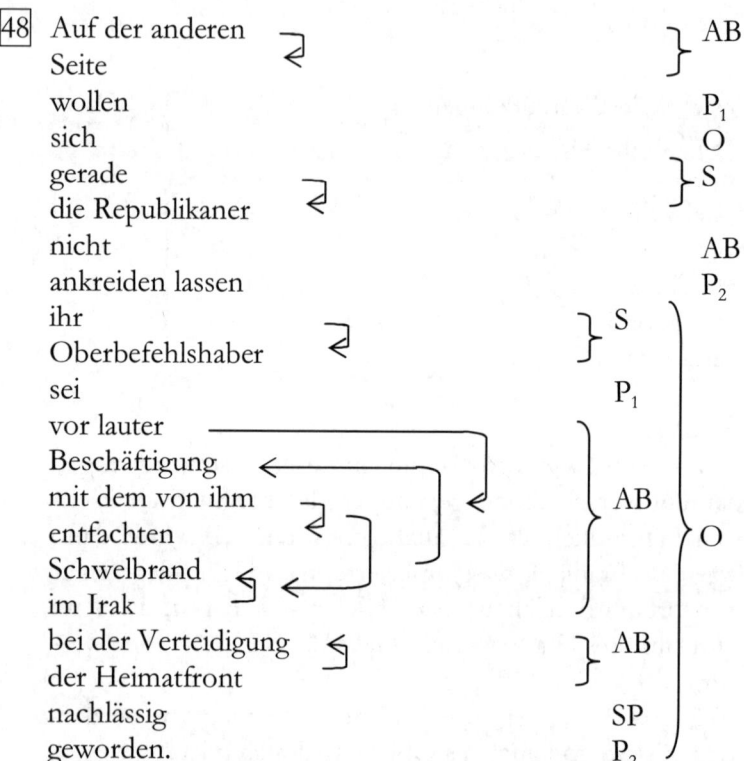

Kommentar

Die im Schema wiedergegebene Lesart ist semantisch und pragmatisch klar lizensiert. Strukturell sind dennoch einige Ambiguitäten vorhanden. Die PP [*bei der Verteidigung der Heimatfront*] könnte man auch als Attribut auf *Beschäftigung* beziehen. Auch der Bezug auf *Schwelbrand* ist möglich. Allerdings wäre in diesem Fall die Wortstellung [*mit dem von ihm bei der Verteidigung der Heimatfront entfachten Schwelbrand*] wahrscheinlicher gewesen, also die Nichtausklammerung aus dem nominalen Rahmen. Nur die Bezüge im Schema sind widerspruchslos pragmatisch und semantisch legitimiert.

10 Beispielanalysen

Bei [*nachlässig werden*] erwartet der potentielle Leser eine Information darüber, bei welcher Tätigkeit jemand nachlässig geworden ist. Er bezieht aus diesem Grunde die PP auf das übergeordnete Prädikat.

Strukturell könnte man die beiden AB auch anders unterteilen. Man könnte eine erste AB [*vor lauter Beschäftigung*] annehmen und eine zweite AB [mit dem von ihm entfachten Schwelbrand ...] bis *Heimatfront*. Man könnte als eine dritte AB [*im Irak*] ansetzen.

Möglich ist schließlich auch, das Adverb *gerade* nicht als Attribut, sondern als AB und mit einer anderen lexikalischen Bedeutung zu analysieren.

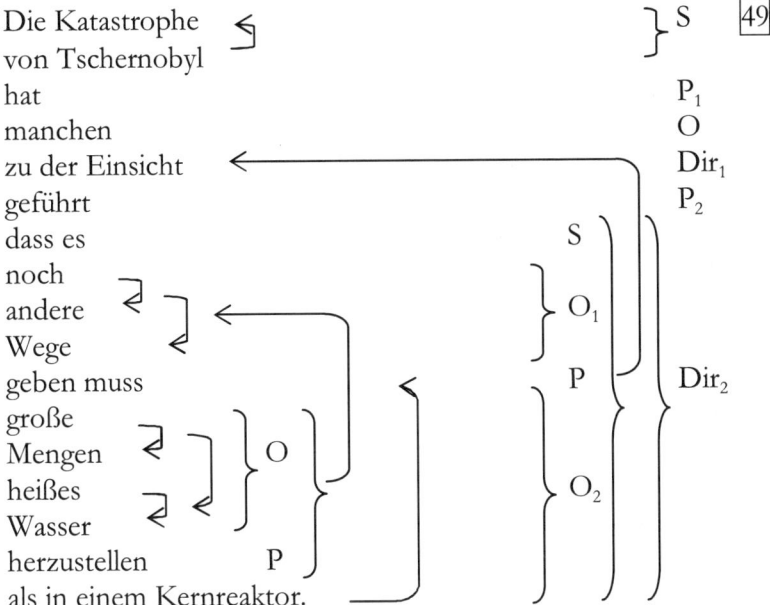

Kommentar

Das Verhältnis von Gliedkern und Attribut in der NP [*Katastrophe von Tschernobyl*] ist formal klar vorgegeben. Dennoch kann ein Leser dieses Verhältnis semantisch umdrehen und *Katastrophe* als Erläuterung zu *Tschernobyl* interpretieren und nicht umgekehrt. Wenn man Sätze dieser Art abschreibt oder jemandem diktiert, wird es leicht passieren, dass *Die Katastrophe* weggelassen wird, aber nicht umgekehrt. Wenn man eine solche Analyse machen will, muss man das in dieser Weise begründen. Sonst muss sie als falsch gewertet werden.

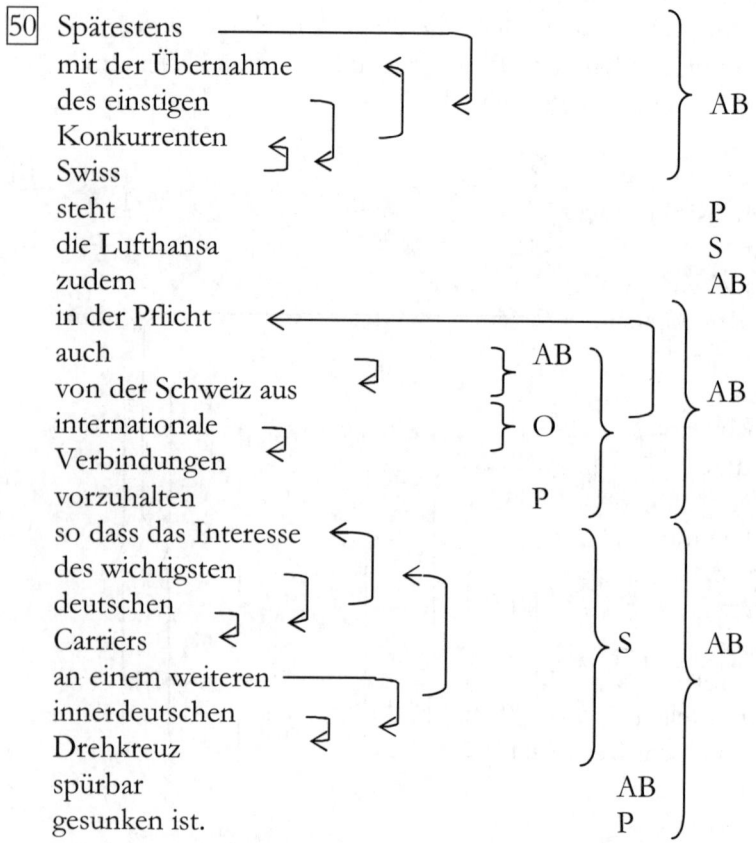

Kommentar

[*steht ... in der Pflicht*] kann man eventuell auch als ein untypisches komplexes Prädikat und Funktionsverbgefüge, vgl. 8.4, analysieren. Wenn man ein komplexes Prädikat annimmt, dann ist zu prüfen, ob die Infinitivkonstruktion als Satzglied 1. Grades, und zwar als Objekt, aufgefasst werden kann. Darüber entscheidet die Umstellprobe: [*Auch von der Schweiz aus internationale Verbindungen vorzuhalten steht die Lufthansa in der Pflicht.*] Die Akzeptabilität dieses Satzes halten wir für problematisch.

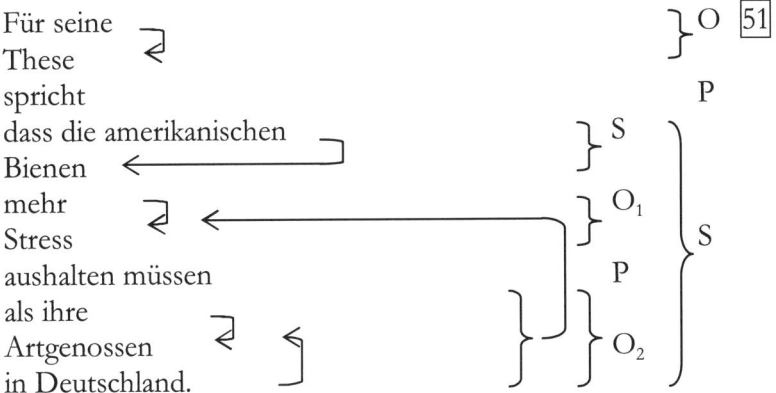

Kommentar

Die PP [*Für seine These*] bestimmen wir als Objekt (und nicht als AB). Begründung: Das Verb *sprechen* fordert in der vorliegenden Bedeutung zwei Ergänzungen, ein Subjekt und ein Objekt. Kriterien der Valenzforderung sind Regiertheit und Obligatheit. In diesem Fall trifft insbesondere Obligatheit zu.

Die PP [*als ihre Artgenossen in Deutschland*] ist eine Vergleichsphrase, vgl. 3.1.3. Sie bezieht sich auf [*mehr Stress*], ist also Attribut. Das zeigt auch die Umstellprobe: *Mehr Stress als ihre Artgenossen in Deutschland müssen die amerikanischen Bienen aushalten.* – **Als ihre Artgenossen in Deutschland müssen die amerikanischen Bienen mehr Stress aushalten.* Vgl. aber: *Mehr Stress müssen die amerikanischen Bienen aushalten als ihre Artgenossen in Deutschland.* Hier handelt es sich um die Rechtsherausrückung eines Attributs, vgl. 3.5.2.2.

Die PP [*in Deutschland*] ist durch die Adjazenz zu *Artgenossen* als Attribut ausgewiesen. Als AB hätte der Schreiber die PP anders platziert, z. B.: *dass die amerikanischen Bienen. mehr Stress in Deutschland aushalten müssen als ihre Artgenossen.*

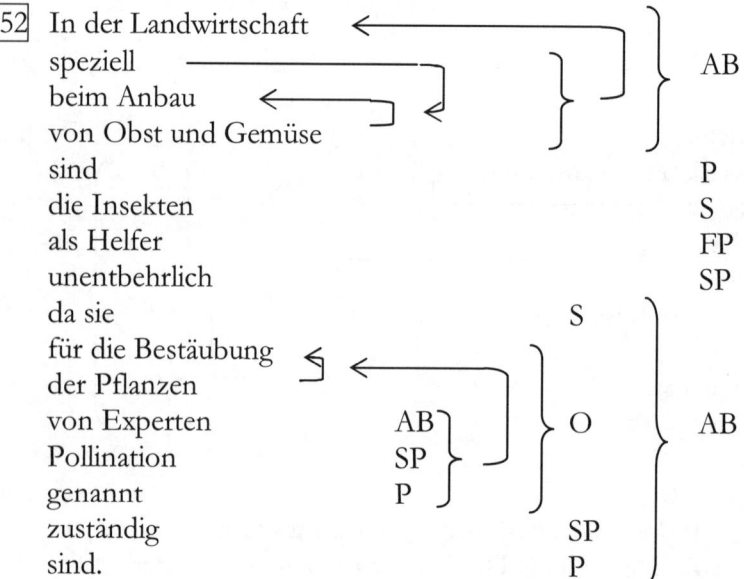

Kommentar
Die PP [*speziell beim Anbau von Obst und Gemüse*] interpretieren wir als Attribut (Apposition) zu der PP [*In der Landwirtschaft*], vgl. 3.5.5. Die Alternative wäre die Annahme einer mehrfachen Vorfeldbesetzung durch zwei AB. Für den Attributstatus (Appositionsstatus) spricht die semantische Einschränkung durch *speziell* und der Umstand, dass *Anbau von Obst*

und Gemüse semantisch untergeordnet zu *Landwirtschaft* ist (Untergebriff – Obergriff, Hyponym – Hyperonoym)

Die PP [*als Helfer*] betrachten wir als freies Prädikativ. Freie Prädikativ sind Modifikatoren. Zwischen Ergänzungen und Angaben (Argumenten und Modifikatoren) gibt es ein breites Übergangsfeld. Wenn man die PP [*als Helfer*] als von *unentbehrlich* valenzgefordert ansieht, muss man die PP als Objektsprädikativ bestimmen.

[*von den Experten Pollination genannt*] ist eine Partizipialkonstruktion. Sie bezieht sich auf [*Bestäubung der Pflanzen*], ist also Attribut. Die Option ‚freies Prädikativ' scheidet auch unter dem Gesichtspunkt der Ambiguitätsuche aus, da sich die PK als freies Prädikativ nicht nur auf das Subjekt *sie (Bienen)* beziehen müsste, sondern semantisch in irgendeiner Weise außerdem auf das übergeordnete Prädikat.

Partizipialkonstruktionen enthalten kein Subjekt. Das trifft auch auf die vorliegende PK zu. Denn *Pollination* ist nicht Subjekt, sondern Subjektsprädikativ. Der zu Grunde liegende Passivsatz lautet: *Die Bestäubung der Pflanzen wird von den Experten Pollination genannt*. Ein häufiger Fehler in Fällen dieser Art ist die Bestimmung als Objektsprädikativ (oder als Objekt, wenn man die Elementarversion ohne Prädikativ zu Grunde legt). Der Fehler entsteht dadurch, dass man unter der Hand vom Aktivsatz ausgeht: *Man nennt die Bestäubung der Pflanzen Pollination*. Die vorliegende PK ist jedoch passivisch. Sie geht also auf den Passivsatz zurück, und in diesem ist *Pollination* Subjektsprädikativ. Die PK bezieht sich semantisch auf die DP [*die Bestäubung der Pflanzen*], und diese ist Subjekt. Bei der Transformation eines Aktivsatzes in einen Passivsatz wird aus dem Objekt das Subjekt und entsprechend aus dem Objektsprädikativ das Subjektsprädikativ, vgl. Kapitel 7.

11 Schlussbemerkung

Satzgliedanalyse ist ein traditionelles und sozusagen klassisches Instrument der Satzanalyse. In ihrer Anwendbarkeit ist sie bislang unübertroffen. Die Satzgliedtheorie ist in der Lage, mit geringem Beschreibungsaufwand wesentliche Aspekte der Satzstruktur wiederzugeben. Es lohnt sich, dieses traditionelle Instrumentarium zu bewahren und weiter zu entwickeln. Dass wir das nicht abgekapselt von neueren Grammatiktheorien und gegen diese getan haben, dürfte deutlich geworden sein.

Wir hoffen, insbesondere mit dem Kapitel 10 unser Angebot einzulösen, diejenigen, die sich auf dieses Buch einlassen, dazu zu befähigen, beliebige Sätze des Deutschen syntaktisch analysieren zu können.

Es galt zunächst, grundsätzlich zu trennen zwischen formalsyntaktischen Aspekten des Satzes und funktionalen und im Engeren semantischen Aspekten. Satzgliedanalyse sollte als Instrument der formalsyntaktischen Analyse vorgestellt werden.

Das 9. Kapitel hat demonstriert, dass es ein kompliziertes und widersprüchliches Verhältnis von formalsyntaktischen und semantischen Bestimmungen gibt. Man kann nicht unvermittelt mit semantischen Bestimmungen arbeiten.

Hinter formalsyntaktischen Regularitäten stehen dennoch semantische und pragmatische. Aus Funktionen im weitesten Sinne erklärt sich, warum sprachliche Strukturen so sind, wie sie sind. Funktion im weitesten Sinne meint

Denken und Kommunikation, Semantik und Pragmatik, einschließlich von Bedingungen der Sprachverarbeitung. Dazu gehören auch die historische (diachrone) und die soziale Dimension. Aus letzteren folgt, dass Abgrenzungen, Klassifizierungen, Kategorisierungen in natürlichen Sprachen nur z. T. strikt sind. Allgegenwärtig sind die Übergänge, auf die wir mit dem Begriff der Typik (Prototypik) zielen.

Dennoch muss man trennen. Insbesondere darf man formalsyntaktische und semantische Bestimmungen nicht in einen Topf werfen.

Die Trennung zwischen Syntax und Semantik lässt sich jedoch nicht mechanisch durchführen. An einigen Stellen war es unumgänglich, Semantisches in der formalsyntaktischen Bestimmung zu berücksichtigen. Das galt für Prädikativa und komplexe Prädikate.

Satzglieder interessierten uns als Kategorien der Strukturbeschreibung. Satzgliedbestimmung ist also kein Selbstzweck und auch nichts Atomistisches oder rein Klassifikatorisches. Daraus resultierten die Schwerpunktsetzungen. A und O der Satzgliedanalyse ist die Differenz von Satzglied und Attribut. Die Unterscheidungen der einzelnen Adverbialbestimmungen untereinander haben wir vernachlässigt.

Allgegenwärtig wie die Übergänge sind auch die strukturellen und strukturell-semantischen Ambiguitäten. Wir haben sie nicht als störende Randprobleme abgetan, sondern als einen Aspekt hervorgehoben, der zum Wesen von Sätzen gehört.

Bei der Erläuterung der Ambiguitäten haben wir versucht, einen Eindruck davon zu vermitteln, wie Syntax, Semantik und Pragmatik zusammenwirken, wie also die Satzanalyse des Hörers, interpretiert als Satzgliedanalyse, konkret vor sich geht.

Literaturverzeichnis

Ajdukiewicz, Kazimirz (1936): „Die syntaktische Konnexität", *Studia Philosophica* I, 1-27
Altmann, Hans/Hahnemann, Suzan (1999): *Syntax fürs Examen. Studien- und Arbeitsbuch*, Opladen/Wiesbaden: Westdeutscher Verlag
Becker, Karl Ferdinand (1970): *Organism der Sprache,* Nachdruck der 2. Aufl. 1841, Hildesheim, New York: Olms (^{1}1827)
Becker, Karl Ferdinand (1970): *Das Wort in seiner organischen Verwandlung*, Nachdruck Hildesheim, New York: Olms (^{1}1833)
Becker, Karl Ferdinand (1969): *Ausführliche deutsche Grammatik als Kommentar der Schulgrammatik*, 2 Bde., Nachdruck der 2. Aufl. 1870, Hildesheim, New York: Olms (^{1}1837)
Bausewein, Karin (1990): *Akkusativobjekt, Akkusativobjektsätze und Objektsprädikate im Deutschen. Untersuchungen zu ihrer Syntax und Semantik*, Tübingen: Niemeyer
Bech, Gunnar (1983): *Studien über das deutsche verbum infinitum*, Tübingen: Niemeyer
Bloomfield, Leonard (1997): *An introduction to the study of language*, Repr., London: Routledge/Thoemmes (^{1}1914)
Bloomfield, Leonard (1933): Language, New York: Holt
Bocheński, Joseph M. (1959): „Über syntaktische Kategorien", J. M. Bocheński: *Logisch-philosophische Studien*, hrsg. von A. Menne, Freiburg: Alber, 75-96

Breindl, Eva (1989): *Präpositionalobjekte und Präpositionalobjektsätze im Deutschen*, Tübingen: Niemeyer

Brinker, Klaus (1972): *Konstituentenstrukturgrammatik und operationale Satzgliedanalyse. Methodenkritische Untersuchungen zur Syntax des einfachen Satzes im Deutschen*, Frankfurt am Main: Athenäum

Bühler, Karl (1982): *Sprachtheorie*, Stuttgart, New York: Fischer (^{1}1934)

Diewald, Gabriele (1997): *Grammatikalisierung. Eine Einführung in Sein und Werden grammatischer Formen*, Tübingen: Niemeyer

Donalis, Elke (2005): *Die Wortbildung des Deutschen. Ein Überblick*, Tübingen: Narr

Dowty, David (1991): „Thematic Proto-Roles and Argument Selection", *Language* 67, 547-619

Duden (2005): *Die Grammatik*, hrsg. von der Dudenradaktion 7., völlig neu erarbeitete und erweiterte Auflage Mannheim u. a.: Dudenverlag

Dürscheid, Christa: *Syntax. Grundlagen und Theorien*, Wiesbaden 2000: Westdeutscher Verlag (^{4}2007)

Ebert, Peter Robert (1978): *Historische Syntax des Deutschen*, Stuttgart: Metzler

Ehrich, Veronika/Rapp, Irene (2000): „Sortale Bedeutung und Argumentstruktur: *ung*-Nominalsierungen im Deutschen", *Zeitschrift für Sprachwissenschaft* 19, 245-303

Eichler, Wolfgang/Bünting, Karl-Dieter (1994): Deutsche Grammatik, Weinheim: Athenäum (^{1}1978)

Eisenberg, Peter (1998): *Grundriss der deutschen Grammatik*, Bd. 1, *Das Wort*, Stuttgart 1998,

Eisenberg, Peter (1999): *Grundriss der deutschen Grammatik*, Bd. 2, *Der Satz*, Stuttgart 1999.

Engel, Ulrich (1994): *Syntax der deutschen Gegenwartssprache*, Berlin: Schmidt (^{1}1977)

Engelen, Bernhard (1986): *Einführung in die Syntax der deutschen Sprache*, Baltmannweiler: Burgbücherei Schneider

Eroms, Hans-Werner (2000): *Syntax der deutschen Sprache*, Berlin, New York: deGruyter

Fanselow, Gisbert/Felix, Sascha W. (1987): *Sprachtheorie. Eine Einführung in die Generative Grammatik*, 2 Bde., Tübingen: Francke

Frege, Gottlob (1971a): „Begriffsschrift, eine der arithmetischen nachgebildete Formelsprache des reinen Denkens", *Logiktexte*, hrsg. von K. Berka/L. Kreiser, Berlin: Akademie Verlag, 48-106 (erstveröffentlicht: Halle (Saale) 1879)

Fuhrhop, Nanna/Thieroff, Rolf (2005): „Was ist ein Attribut?", *Zeitschrift für Germanistische Linguistik* 33, 306-342

Gallmann, Peter (2005): „Der Satz", *Duden. Die Grammatik*, hrsg. von der Dudenradaktion 7., völlig neu erarbeitete und erweiterte Auflage Mannheim u. a.: Dudenverlag, 773-1067

Gallmann, Peter/Sitta, Horst (1986): *Deutsche Grammatik. Orientierung für Lehrer*, Lehrmittelverlag des Kantons Zürich

Gallmann, Peter/Sitta, Horst (1992): Satzglieder in der wissenschaftlichen Diskussion und in Resultatsgrammatiken, Zeitschrift für Germanistische Linguistik 20, 127-136

Glinz, Hans (1947): *Geschichte und Kritik der Lehre von den Satzgliedern in der deutschen Grammatik*, Bern: Francke

Glinz, Hans (1965): *Die innere Form des Deutschen. Eine neue deutsche Grammatik*, Bern, München: Francke (^{1}1952)

Heidolph, Karl Erich/Flämig, Walter/Motsch, Wolfgang (1981): *Grundzüge einer deutschen Grammatik*, Berlin: Akademie

Grewendorf, Günther (1989): *Ergativity in German*, Dordrecht: Foris

Grewendorf, Günther/ Hamm, Fritz/ Sternefeld, Wolfgang (1988): *Sprachliches Wissen. Eine Einführung in moderne Theorien der grammatischen Beschreibung*, Frankfurt am Main: Suhrkamp

Hahnemann, Suzan (1999): *Vergleiche im Vergleich. Zur Syntax und Semantik ausgewählter Vergleichsstrukturen mit ‚als' und ‚wie' im Deutschen*, Tübingen: Niemeyer

Haselbach, Gerhard (1966): *Grammatik und Sprachstruktur. Karl Ferdinand Beckers Beitrag zur Allgemeinen Sprachwissenschaft in historischer und systematischer Sicht*, Berlin: de Gruyter

Helbig, Gerhard/ Schenkel, Wolfgang (1971): *Wörterbuch zur Valenz und Distribution deutscher Verben*, 2. Aufl., Leipzig: Bibliographisches Institut (1. Aufl. 1969)

Helbig, Gerhard/Buscha, Joachim (2001): *Deutsche Grammatik. Ein Handbuch für den Ausländerunterricht*, Berlin u. a.: Langenscheidt (^{10}1987)

Hentschel, Elke/Weydt, Harald (1994): *Handbuch der deutschen Grammatik*, Berlin, New York: de Gruyter

Henzen, Walter (1965): *Deutsche Wortbildung*, Tübingen: Niemeyer

Jackendoff, Ray (1983): *Semantics and Cognition*, Cambridge, London: MIT Press

Jung, Walter (1953): *Kleine Grammatik der deutschen Sprache*, Leipzig: Bibliographisches Institut

Jung, Walter (1967): *Grammatik der deutschen Sprache*, Leipzig: Bibliographisches Institut

Keenan, Edward L. (1976): „Towards a Universal Definition of ‚Subject'", *Subject and Topic*, ed. by Ch. N. Li, New York: Academic Press, 305-333

Lenerz, Jürgen (1977): *Zur Abfolge nominaler Satzglieder im Deutschen*, Tübingen: Narr

Li, Charles N. (1976): *Subject and Topic*, ed. by Ch. N. Li, New York: Academic Press

Lühr, Rosemarie (1985): „Sonderfälle der Vorfeldbesetzung im heutigen Deutschen", Deutsche Sprache 13, 1-23

Maienborn, Claudia (1996): *Situation und Lokation. Die Bedeutung lokaler Adjunkte von Verbalprojektionen*, Tübingen: Stauffenburg

Maienborn, Claudia (2007): „Das Zustandspassiv: Grammatische Einordnung – Bildungsbeschränkung – Interpretationsspielraum", *Zeitschrift für Germanistische Linguistik* 35, 84-116

Müller, Stefan (2005): „Zur Analyse der scheinbaren mehrfachen Vorfeldbesetzung", *Linguistische Berichte* 203, 297-330

Oppenrieder, Wilhelm (1991): *Von Subjekten, Sätzen und Subjektsätzen. Untersuchungen zur Syntax des Deutschen*, Tübingen: Niemeyer

Paul, Hermann (1975): Prinzipien der Sprachgeschichte, 9. Aufl., Tübingen: Niemeyer (^{1}1880)

Piitulainen, Marja-Leena (1980): *Zum Problem der Satzglieder in der deutschen Sprache der Gegenwart*, Jyväskylä: Universität

Pinkster, Harm (1988): *Lateinische Syntax und Semantik*, Tübingen: Francke

Pittner, Karin (1999): *Adverbiale im Deutschen. Untersuchungen zu ihrer Stellung und Interpretation*, Tübingen: Stauffenburg

Pittner, Karin/Berman, Judith: *Deutsche Syntax. Ein Arbeitsbuch*, Tübingen 2004: Narr

Plank, Frans (1984): *Objects. Towards A Theory Of Grammatical Relations*, ed. by F. Plank, London u.a.: Academic Press

Saussure, Ferdinand de (1967): *Grundfragen der allgemeinen Sprachwissenschaft*, Berlin: de Gruyter (frz. ^{1}1916)

Schrodt, Richard (2002): "Die Satzgliedlehre in der Schule", *tribüne*, Heft 4, 4-15

Schwarz, Monika/Chur, Jeanette (1993): Semantik. Ein Arbeitsbuch, Tübingen: Narr

Seefranz-Montag von, Ariane (1983): *Syntaktische Funktionen und Wortstellungsveränderung. Die Entwicklung „subjektloser' Konstruktionen in einigen Sprachen*, München: Fink

Steinthal, H (1968): *Grammatik, Logik und Psychologie, ihre Prinzipien und ihr Verhältnis zueinander*, Hildesheim: Olms (Nachdruck der ersten Auflage, [1]1855)

Tesnière, Lucien (1980): *Grundzüge der strukturalen Syntax*, hrsg. und übersetzt von U. Engel, Stuttgart: Klett-Cotta ([1]1959 frz.)

Thümmel, Wolf (1993): „Der amerikanische Strukturalismus", *Syntax. Ein internationales Handbuch zeitgenössischer Forschung*, 1. Halbband, Berlin, New York: de Gruyter, 280-297

Thurmair, Maria (2001): *Vergleiche und Vergleichen. Eine Studie zu Form und Funktion der Vergleichsstrukturen im Deutschen*, Tübingen: Niemeyer

Wells, Rulon S. (1947): „Immediate constituents", Language 23, 81-117

Welke, Klaus (1988): Einführung in die Valenz- und Kasustheorie, Leipzig: Bibliographisches Institut

Welke, Klaus (1992): *Funktionale Satzperspektive. Ansätze und Probleme der funktionalen Grammatik*, Münster: Nodus ([2]1993)

Welke, Klaus (1997): „Eine funktionalgrammatische Betrachtung zum Reflexivum. Das Reflexivum als Metapher", *Deutsche Sprache* 25, 209-231

Welke, Klaus (2002): *Deutsche Syntax funktional. Perspektiviertheit syntaktischer Strukturen*, Tübingen: Stauffenburg ([2]2005)

Welke, Klaus (2005): *Tempus im Deutschen. Rekonstruktion eines semantischen Systems*, Berlin, New York: de Gruyter

Welke, Klaus (2007): „Das Zustandspassiv – Pragmatische Beschränkungen und Regelkonflikte", *Zeitschrift für Germanistische Linguistik* 35, 117-147

Wessel, Horst (1998): *Logik*, Berlin: Logos (^{1}1983)
Whitehead, Alfred North/ Russell, Bertrand (1986): *Principia Mathematica*, Frankfurt am Main: Suhrkamp (^{1}1925)
Wittgenstein, Ludwig (1984a): *Tractatus logico-philosophicus*, Werkausgabe in acht Bänden, Bd. 1, Frankfurt am Main: Suhrkamp (^{1}1921)
Wittgenstein, Ludwig (1984b): *Philosophische Untersuchungen*, Werkausgabe in acht Bänden, Bd. 1, Frankfurt am Main: Suhrkamp (^{1}1958)
Wöllstein-Leisten, Angelika/Heilmann, Axel/Stepan, Peter/ Vikner, Sten (1997): *Deutsche Satzstruktur. Grundlagen der syntaktischen Analyse*, Tübingen: Stauffenburg
Wundt, Wilhelm (1904): *Völkerpsychologie*, Bd. 1 Die Sprache, Leipzig: Engelmann (^{1}1900)
Wurst, Raimund Jakob (1836), *Praktische Sprachdenklehre für Volksschulen, nach Dr. K. F. Beckers Ansichten bearbeitet*, Reutlingen
Wustmann, Gustav (1908): *Allerhand Sprachdummheiten*, 4. Aufl. Leipzig: Grunow
Zifonun, Gisela/Hoffmann, Ludger/Strecker, Bruno (1997): *Grammatik der deutschen Sprache*, 3 Bde., Berlin, New York: de Gruyter

Personenregister

Ajdukiewicz, K. 257
Aristoteles 2, 244, 247
Arnauld, A./ Lancelot, C. 245

Bausewein, K. 59, 66, 187, 209
Bech, G. 203
Becker, K. F. 3, 6, 131, 149, 245ff., 259
Bloomfield, L. 250
Bocheński, J. M. 31
Boethius, A. M. S. 244
Breindl, E. 55
Brinker, K. 53, 101, 114
Bühler, K. 247

Diewald, G. 195
Donalis, E. 231
Dowty, D. 152
Duden VIII, 84, 116, 192
Dürscheid, Ch. VIII

Ebert, P. R. 187
Ehrich, V./ Rapp, I. 274
Eisenberg, P. VIII, 84, 260
Engel, U. 37

Eroms, H.-W. 15

Fanselow, G./Felix, S. 259
Frege, G. 253f., 257
Fuhrhop, N./Thieroff, R. 124

Gallmann, P. 59ff., 84, 101, 109f., 176f., 205, 216ff., 220, 232
Girard, G. 245
Glinz, H. 3, 28, 53, 101, 244, 251, 258
Grewendorf, G. 104
Grewendorf, G./ Hamm, F./ Sternefeld, W. 128
Grimm, J. 246

Hahnemann, S. 91ff.
Haselbach, G. 246
Helbig, G./Buscha, J. VIII, 29, 31, 50f., 85, 203, 205f., 220, 225, 235, 264
Heidolph, K. E./ Flämig, W./ Motsch, W. 27, 161
Hentschel, E./Weydt, H. 85
Henzen, W. 231

Humboldt, W. von 246

Jackendoff, R. 148
Jung, W. 145, 206

Keenan, E. L. 261

Lenerz, J. 106
Li, Ch. N. 261.
Lühr, R. 114

Maienborn, C. 12, 157, 161, 170, 215
Müller, S. 114, 120

Paul, H. 163
Pinkster, H. 96
Pittner, K. 104, 161
Pittner, K./Berman, J. VIII, 84
Plank, F. 168, 261

Schelling, F.W.J. 247
Schwarz, M./Chur, J. 251
Saussure, F. de 251
Schrodt, R. 149
Seefranz-Montag von, A. 263
Steinthal, H. 258

Tesnière, L. 15, 34f., 145, 258
Thümmel, W. 250
Thurmair, M. 92f.

Wells, R. S. 251
Welke, K. 85, 104, 152f., 170, 195, 215, 236, 260ff., 267, 273
Wessel, H. 254
Whitehead, A. N./Russell, B. 253
Wittgenstein, L. 31
Wöllstein-Leisten, A./ Heilmann, A./Stepan, P./ Vikner, S. VIII, 104
Wundt, W. 249
Wurst, R. J. 258
Wustmann, G. 191

Zifonun, G./Hoffmann, L./ Strecker, B. 153, 260
Zifonun, G. 153

Sachregister

Abtönungspartikel, s. Partikel
AcI-Konstruktion 184ff., 197, 207, 209
AcI-Verb, s. AcI-Konstruktion
adjazent, s. Adjazenz
Adjazenz 95ff.
Adjazenzregel 95
Adjektiv – Adverb 30, 189
Adjektivphrase (AP) 52, 75f., 81f., 91, 129
Adverbialbestimmung 157ff., passim
affirmativ 44
Agens – Patiens 139f., 332
Althochdeutsch 149
ambig, s. Ambiguität
Ambiguität 7ff., 96f., 99, 108, 111, 113, 280, 282, 284, 286, 291, 296f., 299, 304ff., 316, 319, 323, 325, 330, 334
analytische Verbform 211ff.
Applikativkonstruktion 154

Apposition 81, 85, 92, 114ff., 123, 294, 304, 311, 329f.
- appositiver Nebenkern 116
- lockere Apposition 115f.
Assertion 269
Argument 92ff., 131, 162f., 169ff., 176f., 187, 193, 280, 323, 330, 335
    Argumentsatz 59ff.
    Attribut 80ff.
- restriktives und nicht-restriktives Attribut 69, 115, 309
- prädikatives Attribut, 162f., s. freies Prädikativ
- vorangestelltes adjektivisches Attribut 45, 82
Ausklammerung 93, 105ff., 203ff., 278, 304, 313f.
Auslassung 41
Aussagesatz 78, 97

Bedingungssatz 71

Complementiererphrase
(CP) 18

Dativsubjekt 138, 262
definit – indefinit 142
Dependenz 14ff., 80, 108, 112
depiktive Ergänzung 162, s. freies Prädikativ
Determinatorphrase (DP) 16, 26, 45, 139, 144, 251, 277, 309
direktes – indirektes Objekt 133
Direktivum 1, 3, 144, 150, 201, 280, 311, 329

ECM-Verb 210f.
Einbettung 39
Elementarversion der Satzgliedanalyse 1, 84, 114, 163, 165ff., 181, 289
Ergänzung – Angabe 21ff., 146, 151ff., 258, passim
ergatives Verb 104
ergativische Struktur 273
Ersatzinfinitiv 208
Erstposition 78, 97, 103ff., 108, 112f., 114, 118, 188, 284, 312
Erstpositionsregel, s. Erstposition
Exklamativsatz 66

Frageprobe 102
freier Dativ 154

funktionale Grammatik 261f.
funktionaler Kopf 124
Funktionsverb, s. Funktionsverbgefüge
Funktionsverbgefüge 84, 111, 201f., 215ff., 285, 332
- akkusativisches 218, 224ff.,
- präpositionales 220ff.

generative Grammatik 49, 132, 210, 264
genitivus possessivus 267, 269
genitivus subjectivus – genitivus objectivus, 270ff.
gesprochene Sprache 119, 308, 323, 326
Gleichsetzungsnominativ, s. Subjektsprädikativ
Gliederungsverschiebung 195, s. Reanalyse
Gliedkern 23, 75, 78, 123
Gliedteil 84, 110
Grammatikalisierung 195, 223

Hauptsatz 71f.
Halbaffix 229
Hierarchie 78f., 95, 125ff., 131
historisch-vergleichende Sprachwissenschaft 246
Hypotaxe – Parataxe 38, 41, 56, 68

Sachregister

Idiomatisierung 111, 171, 183f., 197, 218, 232, 237ff., 281, 295, 310
Idiomatizität 111, s. Idiomatisierung
Illokution 15, 44, 269
illokutive Kraft, s. Illokution
Imperativsatz 137
Implikatur 8, 99,159ff.,192
indirekte Rede – direkte Rede 71, 283
Infinitivkonstruktion 43ff., 138, 285
Inflektionsphrase 23
Inhaltssatz 59
Inkohärenz – Kohärenz 203ff., 313
Inkorporation 39, 126, 202, 229, 232ff.
Instrumentalbestimmung 152ff.
Interjektion 50
Interrogativsatz, s. indirekter Fragesatz 58, 65
Invariantenmethode – Prototypik 31f.

Kasus
- logisch – lokalistisch 148
- Präpositionalkasus 55
Kategorialgrammatik 255f.
Kausalbestimmung 158f.
kognitive Grammatik 246
Kommunikationsmaxime 9
Komplement – Adjunkt 128, passim

komplexes Prädikat 74, 94, 132, 165, 171, 300, 310
kompositional, s. Kompositionalität
Kompositionalität 200, 211, 238
Konjunktionalsatz 58ff.
Konstituentenstruktur 14, 79, 125, 133ff., 183, 249, 277
Konstituentenstrukturgrammatik, s. Konstituentenstruktur
Konstituenz, s. Konstituentenstruktur
Konstruktionsbedeutung 271, 273
Konstruktionsgrammatik 3
Kontrolle 49
konversationelle Implikatur, s. Implikatur
konzeptuelle Anpassung, 122, 190f.
Koordination 40ff., 130, 279f., 289
Kopf, s. Regens
Kopf – Komplement – Adjunkt – Spezifikator 22ff.
Kopula, s. Kopulakonstruktion
Kopula-Konstruktion 113, 165, 168f., 198, 301
Korrelat, s. Platzhalter

Lambda-Kalkül 252, 256f.
Lexematisierung 237

Lexikalisierung 195, 322
Linking 260
Linksherausrückung 108ff.
Lokalbestimmung 158f.

Matrixsatz 39
Medialisierung 235, s. Medialverb
Medialkonstruktion 236f.
Medialverb 76, 196, 201, 203ff.
Medium 235
mentale Grammatik 10
Mittelfeld 105, 203, 206
Modalbestimmung 158f.
Modalitätsverb 196f., 202ff.
Modalverb 196, 200, 202
Modifikator 22f., 58, 60, 203, 258, 260, 263, 269f.
Modifikatorsatz 59
Mündlichkeit, s. gesprochene Sprache

Nachfeld 105
nähere Bestimmung 255f., 330
Nebensatz 56ff.
- freier Relativsatz 67
- indirekter Fragesatz 58
- Relativsatz 58, 63ff., 142
- uneingeleiteter Nebensatz 58, 70ff., 283
- weiterführender Nebensatz 58, 67, 291, 326
Nebensatz – Gliedsatz 58f., 68

Nominalisierung 268, 272, 330
Nominalphrase (NP) 17, 52, 90, 92, 115, 129, 144, 251, 277
Numerale 50

Objekt 144ff., passim
Objektleerstelle 59ff., 70
operationale Satzglieddefinition 100
Orthographie 71, 229f., 233, 239

Partikel 28f., 51f., 277, 319, 324
Partikelverb 196, 202, 231
Partizipialkonstruktion 43ff., 138, 160f., 191f.
Passiv 152f., 169, 195, 211ff., 272, 301, 323
- Rezipientenpassiv 197, 211, 214
- unpersönliches Passiv 137, 195,
- Zustandspassiv 170, 211, 214f., 301
Perfekt 195, 200, 211ff.
phraseologische Wendung 84, 94
Platzhalter 51, 58ff., 63, 65, 76, 86ff., 89, 120, 140, 222, 278, 284, 287, 307f.
Prädikat 245, 247ff., 264ff., 271

Prädikat – Argument – Modifikator 22 ff.
Prädikatenlogik 253f., 257
prädikativer Rahmen 74, 105, 203
Prädikativum 162ff.
- freies Prädikativ 187ff., 341
- Objektsprädikativ 172ff., 285, 289, 341
- Subjektsprädikativ 169ff., 283f., 289, 341
prädizieren – attribuieren – modifizieren – referieren 33
Präpositionalkasus, s. Kasus
Präpositionalphrase (PP) 52f., 77, 96ff., 100, 109ff, 124, 144ff., 166, 171f., 177, 179ff.
Präsupposition 268f.
pragmatische Lizensierung 9f., 305, 330ff.
pragmatische Legitimierung, s. pragmatische Lizensierung
Pronomen 50f.

Rattenfängerkonstruktion 313f.
Reanalyse 59, 195, 198, 212
Rechtsherausrückung 93, 107
Rechtsversetzung, s. Rechtsherausrückung
reflexives Verb 196f., 234

Reflexivpronomen 77, 175, 234, 263, 280, 282
Reflexivum, s. Reflexivpronomen
Regel 4
Regelkonflikt 96, 106 105, 131
Regens 16ff.
Rektion 55, 146ff., 176, 310
relationale Grammatik 104
relativer Anschluss 68
Restrukturierung 195, s. Reanalyse
resultatives Prädikativ, 162, s. Objektsprädikativ
Resultativkonstruktion, 162, 174, s. Objektsprädikativ

Sachlogik 10
Satzebene – Wortgruppenebene 78, 131
Satzgefüge – Satzverbindung 37, 74
Satzglied 1. Grades, 100f., 105, 131
Satzklammer, s. prädikativer Rahmen
Satzperiode 38
Situativbestimmung 157
small clause analysis 209f.
Sprachtyp
- Aktivsprache 261
- Ergativsprache 261
- isolierend 140
- Nominativ-Akkusativ-Sprache 146, 261

Standardsprache 120f., 129
Stellungsglied 54, 101
Streckform, s. Funktionsverbgefüge
Strukturbewahrung 168
Strukturalismus 29, 246
Subjekt 136ff., passim
- grammatisches Subjekt – logisches Subjekt 49, 139, 162ff., 172ff., 260
Subkategorisierung, s. Rektion
subordinierende Konjunktion – koordinierende Konjunktion 37f.
Substantivwort 83
Substitution 101f.
syndetisch – asyndetisch 40, 316
Syntagma 53
syntaktische Relationen 20ff.

Temporalbestimmung 158f.
Thema 141
Tiefenstruktur 104, 133ff.
Topikalisierung 104, 107, 140, 279, 310
Topikposition, s. Topikalisierung, s. Erstposition
Translation 34
trennbares Verb 229

Umstellprobe 51, 77f., 91, 94, 99, 109, 219ff., 323
unechte Konjunktion 38

Universalgrammatik 261f.

Valenz 49, 148, 151, 173, 176, 184f., 189f., 222, 296, 326, 335
- Grundvalenz 175
Valenzdarstellung 173, 184f.
Valenzerweiterung 176f.
valenzgefordert 65, 149, 163, 221
Valenzreduktion 156
Valenztheorie 21, 146, 151ff., 253, 255
Valenzvererbung 268f., 273
Verb
- reflexives Verb 196f.
- trennbar zusammengesetztes Verb, s. Partikelverb
verbaler Rahmen, s. prädikativer Rahmen
Verbalphrase (VP) 16, 78, 104, 251f.
Verbendstellung 67, 132
Verbletztstellung, s. Verbendstellung
Verbzweitsatz, s. Aussagesatz
Verbzweitstellung 70
Vergleich 89ff.
Vergleichsstruktur, s. Vergleich
Verhältnissatz 59
verkappter Nebensatz, s. uneingeleiteter Nebensatz

Vollwort – Hilfswort 50
Vorfeld 105
Vorfeldbesetzung 120
Vorfeld-*es* 86, 137
vorfeldfähig 94

Weltwissen 8, 140, 286f.
wörtliche Bedeutung 172,
 280, 332
Wortart 26ff.

X'-Analyse, s. X'-Theorie
X'-Schema, s. X'-Theorie
X'-Syntax, s. X'-Theorie
X'-Theorie 4, 16ff., 75, 134,
 277, 304

zusammengezogener Satz
 41
Zusammenrückung 238f.
Zusammenschreibung 183,
 229f., 233, 238

Satzregister

Kapitel 2, Beispielsatz (1)

Zumal sich die ursprünglich in Berlin einmal gehegte Hoffnung, wonach ein neuer Großflughafen auch internationale Lufthansa-Konkurrenten dazu veranlassen könnte, bei ihren Flügen aus Fernost nach London einen Zwischenstopp in Berlin anzubieten, längst erledigt hat.
Berliner Zeitung 8. 2. 06, S.4

Beispielsätze des Kapitels 10

1 (S. 281)
Wer bei Bredekamp liest, wie Darwin sich beeilte, mit der „Entstehung der Arten" herauszukommen, weil er befürchtete, Alfred R. Wallace könne ihm die Schau stehlen, der wird sich über die Ähnlichkeiten mit der Darstellung bei Julia-Isabell Voss die Augen reiben.
Berliner Zeitung 6. 3. 06, S. 6

2 (S. 283)
„ ... Schuld daran ist die patriarchalische Struktur unserer Gesellschaft", kritisiert Arabiyani, die darauf hinweist, dass Frauen nicht nur niedrigere Löhne als die Männer für die

gleiche Arbeit erhalten, sondern oft auch gratis arbeiten.
Neue Zürcher Zeitung, Internationale Ausgabe 21. 3. 06, S.4

3 (S. 284)
Weil die Deutschen bis heute nicht geklärt haben, ob sie die Ausländer, die zu ihnen kommen, als Fremde sehen oder oder als rundum willkommene Mitbürger, haben sie auch Schwierigkeiten zu sagen, wem sie die Staatsbürgerschaft zuerkennen und wem nicht.
Der Spiegel 12/2006, S. 24

4 (S. 285)
Nach der Drohung von US-Außenministerin Condoleezza Rice, im Atomkonflikt mit dem Iran eine internationale „Koalition der Willigen" zu schmieden, haben deutsche Außenpolitiker die Verschärfung der Tonlage kritisiert.
Berliner Zeitung 21. 4. 06, S.1

5 (S. 286)
Vertreter von Koalition und Opposition machten deutlich, dass Deutschland sich nicht an einer solchen Koalition nach dem Vorbild des Anti-Saddam-Bündnisses vor Beginn des Irak-Krieges beteiligen werde.
s. Satz 4

6 (S. 287)
[...] gegen Satzgliedstatus spricht einmal die Abhängigkeitsbeziehung zwischen dem Komparativmorphem *-er* und dem Vergleichsjunktor *als* zur Angabe der Komparationsbasis, (s. dazu Thurmair 2000b), zum anderen auch die Tatsache, daß die *als*-Gruppe alleine nicht topikalisiert werden kann (s. dazu genauer unten 3.1.2); [...]
Thurmair (2001: 193)

7 (S. 288)

Bei der starken Prägung des Berufswunsches durch die Schwerpunktlegung im Gymnasium bleibt offen, ob die Gymnasiasten schon bei der Wahl des Schwerpunktes an ihre spätere Studien- und Berufswahl dachten oder ob andere Faktoren diesen Entscheid beeinflussten.
Neue Zürcher Zeitung, Internationale Ausgabe, 21. 3. 06, S. 49

8 (S. 289)

Sollte sich aber in weiteren Analysen zeigen, dass sich die Maturanden zum Zeitpunkt der Matura durch die früher vorgenommene Schwerpunktwahl nun in ihrer Studienwahl eingeschränkt fühlen, dann müsste die Gestaltung der gymnasialen Ausbildung wieder überdacht werden. s. Satz 7

9 (S. 290)

Abschließend sei nochmals hervorgehoben, dass die hier vorgestellten durchaus programmatisch zu verstehenden Überlegungen ebenso wie die exemplarische und nur punktuelle dargelegte Verbindung konstruktionsgrammatischer und grammatikalisierungstheoretischer Konzepte an einem Beispielfall dazu dienen sollen, die Möglichkeiten auszuloten, die durch eine Integration von zunächst völlig ahistorisch konzipierten konstruktionsgrammatischen Überlegungen in Sprachwandel- und Grammatikalisierungsmodelle eröffnen.
Gabriele Diewald: „Konstruktionen in der diachronen Sprachwissenschaft", *Konstruktionsgrammatik*, hrsg. von K. Fischer, A. Stefanowitsch, Tübingen 2006: Stauffenburg, 100f.

10 (S. 291)

Um die syntaktische Funktion der *als*-Gruppe zu bestimmen, ist zuerst zu klären, ob diese Satzgliedstatus hat oder nicht.
Thurmair (2001: S. 193)

11 (S. 292)

Die Marquise, die sich schon völlig, ohne Beihülfe des Arztes, wie der russische Offizier vorher gesagt hatte, aus ihrer Ohnmacht wieder erholt hatte, und bei der Freude, alle die Ihrigen gesund und wohl zu sehen, nur noch, um die übermäßige Sorge derselben zu beschwichtigen, das Bett hütete, versicherte ihn, dass sie keinen anderen Wunsch habe, als aufstehen zu dürfen, um ihrem Retter ihre Dankbarkeit zu bezeugen.
Heinrich von Kleist: *Die Marquise von O...*, Heinrich von Kleist: Werke in vier Bänden, Bd. 3, Berlin: Aufbau, S. 116

12 (S. 294)

Eines Morgens, da die Familie beim Tee saß, und der Vater sich, auf einen Augenblick, aus dem Zimmer entfernt hatte, sagte die Marquise, aus einer langen Gedankenlosigkeit erwachend, zu ihrer Mutter: wenn mir eine Frau sage, dass sie ein Gefühl hätte, ebenso, wie ich jetzt, da ich die Tasse ergriff, so würde ich bei mir denken, dass sie in gesegneten Leibesumständen wäre.
Heinrich von Kleist: *Die Marquise von O...*, Heinrich von Kleist: Werke in vier Bänden, Bd. 3, Berlin: Aufbau, S. 119

13 (S. 296)

Die Leute stört, dass es Multifunktionäre gibt, die keine Zeit mehr haben, Unterlagen zu lesen und auf einer Hauptversammlung nicht wissen, dass sie die Übernahme von 1,5 Md. Euro Schulden unterschreiben.
Kurier (Österreich), 22. 6. 2006, S. 7

14 (S. 297)

Heller sagte, es sei in diesen Ländern ganz selbstverständlich, dass es im Leben viel mehr gibt als das, was wir im Westen sehen und für Wirklichkeit halten.
Die Zeit 27. 4. 06, S. 57

Satzregister 367

15 (S. 298)

Wenn Film ein Mittel sein (oder werden) soll, gegen die herrschenden Formen und die Formen der Herrschaft das Recht des Menschen zu setzen, dann muss der Filmemacher auch die Herrschaft seines Filmes als Modellversuch für human rights verstehen lassen: [...]
Freitag 25. 5. 07, S. 13 (Georg Seeßlen: Jenseits des Moorismus)

16 (S. 299)

Zunächst einmal ist Gusenbauers Versuch, mit dem Platzverweis für Spitzengewerkschafter im Parlament Distanz zu schaffen, nachvollziehbar: [...]
Die Presse 23. 6. 06, S. 39

17 (S. 300)

Angesichts der großen Reformen, die Deutschland vor allem in Vorschulen und Schulen anschieben müsste, wäre es sinnvoll, dem Bund zu erlauben, „Hilfen zur Fortentwicklung der Bildung zu leisten", sagte Schneider.
Tagesspiegel 30. 5. 06, S. 29

18 (S. 301)

Obwohl die Frage, wie Ergänzungen von Angaben zu unterscheiden sind, noch immer nicht abschließend geklärt wurde, konzentriert sich die Diskussion seit einer Reihe von Jahren eher auf die Fragestellung, nach welchen Prinzipien die thematischen Rollen den syntaktischen Funktionen zugeordnet werden.
Pittner/Berman (2004), S. 59

19 (S. 302)

Voraussetzung dafür, daß ein Ding durch einen Zustand als Resultat eines vorangegangenen Prozesses, in den es involviert war, charakterisiert wird, sei es, daß das Ding durch diesen Prozess affiziert oder effiziert wird.
Welke (2002), S. 290

20 (S. 303)

Die folgende überblicksmäßige Darstellung desjenigen Teilbereichs der morphosyntaktischen Entwicklung ide. Sprache, der für die Veränderung „subjektloser" Konstruktionen die maßgebende Rolle spielt, nämlich der Entwicklung ide. Kasussysteme, der Wortstellungssyntax und der adverbalen grammatischen Funktionen, soll einen Bezugsrahmen bereitstellen für die einzelsprachlichen Entwicklungen „subjektloser" Sätze in den Kapiteln 7 und 8.
Ariane von Seefranz-Montag (1983): *Syntaktische Funktionen und Wortstellungsveränderung. Die Entwicklung ‚subjektloser' Konstruktionen in einigen Sprachen*, München: Fink, S.17

21 (S. 306)

Aus welchen Gründen auch immer der Journalist dem Fischer gerade nicht zugehört hat, die Geschichte ist symptomatisch dafür, dass die Lebensleistung von Frauen, die mit Putzen anderer Haushalte ihre Familie ernähren, nicht wahrgenommen wird.
Berliner Zeitung 15. 1. 07, S. 31

22 (S. 307)

Zu den Vorurteilen gegen mich, die wohl nicht mehr aus der Welt zu schaffen sein werden, gehört die Vermutung, daß ich die Zeitungen lese, „um etwas zu finden", woran ich Anstoß nehmen könnte, während ich in Wahrheit im Blätterwald so für mich hingehe und nichts zu suchen mein Sinn ist.
Berliner Zeitung 16. 1. 07, S. 25 (K. Kraus, *Die Fackel. Sprachlehre von Karl Kraus*)

23 (S. 308)

Es geht nicht, nur das zu sagen, was nicht geht.
Berliner Zeitung 3. 1. 06, S. 23

24 (S. 308)
Fragen wir uns, was jede und jeder Einzelne von uns dazu beitragen kann, dass es geht", sagte Kennedy.
Berliner Zeitung 3. 1. 06, S. 23

25 (S. 309)
Möglicherweise ist diese semantische Begründung, die als eine Intuition über Attribute im Raume steht, ein Grund dafür, dass es eine Tendenz gibt, von Attributen nur in Bezug auf Substantive zu sprechen, vgl. Kapitel 3.
Kapitel 9, S. 264

26 (S. 311)
Anschließend ging diese Produktion – die erste eines Ibsen-Stückes in Amerika – auf Tournee nach Minneapolis und anderen Städten des Mittleren Westens mit großem skandinavischen Bevölkerungsanteil.
Marc Boetcher: Henrik Ibsen. Zur Bühnengeschichte seiner „Gespenster", Frankfurt am Main: Lang, S. 44

27 (S. 312)
Wenn VERGANGENHEIT die Bedeutung ist, vgl. oben (1a), dann ist bei einem perfektiven Verben stets die Implikatur auf einen Nachzustand als Resultat des Ereignisses möglich.
Welke: Ms.

28 (S. 313)
Auf dem Geburtstagsempfang seiner Partei, deren Profilverlust er bemüht ist, verhindern zu helfen, wünschte man sich den Tost: Hört auf diesen Mann – Mehr Bahr wagen.
Freitag 16. 3. 07, S. 3 (Daniela Dahn zum 85. Geburtstag von Egon Bahr)

29 (S. 315)

Der spanische Reisende, der in Marokko geschäftlich unterwegs ist, wird in ein Haus geladen, dessen Bewohner behaupten, der maghrebinische Zweig seiner Familie zu sein.
Berliner Zeitung 16. 3. 06, S. 32 (Gregor Ziolkowski zum 100. Geburtstag von Francisco Ayala)

30 (S. 316)

Ungläubig, aber hingerissen, schließlich überzeugt, dass diese Familiengeschichte wahr sein könnte, erwacht der Ich-Erzähler nach einem üppigen Abendessen mit seiner mutmaßlichen Familie aus einem Albtraum: s. Satz 29

31 (S. 317)

Unverdaut wie das fette Abendessen stehen seine zweifelhaften Handlungen während des Bürgerkrieges plötzlich vor ihm. s. Satz 29

32 (S. 318)

Wer die Faszination ergründen will, die von den Texten Ayalas ausgeht, wird auf das Detail stoßen, dass der Autor sich nie als professioneller Schriftsteller betrachtet hat.
Berliner Zeitung 16. 3. 06, S. 32

33 (S. 319)

Wie verschieden aber auch die Abweichungen von dem reinen Principe sein mögen, so wird man jede Sprache doch immer danach charakterisiren können, inwiefern in ihr der Mangel von Beziehungs-Bezeichnungen, das Streben, solche hinzuzufügen und zu Beugungen zu erheben, und der Notbehelf, als Wort zu stempeln, was die Rede als Satz darstellen sollte, sichtbar ist.
Wilhelm von Humboldt:, Über die Verschiedenheit des menschlichen Sprachbaues, hrsg. von D. D. Cesare, Paderborn u. a. 1998, S. 282

Satzregister

34 (S. 320)
Fest steht laut gut informierter Quelle in Pristina, dass Jessen Petersens Nachfolger aus einem europäischen Land stammen soll.
Neue Zürcher Zeitung, Internationale Ausgabe 13. 6. 06, S. 3

35 (S. 321)
Ich halte es nicht für zu weit hergeholt, sich einen Cervantes vorzustellen, der nicht recht weiß, wie er die Geschichte, der er erzählen will, denn beginnen soll, der die Ideen im Kopf herumwälzt und dann zu dem Schluss kommt, dass es nur eine einzige Möglichkeit gibt, seine künftigen Leser davon zu überzeugen, dass sie das Fantasieren Don Quijotes ohne einwände und Zweifel akzeptieren –
Standard 18. 6. 05, A 13 (José Saramago: Der falsche Wahn des Alonso Quijano)

36 (S. 322)
und diese einzige Möglichkeit bestand darin, aus ihm einen Verrückten zu machen. s. Satz 35

37 (S. 323)
Im Hinblick auf die für Ende Jahr vorgesehene Regelung der Statusfrage hatte bis dahin, die Meinung bestanden, dass bereits zu Beginn des nächsten Jahres die Unmik von einer neuen Verwaltung unter der Direktive der EU abgelöst werde und der Däne so lange ausharren werde.
Neue Zürcher Zeitung, Internationale Ausgabe 13. 6. 06, S. 3

38 (S. 325)
Dieser optimistische Zeitplan ist nun aber insofern relativiert worden, als die Einsetzung eines neuen Unmik-Chefs für lediglich ein halbes Jahr wenig wahrscheinlich ist. s. Satz 37

39 (S. 326)
Die EU-Mission in Kongo-Kinshasa zur Absicherung der Wahlen und zur Unterstützung der Uno-Blauhelme im Lande nimmt, wie sich aus Äusserungen des deutschen Verteidigungsministers Franz Josef Jung in einem Radiointerview am Montag ableiten lässt, konkrete Gestalt an.
Neue Zürcher Zeitung, Internationale Ausgabe 21.3.06, S. 3

40 (S. 327)
Das Einsatzkommando für Auslandsmissionen der Deutschen Bundeswehr in Potsdam soll nach Jungs Worten die Gesamtverantwortung für den Einsatz übernehmen. s. Satz 39

41 (S. 328)
In Berlin hatte zuvor die Tatsache für Verstimmung gesorgt, dass Frankreich wegen seiner besseren Orts- und Sprachkenntnisse zwar bereit war, einen vergleichsweise kleinen Führungsstab beizusteuern, Deutschland aber das mit Abstand grösste Kontingent für die 1500 Soldaten umfassende EU-Einsatztruppe aufbringen sollte. s. Satz 39

42 (S. 329)
Durch den jederzeit möglichen Ausbau kann seine Kapazität von 22 Millionen Passagieren zur Flughafeneröffnung falls nötig auf bis zu 40 Millionen Passagiere erhöht werden.
Berliner Zeitung 10. 7. 06, S. 25

43 (S. 330)
Die Post entschied sich, den Luftfrachtknotenpunkt ihrer Tochter DHL in Leipzig anzusiedeln, nachdem die dortigen Behörden mit einer – für Bertliner Verhältnisse – ungewöhnlich schnellen und kompetenten Offerte auf die Wachstumsprobleme der DHL am bisherigen Knotenpunkt Brüssel reagiert hatte.
Berliner Zeitung 8. 2. 06, S.4

44 (S. 331)

Präsident Chiracs Vertrauter, Jean-Louis Debré, Präsident der Nationalversammlung, bezeichnete das von der Generalstreikdrohung begleitete Ultimatum mit der Forderung nach einem Verzicht auf das Reformgesetz als eine flagrante Missachtung der Gesetze der Republik und als einen Verstoss gegen die Demokratie, da die Vorlage bereits endgültig durch das Parlament verabschiedet worden sei.
Neue Zürcher Zeitung, Internationale Ausgabe 21. 3. 06, S. 1

45 (S. 333)

Und mit dem Bild des altgedienten Kommunisten Hermann Fischer, der abends von seiner Tochter Ruth, der ersten weiblichen Vorarbeiterin in der Papierfabrik, in seinem Häuschen im Grünen umsorgt wird, und mit einem Kollegen Probleme des Klassenkampfs erörtert, skizziert Bräunig ein sozialistisches Biedermeier, wie es dem Genossen Ulbricht auch gefallen haben könnte.
Freitag 23. 3. 07, S. 13 (Ingo Arend zur Neuausgabe des Romans „Rummelplatz" von Werner Bräunig)

46 (S. 334)

Die Landespolitik jedenfalls brachte Biermann noch einmal in Aufruhr.
Berliner Zeitung 27. 3. 07, S. 3 (Jan Thomsen zur Ehrenbürgerschaft der Stadt Berlin für Wolf Biermann)

47 (S. 335)

Wird es angesichts der Etatkürzungen bei der Grünpflege gelingen, das Gelände davor zu bewahren, zur Müllkippe zu verkommen?
Berliner Zeitung 27. 3. 07, S. 4

48 (S. 336)
Auf der anderen Seite wollen sich gerade die Republikaner nicht ankreiden lassen, ihr Oberbefehlshaber sei vor lauter Beschäftigung mit dem von ihm entfachten Schwelbrand im Irak bei der Verteidigung der Heimatfront nachlässig geworden.
Frankfurter Allgemeine Zeitung 8. 3. 06, S. 1

49 (S. 337)
Die Katastrophe von Tschernobyl hat manchen zu der Einsicht geführt, dass es noch andere Wege geben muss, große Mengen heißes Wasser herzustellen, als in einem Kernreaktor.
Berliner Zeitung 20. 4. 06, S. 29 (Peter Glasen: Reaktoren der Demokratie)

50 (S. 338)
Spätestens mit der Übernahme des einstigen Konkurrenten Swiss steht die Lufthansa zudem in der Pflicht, auch von der Schweiz aus internationale Verbindungen vorzuhalten, so dass das Interesse des wichtigsten deutschen Carriers an einem weiteren innerdeutschen Drehkreuz spürbar gesunken ist.
Berliner Zeitung 8. 2. 06, S.4

51 (S. 339)
Für seine These spricht, dass die amerikanischen Bienen mehr Stress aushalten müssen als ihre Artgenossen in Deutschland.
Berliner Zeitung 12./13. 3. 07, S. 14

52 (S. 340)
In der Landwirtschaft, speziell beim Anbau von Obst und Gemüse, sind die Insekten als Helfer unentbehrlich, da sie für die Bestäubung der Pflanzen, von Experten Pollination genannt, zuständig sind. s. Satz 51